地方税
管理问题

许建国　编著

Difangshui Guanli Wenti

中国财经出版传媒集团
中国财政经济出版社

图书在版编目（CIP）数据

地方税管理问题 / 许建国编著. ——北京：中国财政经济出版社，2020.9

ISBN 978-7-5223-0041-2

Ⅰ.①地… Ⅱ.①许… Ⅲ.①地方税收-税收管理-湖北-文集 Ⅳ.①F812.763-53

中国版本图书馆 CIP 数据核字（2020）第 179568 号

责任编辑：吕小军　胡　飞　　责任校对：徐艳丽
封面设计：思梵星尚　　　　　　责任印制：党　辉

中国财政经济出版社 出版

URL：http://www.cfeph.cn

E-mail：cfeph@cfeph.cn

（版权所有　翻印必究）

社址：北京市海淀区阜成路甲 28 号　邮政编码：100142

营销中心电话：010-88191522

天猫网店：中国财政经济出版社旗舰店

网址：https://zgczjjcbs.tmall.com

北京财经印刷厂印刷　各地新华书店经销

成品尺寸：175mm×240mm　16 开　19 印张　324 000 字

2020 年 10 月第 1 版　2020 年 10 月北京第 1 次印刷

定价：76.00 元

ISBN 978-7-5223-0041-2

（图书出现印装问题，本社负责调换，电话：010-88190548）

本社质量投诉电话：010-88190744

打击盗版举报热线：010-88191661　QQ：2242791300

目 录

第一章　依法治税 ……………………………………………… (1)
　　第一节　依法治税与治内治权 ………………………………… (1)
　　第二节　法治税收建设 ………………………………………… (4)
　　第三节　税收行政执法责任制 ………………………………… (9)
　　第四节　依法治税与税政法规工作 …………………………… (15)

第二章　组织收入 ……………………………………………… (22)
　　第一节　地方收入来源与政府支出责任 ……………………… (22)
　　第二节　组织收入工作的压力与责任 ………………………… (35)
　　第三节　税收超 GDP 增长 …………………………………… (38)
　　第四节　欠税管理 ……………………………………………… (42)
　　第五节　组织收入管理 ………………………………………… (47)

第三章　税政管理 ……………………………………………… (51)
　　第一节　中国税收政策的历史回顾 …………………………… (51)
　　第二节　税政管理工作的形势与任务 ………………………… (63)
　　第三节　税收政策与经济发展 ………………………………… (67)
　　第四节　税收政策宣传 ………………………………………… (70)
　　第五节　减免税管理 …………………………………………… (75)
　　第六节　税政管理工作要求 …………………………………… (80)

第四章　征收管理 ……………………………………………… (83)
　　第一节　税收专业化管理 ……………………………………… (83)
　　第二节　房地产税收一体化管理 ……………………………… (89)

第三节　服务行业税源管理 …………………………………（ 96 ）
第四节　发票管理 ……………………………………………（102）
第五节　先办后审改革 ………………………………………（106）

第五章　信息管税 ……………………………………………（112）
第一节　信息管税的成就与挑战 ……………………………（112）
第二节　信息管税建设 ………………………………………（117）
第三节　信息管税与发票综合管理平台 ……………………（121）
第四节　信息管税与征管资料电子化 ………………………（127）
第五节　信息管税与税收评估分析决策系统 ………………（129）
第六节　信息管税与 OA 系统 ………………………………（133）
第七节　信息管税配套建设 …………………………………（137）

第六章　纳税服务 ……………………………………………（140）
第一节　纳税服务工作的意义 ………………………………（140）
第二节　纳税服务工作探索 …………………………………（143）
第三节　办税服务厅建设 ……………………………………（146）
第四节　纳税服务规范 ………………………………………（154）
第五节　服务兴税 ……………………………………………（161）

第七章　社保征收 ……………………………………………（166）
第一节　社保费税务征收工作的实践与经验 ………………（166）
第二节　社保费征收工作的形势和任务 ……………………（172）
第三节　城乡居民养老保险和基本医疗保险征收工作 ……（175）
第四节　社保费征管体制改革 ………………………………（180）

第八章　税制改革 ……………………………………………（191）
第一节　地方税体系改革 ……………………………………（191）
第二节　个人所得税改革 ……………………………………（204）
第三节　房地产税制改革 ……………………………………（217）
第四节　评估征税与"鄂州模式" ……………………………（226）

第九章 人才强税 ……………………………………………………（231）

第一节 "人才强税"工程 ……………………………………（231）

第二节 珍惜税务专业人才 ……………………………………（242）

第三节 年轻税务干部成才之路 ………………………………（250）

第四节 税务文化建设 …………………………………………（253）

第十章 廉洁从税 ……………………………………………………（260）

第一节 廉政从税与收税带队 …………………………………（260）

第二节 廉洁从税与优良作风建设 ……………………………（268）

第三节 廉洁从税与治庸问责 …………………………………（274）

第四节 廉洁自律的"五五四四"法则 ………………………（279）

第五节 预防和查处涉税失职渎职行为 ………………………（283）

第六节 党风廉政建设主体责任 ………………………………（287）

后 记 ………………………………………………………………（297）

第一章 依法治税

第一节 依法治税与治内治权[①]

一、治内治权的必要性

依法治税的法理依据是税收法定主义原则。税收法定的内涵包括征税权法定、纳税义务法定、征税要素法定、征税程序法定，以及税收处罚、解决税收争议法定。所谓依法治税，是指国家所有的税收征纳活动都必须依照法律的规定进行，不论是政府征税，还是纳税人缴税，都必须以法律为依据。没有法律依据或法律授权，政府不得征税、不得多征税，也不得放弃职责不征税；同样，未经法律允许，纳税人不得不缴或少缴税款。

依法治税是依法治国方略在税收领域的具体体现，更是税收工作的灵魂。依法治税需要通过征纳双方或税务机关内部和外部两方面的努力来实现。从税务机关角度来讲，关键在于按照"内外并举、重在治内、重在治权"的原则，建立健全以税务部门自我约束为重点的制度体系，严格依法征管，规范税收执法，强化内部监控，实现抓内促外，促进税法遵从。

近年来，全国税务机关积极推进税收法治建设，不断提高税收控管水平，执法行为日益规范，管理质效明显提升，税收环境持续优化。但也必须清醒地看到，在实际税收管理中，有法不依、执法不严、违法不究的现象在一定程度

---

① 本节内容基于2009年8月3日在原湖北省地方税务局局长会议上的讲话。

上依然存在，行政不作为、慢作为、乱作为的现象还时有发生。主要表现在：有户不管，有税不收，工作缺位，失职失责；怠于政事，行动迟缓，办事拖拉，效率低下；审批不严，暗箱操作，越权减免，随意执法；违规执法，收"人情税""关系税""过头税"；滥用权力，以言代法，越权执法，以税谋私等。之所以出现这些问题，固然与少数税务干部法治观念淡薄、管理责任淡化密切相关，但从规律上看，制度缺位、有法不依、追责不力所导致的权力滥用和内部监控弱化，亦是重要原因，务必高度重视。

依法治税的基本目标是，征税主体依法征税，纳税主体依法纳税。其中，作为征税主体的税务机关能否坚持依法行政、规范执法，对于推进依法治税具有示范效应。针对税收管理现状和行政执法特点，当前和今后一个时期，要积极开展"规范执法、加强征管、防范执法风险"专项整治活动，紧紧抓住"治权治内"这个核心，牢牢把握"履职尽责"这个关键，引入过程控制理念，整合、充实、完善一系列制度、办法、流程和操作规程，充分发挥制度的规范、约束和导向作用，提高执法准确性、管理覆盖面和税收征收率，切实防范执法风险，减少执法过错，保护纳税人合法权益。

二、夯实治权治内的制度基础

为了从征管源头上防范税权滥用，需要重点完善和落实以下制度：一是税源管理制度。在全面推行属地管理的基础上，要对税源实施分类分级管理，利用"数据大集中"优势，对税源管理缺位、不到位及过错行为，实施在线监测；对于重点税源，要建立人机结合的监控模式，实行跟踪管理、动态监控；要积极推动与国税、工商、质监等部门的协作，加强户籍管理，堵塞征管漏洞。二是税收管理员制度。在基层机构扁平化改革中，要进一步充实税收管理员队伍，明确岗位职责、管理流程、质量标准和工作时限，强调"管户"的全面性和"管事"的动态性；加快制定税收管理员执法电子考评管理办法，实现"执法有记录、过程可监控、结果可核查、绩效可考核"。三是税务公开制度。坚持公开为常态、不公开为例外，通过多种渠道，及时有效地公开税负核定、税收减免、停（歇）业审批等涉税项目，将纳税人的知情权落到实处。四是税收规范性文件会签和备查备案制度。要建立健全文件审查会签、清理规范和备查备案的工作机制，严格审核把关，避免"条规打架"。每两年进行一次税收规范性文件清理，及时修订存在问题的文件内容，及时公布失效和废止的文件目录。五是税收资料管理制度。按照科学规范、安全集中、系统完整、简便实用、真实准确的要求,继续推进征管资料"一户式"集中管理,便于各级税务机关调用、比对、分析、监督和信息共享,全方位掌握纳税人履行纳税义务的情况。

三、完善权力制约机制

权力必须受到监督和制衡,对于征税权,尤其需要在重点环节加强监控。一是严格执行统一规范的减免税管理制度。按照"职责明确、程序规范、高效便捷、监督严格"的要求,各级税务机关务必依照法定的权限、程序和时限,不折不扣地贯彻执行税收减免的各项规定,进一步细化操作流程,加强督办追查,严格实施问责,从根本上遏制不作为、慢作为和乱作为。二是构建欠税管理长效机制。要修订完善欠税管理制度,建立事前防欠、事中控欠、事后追欠的运行机制,切实加强欠税的认定、核销、追缴、报告等工作;要将欠税管理列为基础性、日常性的税收管理事项,实施动态监督、目标考核和责任追究,年度终了及时开展税费清缴结算,对管理不力的单位和个人,必须严格追究责任,坚决消除"拖、瞒、推"等现象。三是认真执行重大案件审理制度。各级税务机关的重大税务案件审理委员会要切实履行职责,坚持"证据充分、依据合法、程序规范、处罚适度"的原则,从实体和程序上严格把关,做到秉公办理、集体审理、依法处理,提高案件审理质量;要进一步延伸审理效果,加强案例剖析研究,从案件审理中查找规律,达到以审促管的效果。四是完善税收分析预警制度。按照"预防为主、实时监控、智能评估、服务征管"的思路,加快开发和应用税收分析预警系统,实时反映税源管理风险、税收执法风险,以及重要业务流程的监控状态,对超过预警值上限的风险及时进行预警,实现"外防偷欠、内防过错"的目的。五是试行房地产评税制度。要通过建立评税标准,开发评税软件,完善评税体系,堵塞管理漏洞,理顺房地产税收征管秩序。

四、落实内部问责制度

为了加强履职监督,首先应当落实内部问责制度。一是全面推行税收行政执法责任制。要结合实际情况,不断总结完善执法责任制,并根据具体的业务规范和操作流程进行软件开发，实现人机结合管理。二是严格实施过错追究制。要结合实际制订操作性强的实施办法，坚持过罚相当的原则，视情节轻重对执法过错责任人分别给予通报批评、行政处分、经济赔偿等处理。究责是手段，纠错是目的，追责的同时必须整改执法过错，弥补管理缺陷。三是加强行政复议和应诉工作。要完善行政复议工作规则；加强行政复议和应诉工作的调研、检查、评估，解决突出问题，纠正违规行为；加强培训辅导，提高复议、应诉工作人员审理案件和化解税务行政争议的能力。四是严格执法检查和内审督查。要落实《税收执法检查规则》，规范检查程序，改进检查手段，提高检查效率，并将检查结果作为衡量管理水平、开展绩效考核、实施责任追究的重要依据；要进一步加强内部审计和督查工作，增强税务部门的自我纠错能力。

第二节 法治税收建设[①]

一、法治税收建设的意义

2009年，原湖北省地税局党组提出了"依法治税、信息管税、服务兴税、人才强税、廉洁从税"的"五税战略"，确立了"法治地税"建设目标。为了实现这一目标，逐步建立健全了依法决策机制，完善了税收征管，以及"人、财、物、减、免、罚"等关键环节和重大事项的管理制度；清理了行政执法权，强化执法监督考评，在全系统建立起统一的岗位职责、工作规程、考核评议和责任追究的税收行政执法责任制度体系，推行"机考"为主、"人考"为辅的执法考核机制，税收行政行为不断得以规范；深入推进行政审批制度改革，提升了行政执法效能，建立健全纳税服务体系，税收法治环境不断优化，为地方经济与社会发展提供了坚实的法治保障。

存在的主要问题是，税费政策在适应经济发展转方式、调结构方面，税费征管在适应"五税战略"要求方面，税收职能在保障民生方面，纳税服务在

[①] 本节内容基于2010年10月18日在原湖北省地税系统依法行政暨法治地税建设工作会议上的讲话。

满足社会需求方面，税收行政执法在适应政府管理改革方面，都还存在着一些不适应新形势的短板和问题。例如，减免税、欠税管理的缺位现象依然存在；内控机制建设相对滞后，内部行政管理还存在一些有待规范的问题；对税务干部队伍尤其是对各级领导干部的思想教育和能力建设还存在薄弱环节，部分干部素质不高的状况未能从根本上改变；机构人员配置有待优化，基层税务机关的征管机制建设有待创新与优化等。

法治税收建设，既是税务系统依法行政工作的重中之重，也是新时期税收工作的延续发展。开展法治税收建设，深入推进依法行政，是服务地方经济社会发展，加强税务机关自身建设的迫切需要，有利于推进依法行政，实现税收工作的制度化和规范化；有利于税务机关正确履行职责，不断提高管理效能和服务水平；有利于广大税务干部增强法治观念，提高依法行政意识，规范行政行为；有利于税务部门党风廉政建设，健全内控机制，预防腐败行为发生。

二、法治税收建设的目标与任务

如何建设法治税收，是一篇大文章，是一项系统工程，建设任务艰巨。目前阶段，需要重点做好以下七个方面的工作：

（一）加强制度建设，实现制度内容与形式规范的统一

推进法治税收建设，制度建设是基础。加强制度建设，既要确保制度的内容符合法治精神和工作实际，又要规范制度制定的程序，全面提升制度建设质量。要规范制度的制定程序，确保各方意见、建议得到充分表达，确保合理诉求、合法利益得到充分体现；要严格制度清理，切实增强各项制度的科学性、合理性和可操作性，确保各项制度管用、用好、用出实效；要抓好制度创新，依靠创新凝聚共识、推动发展，依靠创新调整利益、规范行为，依靠创新化解争议、保障权益。

（二）规范税收执法，实现合法行政与合理行政的统一

推进法治税收建设，税收执法是核心。要按照规范执法、公正执法、文明执法的要求，加强和改善行政执法，在职权法定、程序法定的基础上，实现执法手段、处理结果的合情合理；要加大执法力度，各项法律法规和规范性文件

必须得到贯彻执行，做到令行禁止；要规范执法程序，以程序的公正保障实体和结果的公正；要改革执法体制，大力推进税收专业化管理改革；要深入推进行政审批制度改革，对现有的涉税管理事项，本着"还权责于纳税人"的原则，减少事前审批，增强备案管理，转向事后监督；要改进执法方式，深入推进信息管税，合理行使行政裁量权，积极推行阳光执法，最大限度地实现合法行政与合理行政的统一。

（三）完善监督机制，实现决策监督与执行监督的统一

推进法治税收建设，监督机制是保障。税务干部的权力行使到哪里，监督的触角就要延伸到哪里，实现对行政行为的全过程控管。要主动接受外部监督，领导班子率先垂范，拓展公开事项和领域，自觉接受人大、政协、财政、审计等部门监督，以及媒体舆论监督和人民群众的社会监督，让行政管理权和行政执法权在阳光下运行；要继续加强内部监督，深入推行税收行政执法责任制，坚持有错必纠、有责必问，彻底扫除工作"盲区"和"死角"，实现执法责任制的全覆盖；对超越法定权限、违反法定程序的行政行为，要严格实施责任追究，做到权力与责任统一。

（四）改善法治环境，实现法律效果和社会效果的统一

推进法治税收建设，法治环境十分重要。税务机关既要运用法律手段打击税收违法行为，维护国家法律权威，又要合理解决税收争议，维护纳税人合法权益；要增强税收执法刚性，发挥税务稽查职能，打击涉税违法犯罪活动，整顿税收秩序，营造公平公正的税收环境；要完善综合治税体系，建立涉税信息交换平台，积极推进协税护税管理工作，强化部门联动配合，提升税源监控和税收控管水平，不断完善综合治税体系；要积极化解涉税争议，完善纳税服务方式，健全矛盾纠纷、税收争议防范化解机制，做好信访和舆情引导工作，积极营造公平竞争的税收法治环境。

（五）严格减免税管理，实现依法管理和支持发展的统一

减免税管理如果失之于宽、淡化责任，就容易产生有法不依、执法不严现象，导致干部队伍出现问题。要把开展减免税管理专项检查作为严查失职渎职和防范执法风险工作的重点。做好减免税管理工作要重点把握四个原则：一是依法减免，法律没有规定的就不能减免。二是支持发展，要在坚持税法原则的

前提下，对于符合国家产业政策，各级政府有明确要求的发展项目，例如高新技术、自主创新、节能减排项目，以及国有企业改制上市等，该支持的必须支持。三是要严格清理地方欠税，坚决杜绝随意欠税或"以减消欠"。四是程序规范，要严格遵守减免税管理规定，依法依规实施减免税审批，切实加强减免税案卷管理，加强监督检查。

（六）深入推进行政审批制度改革，实现服务优化与税源控管的统一

在我国行政制度改革中，行政审批制度改革是一项重要内容。原武汉市地方税务局率先推出了"先办后审"改革举措，具体包括三个方面内容：一是先办后审，办后必审。纳税人如果按照要求提供了全部的涉税资料，就要当场办理。资料是否真实可靠，则要依靠后续的审查监管。二是边办边审，当场办结。适用于审批事项比较简单，能够当场办结的情形。三是先审后办，限期办结。例如，发票、税款、税源控管等重要问题的审批事项，必须实行先审后办，但要在规定限期内办结，不能久拖不决。

武汉市税务局"先办后审"的改革探索，其意义在于观念和理念的变革，即把方便和快捷送给纳税人，把麻烦和责任留给自己，它体现了一种自我加压、自找麻烦、自己革命、自担责任的精神，它对于深入推进行政审批制度改革的启示性经验是：（1）减并行政审批事项，凡是可以不审批的一律不审批。（2）法律规定要保留的行政审批事项，能下放的一律下放，真正还权于纳税人和企业。（3）对于下放到各地的行政审批事项，在审批时也要尽量简并审批流程。

（七）加强法治税收队伍建设，实现干部教育和制度管人的统一

建设法治税收，需要打造一支崇尚法律、执法公正的税务干部队伍。一是要组织全员学法，推动观念转变，在全系统大力营造崇尚法律、敬畏法律、坚守法律的浓厚氛围。各级税务机关要抓紧抓好干部的依法行政理论学习，尤其是要抓好新招录公务员的税收法治教育培训工作。二是要教育各级领导干部带头自觉守法。领导干部依法行政能力高低，往往决定着一个单位或一个部门依法行政的整体水平。

三、如何做好法治税收工作

法治税收建设是一项长期、复杂而又艰巨的系统工程，需要长期不懈努

力。各级税务机关要根据不同阶段的要求确定每个阶段的工作目标，分步推进，重点突破。当前，各级税务机关要牢牢把握"法治税收建设"这一主线，完善制度体系，健全决策机制，提升执法质量，加强队伍建设，积极推进依法行政。各级税政法规部门要积极发挥牵头组织作用，切实履行工作职责，大力推进法治地税建设，努力提升依法治税水平。

一是要加强法治税收建设的学习宣传，提高对法治税收建设重要性和紧迫性的认识。要加强与同级党委、政府法制部门的联系，主动汇报工作进展，认真听取意见与建议，积极争取地方党委、政府的支持，在系统内外营造人人知晓、人人关心、人人参与的法治税收氛围。

二是要建立健全法治税收建设体制。县以上税务机关应当成立法治税收建设工作领导小组，按照谁主管、谁负责的原则，形成各级领导亲自抓、法规部门牵头抓、有关部门具体抓的工作格局，把法治税收建设作为当前和今后一个时期的重要任务，切实抓紧抓好。要加强对法治税收建设工作的指导和检查，一级抓一级，层层抓落实，把法治税收建设作为共性目标，纳入年度工作目标责任考核。

三是要稳步推进法治税收建设。法治税收建设是一项基础性、长期性和全局性的工作，涉及税收工作的方方面面，点多面广，任务艰巨，不可能一蹴而就。因此，需要制订规划，明确目标，分步骤分阶段地组织实施，突出重点，持之以恒，一步一个脚印地扎实推进。

四是要统筹开展法治单位创建工作。创建法治单位是法治税收建设的重要载体，要将法治单位创建与现有工作有机地结合起来，特别是要与基层党的建设、税务文化建设、干部队伍建设，以及税收行政执法责任制工作结合起来，形成法治税收建设的抓手。各创建单位要制订具体的工作方案，明确各部门职责分工，突出特点，创出特色，以点带面，统筹推进，为全面推进法治税收建设积累经验、提供示范。

第三节 税收行政执法责任制[①]

一、为什么要加强税收行政执法责任制建设

当今世界处在大发展、大变革时期。世界多极化、经济全球化深入推进,科技进步日新月异,国际金融危机影响深远,世界经济格局发生了新变化,国际力量对比出现了新态势,综合国力竞争和各种力量较量更趋激烈。这些都给我国经济社会发展带来新的机遇和挑战,也给税收工作提出了新的要求,需要在新的历史起点上谋划新发展。其中的一项重要工作是,以依法治国方略为指导,以依法行政为原则,建立和推行税收行政执法责任制。

税收行政执法责任制,是以现代行政管理理念为指导,以税收法律为依据,以规范税收执法管理为需求,以信息技术为支撑的一种行政管理监督制度。它具有界定税收执法岗位职责,确定税收执法操作规范,评价税收执法责任履行情况,追究税收执法过错责任等功能。推行税收执法责任制,可以对税收执法事项进行过程控制,对行政违法行为予以矫正,实现对税收行政执法的监督。它对于建立结构合理、配置科学、组织严密、制约有效的权力运行机制,防止税收执法权的缺失和滥用,规范和监督税收执法活动,推进依法行政,具有基础性、主导性的作用。

(一)推行税收执法责任制,是税务部门加强依法行政工作的需要

依法治国、建设社会主义法治国家,已载入我国宪法。依法治国首要的要求是,国家治理者对社会公共事务的管理必须合法,必须依法行政。依法行政是建立法治国家、法治政府的基本要求,也是行政机关及其行政执法人员执行公务的行为准则。依法行政必须坚持执政为民,忠实履行宪法和法律赋予的职责,保护公民、法人和其他组织的合法权益;必须创新行政管理方式,提高行政管理效能,降低行政管理成本,促进经济社会和人的全面发展;必须按照合法行政、合理行政、程序正当、高效便民、诚实守信、权责统一的基本要求,

---

[①] 本节内容基于 2009 年 10 月 20 日在湖北省地方税收行政执法责任制工作会议上的讲话。

建立执法有依据、有权必有责、用权受监督、违法受追究、侵权须赔偿的行政执法管理制度。

税务机关是国家重要的行政执法机关，担负着组织收入、调节经济的行政管理职能。税务机关必须认真贯彻依法治国基本方略，按照依法行政的基本要求，依法履行税收管理职责。所谓依法行政，要求税务机关加强制度建设，严格行政执法，强化行政执法监督，建立适应税收执法的行政管理监督制度，规范税收执法权的行使，监督税务执法人员依法履行职责。因此，建立和推行税收执法责任制，是税务机关依法行政的必然要求。

（二）推行税收执法责任制，是构建税收管理新格局的需要

市场经济条件下的行政管理应当是法治、效率和服务型的管理。如何建立与市场经济相适应的税收征管体制，是税收发展必须解决的基本问题。从湖北省情况看，加快市场经济发展，需要建立"依法治税、信息管税、服务兴税"的税收管理新格局，需要对税收征管进行制度性治理。其中，深入推进税收执法责任制就是一项长期而艰巨的任务。

首先，实现依法治税需要加强税收执法责任制建设。税收工作的灵魂是依法治税，它是实现税收工作目标的重要保证，其重点是依法规范税收执法行为。近年来，税务系统的依法行政意识明显增强，税收执法行为明显规范，但是，在税收执法中，有法不依、执法不严、滥用权力、以权谋私等现象仍未得到有效根治，有些问题还比较严重。虽然这些税收行政违法行为不代表税收行政执法的主流，但对税务部门形象的影响却是整体性的。对此，我们要有清醒的认识。法治观念的弦一旦放松，不仅影响事业发展，而且干部队伍也会出问题，我们在这方面有过深刻教训。依法治税，首先是要治权。依法行使征税权，是税务机关永恒的使命，要保证税收执法行为符合法律的规范，关键是要使权力的行使与责任的担当一致。所以，必须深入推进税收执法责任制，以明确的岗位职责和严谨的操作规范，来规制税收执法行为，以公正的考核评议和严格的责任追究，来强化税收执法责任意识，促使税务机关及其执法人员在税收执法责任制的引领下，规范行使征税权，严格依法办事。

其次，实现信息管税需要加强税收执法责任制建设。当今世界，经济与社会发展已步入信息化时代，信息已成为社会活动的主导方式。所谓信息管税，就是借助信息技术对税收征纳行为进行管理，以信息的方式反映和监督税收征纳行为是否符合法律的规范。信息技术是税收管理的物质手段，税收法律规范

是税收管理的内在依据，所以信息管税必须遵循税收行政执法的法律规则和规范需求。信息管税的任务是解决税收执法失范和监督乏力的问题，重点要放在对税收征纳行为的监控上，放在对税收管理过程的记录和反馈上。因此，必须建立税收执法管理信息系统，按照税收执法事项来设定岗位职责、操作标准，以及考核评议程序，从而将税收行政执法纳入计算机网络系统的管理和监控，最终实现以税收执法责任制为核心内容和基本要求的信息管税。

最后，实现服务兴税也需要加强税收执法责任制建设。建立服务型税务机关是适应政府职能转变、建设服务型政府的必然要求，是服务科学发展、构建和谐税收的重要内容。服务与监督都是行政执法的法定职责，行政执法不仅要督促行政相对人履行法定义务，更要提供良好的行政服务。现代行政管理尤其要突出政府及其行政执法部门的服务职能，为社会公众提供普遍、良好的公共服务，这是实现社会良治所追求的目标。一些发达国家的政府普遍认识到，税收发展不仅有赖于经济发展和税收管理完善，更有赖于社会的进步与和谐，让纳税人充分享有社会权利和尊重，实现对自身纳税价值的社会认同。所谓服务兴税，其目标是为纳税人提供优质的纳税服务，方便纳税人履行纳税义务，要以优质的税收公共服务赢得纳税人对税法的自觉遵从，这是税务工作的重要目标和职责。所以，实现由纳税服务到服务兴税的理念转变，需要将税收服务作为税收行政执法的重要内容，需要按照税收行政执法的内容和标准，以责任制的方式加以落实，对税收行政服务行为进行监督和考核，对服务失职责任予以追究，即以税收执法责任制来保障服务兴税的实施。

（三）推行税收执法责任制，是税收事业发展的需要

目前，税收行政违法已成为制约税收事业发展的一个主要问题。究其原因，主要是责任意识淡化，它在税务系统集中表现为"职业疲惫、本领恐慌"，不愿承担行政责任，不知如何承担行政责任，少数税务干部甚至成了依法行政的落伍者。在新的历史条件下，税务机关和税务工作者面临着行政执法的考验、改革开放的考验、市场经济的考验和外部环境的考验。要正确应对考验，必须解决精神匮乏、能力弱化、动力不足的问题。

解决上述问题，不仅要坚持思想政治教育，用正确的人生观、价值观、世界观来教育引导税务干部，还应当建立科学合理的行政管理制度，激励税务执法人员提升素质和能力，形成想干事、能干事、干成事的良好工作环境。众所

周知，社会事业发展的活力在于责任，责任是事业发展的动力源，必须以责任激发工作活力，推动税收事业发展。税收执法责任制就是以责任为核心，要用责任引导行政，用责任规范行政，用责任激励行政，促进广大税务行政执法人员在精神和意识上，敬畏税收职业，热爱税收事业，自觉履行税收行政职责。所以，推行税收执法责任制，有利于强化税务系统的责任意识，形成自觉学习、自我约束、自求提高、自主进取的税务行业风尚，推动税收事业持续发展。

二、严格规范税收执法行为

根据《全面推行依法行政实施纲要》的要求，按照"法治、统一、效率"的原则，国家税务总局制定了"一个范本和两个制度"，各地税务部门制订了《税收行政执法责任制》，对明确执法责任，规范执法程序，考核执法质量，追究执法过错等，做了全面而具体的规定。

（一）明确执法主体，规范岗位职责

规范税收执法行为，首先要明确行政执法的责任主体，这是税收执法责任制的基础。没有责任主体，就没有责任执行、责任追究的担当者。要明确责任主体，就需要设定岗位职责，将特定的行政执法事项确定由特定的行政执法岗位去执行。税务岗位职责，通常是根据税收行政执法的需求，按照职权法定、权力制衡、权责一致、行政效率的原则，依据行政执法事项进行设定的。将职责归集于特定岗位，有利于实现执法岗位与执法事项、执法责任的统一。

明晰的岗位职责是依法行政的前提条件。只有设定了行政执法岗位职责，才有规范的行政执法行为。税收行政执法行为如果失范，其首要原因就是岗位职责不清，缺乏对岗位职责的明确规范。因为岗位职责不规范，不仅执法者不清楚自己应当履行的执法责任，而且税务机关也无法对执法过错行为进行归责和问责。因此，推进税收执法责任制，首先需要确定执法岗位，明确岗位职责，从基础上规范税收行政执法行为。

（二）完善工作规程，规范执法程序

规范税收执法行为，重要的是规范税收执法事项的操作，这是税收执法责任制的关键。行政执法工作规程不仅是行政执法操作的标准，也是对行政行为是否符合规范进行评判的依据。建立完善的行政执法工作规程，是对行政执法行为进行制度化管理的最基本、最主要的方式。没有规范的工作规程，就不可能有规范的行政执法行为。在税收行政管理的行政违法案例中，经常发生的是程序违法，其主要原因是没有严格按照工作规程操作。因此，建立完善的税收执法工作规程，严格执法操作程序，是税收执法责任制必须重点解决的问题。

税收行政执法工作规程，是按照税收法定、权力制约、精简效率的原则，对税收行政执法事项的执行环节、岗位、内容、方式、时限，做出系统而明晰的规定，所形成的行政执法的程序范式。推行税收执法责任制，重点应加强行政执法操作的规范，完备行政执法标准，引导和控制执法行为实施，从行政程序上规范税收行政执法行为。

（三）健全考评机制，规范执法监督

规范税收执法行为，必须对税收执法行为进行分析评判和执法监督，这是税收执法责任制的重点。考核评议的目的，是要评价执法责任的履行，判定执法程序与结果是否合法。没有考核便无法对执法责任履行进行评判，没有评判就无法确定执法责任是否履行。如果行政管理优劣莫辨、是非不分，就不可能建立规范的行政秩序，也就无法有效发挥行政管理职能。

目前，税务系统并非缺少对工作的考核评议，而是缺少能真实反映工作现状和问题，具有导向和激励效应的考核评议。这是行政管理的难点，也是税收行政执法必须认真解决的问题。做好税收行政执法的考核评议工作，就是要按照实事求是、公平公正的原则，对考核评议的事项、内容、标准、方式和程序做出明确的规定，制定系统而统一的考核评议指标体系。推行税收执法责任制，必须按照考核评议的规则，对税收执法行为进行认真分析评价，客观公正地反映执法质量，从行政执法监督上规范税收执法行为。

（四）严格责任追究，规范职责履行

规范税收执法行为，必须纠正行政执法过错，追究行为人的责任，这是税收执法责任制的保障。没有对过错行为的追究就没有惩戒，缺少惩戒就无法落实责任；不承担不利后果的责任是不存在的，没有过错责任的制度，必然缺乏行政强制效力。因为行政管理是对人的管理，趋利避害是人的天性。责任追究就是借助这个自然法则，以追究来强化责任意识，以追究来激励责任履行。因此，责任追究是责任制的最终实现，是责任制具有执行权威的制度保障。

在税收行政管理中，责任追究的规定不少，但严格按规定追究的不多，这也是管理制度得不到落实，行政违法遏制不力的重要原因。因此，我们必须严格行政过错的追究，以行政管理的强制力实现行政管理的目标。建立和完善税收行政执法过错责任追究制度，就是要根据实事求是、公平公正、有错必究、过罚相当、教育与惩处相结合的原则，对责任追究的形式、适用和程序做出明确的规定。推行税收执法责任制，必须按照责任追究的规定，对行政违法行为实行严格问责，从行为矫正上规范税收执法行为。

三、如何落实税收执法责任制

税收执法责任制是税收行政执法管理的一项基本制度，涉及税收行政执法的各个方面、各个环节。各级税务机关要把推行税收执法责任制作为一项基础性、主导性、长期性的工作来抓。

第一，要提高认识，加强领导。推行税收执法责任制，首先要认识到位，只有思想上高度重视，才会有行动上的坚决执行。这项工作是"一把手"工程，各单位"一把手"必须亲自抓。要深刻认识推进税收执法责任制的重要意义，把这项工作作为事关税收事业发展全局的大事来抓；要加强组织领导，整体安排，有序实施，切实提高税收征管的质量和效率；要加强对思想动态的把握，及时解决执行中的思想问题，调动积极性，增强自觉性。

第二，要联系实际，全面谋划。推行税收执法责任制必须与各地的税收征管实际相结合。各地要紧密联系本地实际，明确岗位职责、分解执法事项、细化考核评议，实现一般规定与特殊需求的有机结合；要深入调查研究，认真分析本地税收行政执法的现状，有针对性地制定贯彻措施；要立足解决问题，把税收执法责任落到实处，重点规范税收执法中容易产生行政违法行为的事项、环节、岗位；对税收行政执法普遍存在的问题，应当从制度层面深刻分析原因，完善管理制度，从根本上加以解决。

第三，要认真组织，狠抓落实。税收执法责任制是一项打基础、管长远的重要制度，必须以高度负责的态度抓好这项工作。各级领导要增强工作责任感和历史使命感，切实履行职责，把推行税收执法责任制作为当前和今后一个时期的重点工作抓紧抓实，抓出成效；各地可选择若干县（市、区）局进行试点，有条件的地方也可全面推行。各试点单位要从全局的高度统筹规划，统一安排，把推行税收执法责任制与实现"依法治税、信息管税、服务兴税、人才强税、廉洁从税"的工作目标结合起来，形成工作合力，注重整体效应；要从顾大局、谋发展、管长远出发，加强协调配合，以执法责任制为统领，建立完善的税收行政管理体制，以执法责任为指导，全面规范税收执法行为，以责任为使命，加快税收事业的发展。

第四节　依法治税与税政法规工作[①]

2008年以来，湖北省各地税收政策法规部门积极应对复杂经济形势挑战，着眼全局，克难奋进，扎实工作，服务发展取得实效，税收法制基础不断夯实；税收执法水平明显提升；税务行政复议工作更加规范。总之，依法治税建设成效突出。同时，伴随着经济社会的发展，依法治税的内涵更加丰富，要求越来越高，新的挑战也越来越多。例如，税收法制工作制度建设不够完善、职能发挥不够充分、队伍建设有待加强。尤其是一部分从事税政法规工作的老同志，在思想和观念上还跟不上法治时代的要求，工作上老套路、老办法，不能解决鲜活的现实问题。

国务院发布的《全面推进依法行政实施纲要》指出，"要充分发挥法制机构在依法行政方面的参谋、助手和法律顾问作用，为政府立法、行政决策、处理矛盾、解决难题出谋划策，提供服务"。税收政策法规工作只有站在宏观和全局的角度，深刻认识经济社会发展形势，才能牢牢把握税收工作发展方向，充分发挥政策法规职能作用。它要求我们解放思想、积极探索，用新观念、新视角，重新审视税收政策法规工作的职能和作用。只有这样，才能有效解决税收工作的新困难和新问题，不断增强税收事业发展的内在动力。

一、适应新形势

税政法规工作是一项需要超前谋划、统筹协调的综合性工作。做好这项工

---

① 本节内容基于2010年4月13日在湖北省地方税收政策法规工作会议上的讲话。

作，首先需要总体把握国家宏观经济与税收形势。尤其是国际金融危机对我国经济的冲击，更使我们认识到，加快转变经济增长方式是关系国民经济全局的一项紧迫而重大的战略任务。它要求落实结构性减税政策，着力发挥税收在引导产业结构升级、区域结构调整、城乡结构优化、分配结构改善等方面的积极作用，切实服务于发展方式转变；要求通过加大优惠政策落实力度，规范税收执法行为，提升税务行政效能，营造公平、公正、公开的税收环境，更好地服务于企业和地方经济又好又快发展。

伴随着经济发展，社会治理的法治环境也经历着巨变。2004年，国务院颁布了《全面推进依法行政实施纲要》，提出了推进依法行政10年规划，努力建设法治政府。为此，全国许多地方组织开展了"依法行政示范单位"创建工作、规范行政处罚自由裁量权工作和执法案卷评查工作。社会法治环境的变化，要求依法治税工作向着更高层次深化，向着更广领域扩展。一是工作重点从规范税收执法行为向规范所有税务行政行为转变。不仅要继续关注对基层执法行为的规范和监督，还要关注决策过程的规范和监督，更加注重从体制、机制和制度层面，构建符合依法治税要求的治税环境，提高税收行政管理的科学性、民主性。二是推进方式从突出重点向注重整体转变，不仅要在局部地区、具体工作上重点突破，而且要实现全方位、全领域的整体推进。要建立起一整套考评指标体系，将依法治税工作具体化、标准化，使之成为约束和规范各项税收工作的基本准则。

二、确立新理念

政策法规部门的基本职责是综合协调、调查研究、监督指导、服务保障。面对新形势，要求我们牢固树立科学发展观，进一步增强税收法治意识、综合协调意识和服务意识，营造良好的依法治税氛围，进一步推动税收法制工作的开展。

第一，要增强税收法治意识，把握政策法规工作的立足点。法治是现代税收的基本特征，是保障国家收入的重要手段，可以说，缺少法治就没有税收生存的土壤，就会动摇税收发展的根基。依法治税是税收工作的灵魂，税务机关只有坚持严格、公正执法，促进纳税人自觉遵从税法，才能有效发挥税收筹集收入和调控经济的职能作用。因此，我们要牢固树立税收法治意识，突出依法治税的统领作用，要把握不同阶段依法治税工作的不同内容和形式，将法治要求落实到税收工作的各个领域、各个环节。要切实发挥依法治税在推进法治税收建设中的牵头作用,抓工作规划,抓分解落实。在具体的税收工作当中,要兼顾依法治税的原则性与灵活性,特别是针对税收工作中遇到的各种问题,不能简单否认回避,要站在全局的角度,出主意,想办法,切实推动依法治税进程。

第二,要增强综合协调意识,改进政策法规工作的方法。政策法规工作是一项综合性业务工作,带有全局性特点。开展政策法规工作,应当以宏观视角、全局观念、长远眼光来思考问题、研究问题。要积极研究各类综合性税收政策问题,切实发挥综合、协调、审核、把关职责,提出解决问题的方案。在具体工作中,要注意采取合适工作的方式,既要主动换位思考,加强沟通和交流,建立良性协调机制,充分调动各部门参与依法治税的积极性,又要在具体事务上分清角色,做到主动服务但不代替;积极参与但不揽权;严格监督但不越位,切实发挥综合职能作用。

第三,要增强税收服务意识,找准政策法规工作的突破口。依法治税是经济社会发展的需要,更是做好税收工作的自身要求。税政法规部门要充分发挥专业特长,运用法律思维和法律知识,服务于领导决策,服务于经济发展,服务于税收执法,服务于纳税人。我们要始终坚持"有为才有位"的思想,用正确的权力观和价值观对待荣辱得失,始终站在全局的角度统筹解决各种矛盾。只有不断提升政策法规服务水平,才能为领导决策提供科学合理的建议,才能为经济社会发展提供有效的政策支撑,才能切实维护纳税人的合法权益,才能有效防范和化解税收执法风险,保障各项税收工作顺利运行,这也正是政策法规工作的价值所在。

三、把握新定位

税务系统机构改革后,对部分内设机构的职能进行了调整,政策法规部门的工作职能也产生了新的变化,需要重新调整和完善工作职责定位。

一是要当好依法治税的组织者。依法治税是一项综合性、全局性的工作,涉及税收行政执法和行政管理的方方面面,需要各部门共同参与,协同推进。政策法规部门要在推进依法治税的过程中,担当起牵头组织工作职责,统筹考虑、科学规划,整体部署,制订切实可行的工作方案,并督促落实到位;要通过深入细致的组织工作,将法治要求融入税收决策、管理、监督、服务等各环节,不断推进依法治税的理论创新、制度创新和方法创新。

二是要当好税收法制的建设者。各级政策法规部门要以规范税收抽象行政行为作为切入点,加强税收规范性文件的制定与管理;要以规范税收征收管理为落脚点,不断健全税收管理的基础性制度;不仅要注重税收法制制度建设,更要积极引入信息化手段,将税收减免、行政处罚等各项基础制度规范化、流程化,保障税收管理质量;要勤思考,善钻研,出实招,推动税收法制制度建设,确保各项管理制度和规定合法有效。从这个意义上说,政策法规部门的制度建设职能不是弱化了而是加强了,工作内容不是减少了而是充实了,工作要求不是降低了而是提高了。

三是要当好执法行为的监督者。依法治税的核心就是治权,监督是对权力最好的制约。政策法规部门的监督职能,突出表现在税收执法过程的把关、执法风险的防范控制和税收执法的行政救济等方面。各级政策法规部门要做好税收规范性文件审查把关,确保税收执法依据合法有效;要认真做好重大税务案件审理工作,在税收执法的案件定性、法律适用、处罚幅度等方面审理把关,确保税收执法行为合法适当;要全面规范税收减免管理,在税收优惠的运转流程、权限界定等方面审核把关,确保税收减免行为合法规范;要积极做好税务行政复议和应诉工作,维护纳税人的合法权益,保障税法的正确执行。不仅要处理好具体的法律事务,还要从总体上分析依法行政过程中的问题,协调工作中的矛盾,指导和督促下级税务机关推进依法治税工作。

四是要当好税收工作的服务者。政策法规部门要着眼于服务科学发展大局,紧紧围绕税收中心工作,做好各项政策法规服务工作。在服务方式上,要充分考虑政策出台的宏观背景,把握政策本身的功能定位,做好政策之间的衔接协调,进而完善执法制度,规范执法程序,明确执法要求。在服务对象上,要服务于领导决策,发挥参谋助手作用,健全决策程序,提出决策建议;要服务于部门管理,发挥政策把关作用,开展政策调研,做好政策分析,提出政策建议;要服务于基层征管,发挥督促指导作用,规范执法行为,化解执法风险;要服务于纳税人,及时提供政策咨询和法律救济,保障纳税人权益不受侵害。

综上所述,作为税收法制工作机构和综合职能部门,推动依法治税需要全程参与,服务经济发展需要综合协调,规范税收执法需要服务保障。所以,我们要树立大局观念,不能简单认为某项工作是哪一个部门的事情,更不能因为工作职责调整就当"甩手掌柜",要切实发挥政策法规的职能,全力做好组织、协调、服务、保障工作。

四、创出新作为

依法治税是一项长期、复杂而又艰巨的系统工程，要真正实现依法治税的总体要求，需要经过一个长期的努力。各级税务机关要根据不同阶段的职责要求，确定每个阶段的工作目标，分步推进，重点突破。当前，各级税政法规部门要牢牢把握"法治税收建设"这一主线，完善制度体系，健全决策机制，提升执法质量，加强队伍建设，积极推进依法行政，努力提升依法治税水平。

（一）巩固法治税收建设的制度基础

建设法治税收，必须建立和形成一整套运行顺畅的制度和机制，将法治要求贯穿于税收工作的每一个环节，使每个执法人员不愿违法、不能违法、不敢违法，使规范执法成为全体税务干部的自觉行动。为此，需要重点抓好以下四个方面的工作：

一是完善税收减免管理制度。税收减免事关纳税人切身利益，集中反映税务机关执法的质量和效率。但是，目前全系统还缺乏统一规范的减免税管理办法，各地在减免税管理中还存着责权不明、程序不一、行为不够规范等问题。因此，要在总结以往减免税管理工作的基础上，着手制定湖北全省统一的地方税收减免管理办法，明确减免权限、程序、文书，以及减免税统计报告等事项，建立程序简化、标准明确、监督有力、行为规范、运转协调、公平透明、廉洁高效的减免税管理体制，全面规范地方税收减免行为。

二是建立规范税务行政处罚自由裁量权制度。税务行政处罚自由裁量权是税务机关行使行政处罚权时，在法定的范围和幅度内享有的自主决定权和处置权。合理行使自由裁量权，可以维护税收执法的公正性、合理性，保护纳税人的合法权益。反之，不合理行使甚至滥用自由裁量权，不仅影响税收执法的公平、公正，而且侵害纳税人合法权益，甚至产生执法腐败。对自由裁量权进行规范，是制度上防止腐败、防止滥权的重要措施，也是依法行政的基本要求。因此，我们要按照"依法行政、合理行政"要求，细化、量化税务行政处罚自由裁量权执行标准，形成指导性的实施规范，以规范自由裁量行为，确保税收执法公正合理。

三是健全税务行政法律救济制度。税务行政复议是税务行政法律救济制度的一种形式，是化解税收争议，维护税务行政相对人合法权益，推动税务机关依法行政的重要渠道。做好税务行政复议工作，有助于维护国家的税收利益和纳税人的合法权益，对促进税收执法工作，提高税收征管水平，树立税务部门良好的社会形象，具有重要的作用。国家税务总局修订、实施了新的《税务行政复议规则》，各地要认真抓好贯彻落实工作，依法审理复议案件，公正地做出复议裁决，依法化解各类税收行政争议。要进一步健全地方税务行政复议工作的制度机制，以制度规范行政复议工作，切实发挥行政法律救济效应，营造和谐的征纳关系。

四是建立执法案卷评查制度。根据《全面推进依法行政实施纲要》的要求，需要建立税收执法案卷评查制度，明确案卷评查的方式、范围、内容和标准，加强对税收执法案卷的评查，提高税收行政执法的质量和水平。各地税务局每年都要对所属单位的执法案卷进行定期评查，年评查案卷数量要达到5—10件，并定期通报案卷评查情况，通过执法案件评查，促进执法行为规范。

（二）大力推进社会综合治税

各级税务部门要积极争取地方政府的重视与支持，加强与相关部门的协调与协作，推进落实《地方税费征收保障办法》，完善社会综合治税、协税（费）护税（费）机制；要制订切实有效的工作计划，积极推进与政府有关部门和相关社会组织的信息共享，努力获取第三方信息，加强地方税（费）源控管。

（三）继续深化政务公开工作

各级税务部门要利用税务网站、新闻媒体、办税场所等载体和渠道，及时、全面、准确地公开税收各项法律法规，广泛宣传纳税人权利与义务，公开税务机关的行政职责、办事程序、办事结果、监督方式等信息，大力推行政务公开，保障纳税人的知情权和监督权；要及时梳理、归集地方税收优惠政策与措施，进一步简化审批手续，规范审批程序，提高审批效率，依法及时地将纳税人应享受的税收优惠落实到位；要广泛收集纳税人的意见和建议，建立健全快速处理机制，及时向纳税人反馈处理结果。

（四）履行税政法规工作职责

法治税收建设的重要内容是强化依法治税理念，完善依法治税机制，规范行政执法行为，加强行政执法监督，提升行政执法效能。这些内容与政策法规部门的职责息息相关，可以说，政策法规工作水平决定着法治税收建设的质量和成效。各级税政法规部门要找准工作结合点，切实履行职责，发挥复合型优势，推动法治税收建设。要扎实开展法制宣传教育，营造良好的学法、用法氛围，提高各级领导干部的法治意识；要深入开展调查研究，改进完善决策方式，努力提高行政决策科学化、民主化水平；要严格规范性文件管理，加强规范性文件审查和清理工作，提高制度建设质量；要进一步精简行政审批事项，简化行政审批流程，规范行政审批行为，提高行政审批效率；要改进政策执行情况反馈工作，及时跟踪、反馈政策执行情况，提出调整和完善政策的意见和建议，提高政策的执行效果；要加大重大税务案件审理力度，强化事中监督，规范税收执法行为，规避税收执法风险，提高税收执法质量和水平。

第二章
组织收入

第一节 地方收入来源与政府支出责任①

推进中央与地方间的财政事权和支出责任划分改革,需要在科学厘清中央、地方政府间财政事权和支出责任的基础上,进一步完善中央、地方之间的收入划分体制,以及中央对地方的财政转移支付制度,形成财力与事权更加匹配的财政体制。目前,我国学术界关注较多的是财力与事权、支出结构与财政分权在总量上的匹配问题(龚锋、卢洪友,2009;刘明慧、李春根等,2015)。但是,由于地方事权及其支出责任复杂,地方财力及其收入来源多样,在地方财力与地方事权的关系问题上,不仅存在总量问题,还存在结构上的匹配问题,以及收入来源的选择问题。

一、收入来源与支出责任之间的结构"匹配"关系

地方财政事权及其支出责任涉及那些直接面向基层、与当地居民生活工作密切相关,且由地方提供会更有效率的基本公共服务,这类公共服务面广量大、十分复杂。它们大体上可以分为两大类:一类是受益范围地域性强、管理信息复杂、完全属于地方财政事权的公共服务项目,如供水供电、燃气热水、治安消防、市政设施、农村公路、社区事务等;另一类是受益范围较广、管理

---

① 本节内容基于"地方财政问题国际研讨会"论文,2016年5月28日于武汉东湖。

信息相对复杂、地方需要承担部分财政事权的准地方公共服务项目，如义务教育、高等教育、就业培训、科技研发、公共文化、公共卫生、基本养老和基本医疗保险，以及跨省（区、市）基础设施和环境治理等。上述公共服务项目按其受益的非排他性程度不同，又可以分为公共商品和准公共商品（或准私人商品）；如果根据受益效果不同，还可以进一步划分为外部效应商品和再分配效应商品。

众所周知，地方政府提供公共商品，是需要一定的财力作基础的。地方收入按照来源不同，可以分为自有收入（地方税、规费和使用者收费）、转移支付收入和外部收入三大类（见表2-1）。

表 2-1　　　　　　　　　　地方政府收入结构

类型	经常性收入	资本性收入
自有收入	地方税、行政收费、使用者收费、其他收入	土地等资产销售、改良费、国有企业红利等
转移支付收入	共享税、转移支付、专项补贴	总资本、补助金等
外部收入	清算收益、借贷	债券、权益等

资料来源：*Municipal Finances*：*A Handbook for Local Governments*，Wordbank，2014. P156.

在公共财政框架下，如何配置地方收入，需要考虑以下两个核心原则：一是"受益原则"，即纳税人必须是直接或间接享受地方公共服务的居民；二是"匹配原则"，即地方政府提供的公共服务应当与其资金的来源相匹配。在这里，所谓"匹配"，不仅要求在收入来源总量上满足公共服务支出的需要，同时还涉及收入来源方式与不同公共服务项目之间的协调匹配或优化选择问题，因为不同类型的公共商品有着不同的性质，不同的筹资方式又有着不同的特点和效应。因此，对于不同类型的公共服务项目（如公共商品、准公共商品、再分配效应商品和外部效应商品），需要根据它们的受益情况，以及效率、公平原则，采取不同性质或特点的税费方式筹集供给资金。例如，对于供水、供电、城市交通等准公共商品，由于具有一定的排他性，可以通过行政收费或使用者收费提供，如果不付费，则不能获得服务。相反，对于政府一般性行政开支，以及治安、公园、图书馆、街道清洁等公共商品，则需要通过地方税收来筹集资金并提供服务。此外，有些公共商品还具有再分配效应和外部效应，需要通过上级转移支付或累进所得税来解决资金来源问题。所以，在各国地方财政实践中，税收等经常性收入用于一般性预算开支；使用者收费和规费主要是为某些准公共服务项目（如水电供应或城市公交），或为某些特殊公共服务或职能（如发放结婚证、出生证明、死亡证、许可证、营业执照等）提供资金来源；资本性收入主要用于地方公共基础设施建设；转移支付则通常用于外溢性公共商品生产的专项补助（见图 2-1）。

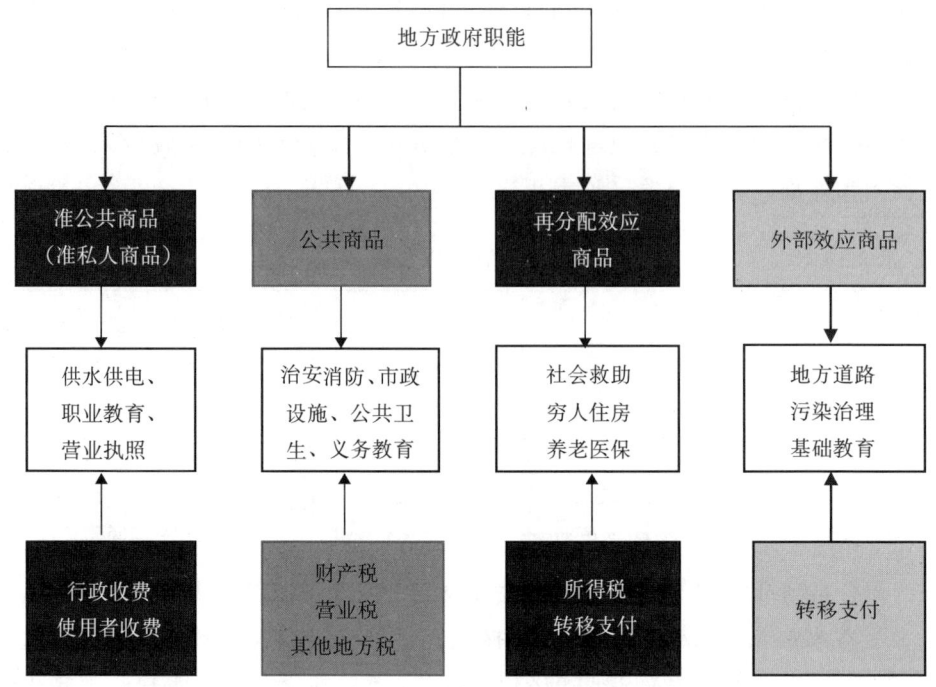

图 2-1 公共服务项目与地方收入来源之间的"匹配"关系

世界上大多数国家的地方政府都是根据自己所承担的职能，按照受益原则和匹配原则，来组织和配置各种地方收入（见表 2-2）。

表 2-2 部分国家地方收入结构 单位:%

国家 （或城市）	地方税收入			非税收入（规费、使用者收费、资本性收入）	上级政府转移支付	地方收入总额
	财产税	所得税 营业税	地方税合计 （含共享税）			
澳大利亚	39		39	47	14	100
加拿大	38	0	40	18	42	100
丹麦	3	48	51	10	39	100

续表

国家（或城市）	地方税收入			非税收入（规费、使用者收费、资本性收入）	上级政府转移支付	地方收入总额
	财产税	所得税营业税	地方税合计（含共享税）			
芬兰	2	44	47	24	29	100
法国	34	18	45	26	29	100
德国	5	16	42	24	34	100
瑞典		58	59	19	22	100
保加利亚	20	0	20	10	70	100
克罗地亚	3	46	61	27	12	100
捷克共和国	6	4	56	16	28	100
巴西	4		13	24	63	100
俄罗斯	4	23	31	11	58	100
南非	17	0	20	55	25	100
西班牙	16	10	52	12	36	100
乌克兰	2	34	42	10	38	100
泰国	8		55	14	31	100
玻利维亚	19		72	10	18	100
博茨瓦纳	8		10	7	83	100
肯尼亚	16	0	21	46	33	100
毛里求斯	12		26	7	67	100
乌干达	3	1	5	4	91	100
开普敦市	25		25	50	25	100
多伦多市	42		42	37	21	100
孟买市	19		65	31	4	100
马德里市	12		47	14	39	100
中国			35.2	33.8	31	100

资料来源：*Municipal Finances：A Handbook for Local Governments*，Wordbank，2014. P172.

注：中国地方收入结构情况根据《中国财政年鉴》2015年数据计算。

根据表2-2列举的不同发展水平国家的地方政府收入情况，可以得出以下几个特点：

第一，经济发展水平决定地方收入结构。一般来说，经济发达国家的地方财政能力较强,自有收入比重高,对上级转移支付的依赖程度相对较低,如澳大利亚、克罗地亚、北欧国家等;反之,经济欠发达国家或地区因自有收入能力差,对上级转移支付的依赖度比较高,如乌干达依赖度为91%、博茨瓦纳为83%、保加利亚为70%、毛里求斯为67%、巴西为63%。

第二,在地方自有收入中,地方税是主要来源,占地方收入的平均比重为37%。尤其是在发达国家,由于地方自有收入比重高于发展中国家,相应地,地方政府对地方税收的倚重程度必然更高。其中,财产税和所得税又是地方税收收入的最重要部分,占税收收入的平均比重分别为44%和41%。

第三,各国地方收入来源具有差异性和多样性。例如,加拿大的财产税几乎是地方政府的唯一税收来源;北欧国家的地方税则主要来自于所得税。澳大利亚、南非、肯尼亚等国的地方政府收费比重相对较高。所以,每个国家和地区都有自己的特点,在选择最适合本国、本地区的地方收入筹资模式时,需要考虑地区经济规模、发展状况、人口结构、城市化水平等因素。

以下就地方政府提供纯公共商品、准公共商品、外溢性公共商品和公共基础设施建设,以及这四大类支出责任与收入来源之间的结构"匹配"问题,分别进一步分析。

二、纯公共商品:地方税收保"运转"

在一个理想的地方收入体系中,地方自有收入应当是基础性、主体性的收入来源。地方获取足够自有收入的能力,是衡量地方自身努力程度和履行支出责任能力的主要依据。地方自有收入通常具有以下特点:一是收入的可增长性,能够持续满足日益增长的公共事业发展需要;二是收入的公平性,体现分配公平和社会公正;三是收入的可控性和预见性,即收入增减、如何征收均能够由地方控管,收入稳定可预期;四是收入的无偿性和激励性,可以激励地方政府发挥最大潜能,努力筹集收入。但是,并非所有类型的地方收入都能满足上述条件,一般认为,只有地方税是最符合上述条件的地方收入。正因为如此,才决定了地方税必然成为地方公共商品最重要、最恰当的筹资方式。

关于如何划分中央税与地方税,科学合理地选择地方税种,学者们先后提出过多种原则。例如,20世纪初的美国著名财政学家塞利格曼(Martin E. P. Seligman)曾提出,将那些只涉及部分地区和部分人、税基较窄、征管效率较低的税种作为地方税;国际著名财政学家马斯格雷夫(Richard A. Musgrave)

则进一步提出划分地方税收的七项原则,认为应当将那些依附于居住地、纳税人受益性强、税源在地区间分布比较均匀、税基流动性较差的税种选择为地方税收。在此基础上形成的政府税收划分理论普遍认为,一个理想的地方税种选择应当遵循以下四项原则:(1)纳税具有较为明显的受益性,比较公平合理,适合于对本地居民征收;(2)税基较为固定,不易转移到其他地方和扩展到不在纳税人之列的非居民,不会引发与其他地区或中央政府的税收竞争;(3)税源相对充裕,可征税收能够满足地方政府开支的基本需要,且收入具有稳定性和可预测性;(4)税基具有可视性,易于征管、责任明确。

当然,原则易定,如何选择具体税种,则需要考虑各国的历史和国情。目前,主要有以下三种模式可供参考:

(一) 同源征收模式

美国税收实行三级政府同源征收制度,即同一税种在三级政府层面可以依据不同税率独立征收,并对税基范围和税率幅度进行税收协调。由于地方政府与州政府的税源基本相同,两级政府的税收体系也大致相似,包括销售税、财产税、个人所得税、公司所得税、机动车辆许可证税以及其他税收。由于联邦、州和地方之间有意识的税收协调,三级政府之间便形成了联邦以个人所得税和社会保障税为主、州以销售税为主、地方以财产税为主要来源的税收格局。

加拿大联邦政府和省政府对一些主要税收(如个人所得税、公司所得税、销售税及商品服务税等),实行的也是同源征收、税源共享体制。其中,省级政府的主要收入来源于所得税、销售税、医疗保险税、社会保险税和资源税,占财政收入的60%左右。地方政府的财政收入则以财产税为主体,占总收入的40%以上。

(二) 分源征收模式

印度宪法规定,基于分离原则严格划分联邦和邦(州)政府之间的税权,即同一种税,要么归属于中央政府,要么归属于邦政府。大部分税基广泛、收入潜力较大、征管成本较低、收入增长弹性高的税种,划为了联邦税,包括企业所得税、非农业个人所得税、财富税、关税、消费税(酒类产品除外)。只有宪法未注明的其他剩余税权才划归邦(州)和地方政府(见表2-3)。

表 2-3　　印度联邦、邦（州）和地方三级政府税收划分

联邦税种	邦（州）税种	地方税种
消费税（饮用酒等除外）	饮用酒及鸦片、大麻等的消费税	房产税（同时包含水税、除垢税、排水税、消防税、教育税、教育附加税和植树附加税等公共服务税收）
	电力消费税	货物和船只通行税
州（邦）际间销售、购买、托运货物的增值税（不含报纸）	增值税（不含邦际间贸易、商务和销售、购买报纸）	货物入市税
非农业个人所得税	农业个人所得税	
企业所得税	职业税	
销售和购买报纸和在媒体上发布广告的税收		广告税（不含在报纸、电视、广播发布广告）
关税	机动车税	非摩托机动车税
印花税（汇票、支票、本票、提货单、信用证、保单、股权转让单、债券、信托单）	印花税（联邦未开征的票据）	印花税附加
期货和证券交易税（不含印花税）	矿藏开采权税	
财产资本价值税（个人或法人的农用地除外）	土地税	
财产遗产税、继承税（不含农用地）	农用土地遗产税、继承税	
	娱乐税	
其他税	其他税	其他税

资料来源：根据《中国地方税体系研究》（许建国，2014）第 101—103 页资料整理。

印度邦（州）级政府的主要税收包括：(1) 邦增值税。属于一种对邦内销售行为征收的消费型增值税，它对于邦际贸易、商务以及在邦外发生的销售行为则不征税。(2) 对酒类和鸦片、大麻及其他麻醉品的消费和使用，征收消费税。(3) 职业税。对受雇领取工资、薪金和自我雇用获得的收入，征收一种具有工薪税和社会保险税双重性质的税收。有些州将职业税授权给地方政府征收。(4) 娱乐税。(5) 机动车税。

至于地方政府，尤其是城市政府，其主要税收来源是房产税、广告税、职业税和货物入市税（类似于中国的市场工商费）。

(三) 收入共享模式

德国是联邦制国家，由 16 个州组成。在税收立法上，联邦政府享有高度集中的税收立法权，大约 95% 的联邦税收法律是由联邦议会立法制定的，州政府一般只能对地方性的"小税"，如狗税行使立法权，也可以对某些地方税的税率、减免等做出规定；州以下的地方当局则没有税收立法权。

在税收划分上，德国实行的是共享税为主、专享税为辅的分税制模式。按照税源大小和便于征收的原则，把税种分为中央税、地方税和中央地方共享税三类。专属联邦收入的税种主要包括关税、保险税、特种消费税等；专属州级政府的税种主要包括财产税、遗产税、地产购置税、机动车税、啤酒税、消防税、彩票税、赌场税、赛马税等。专属地方政府的税种比较少，主要是对工商企业的应税营业所得征收的工商业税（Trade Tax）和土地税、房产税等。对于大宗的税收，包括个人所得税、公司所得税、增值税和营业税等，则划为共享税，其收入在联邦、州、地方三级政府间分享。共享税收入约占全国税收总额的 72%。

综合以上三种模式可以看出，在州（省、邦）和地方两级政府的税收中，除了财产税之外，地方销售税、地方营业税（或工商业税）和地方个人所得税是另外的三种主要收入来源。

地方销售税，属于对商品和劳务在购买环节课征的普通消费税。在增值税普及之前，销售税一直是许多国家地方税收的主要来源之一。当销售税改为中央政府课征增值税之后，导致地方政府失去一大主体税种。在这种情况下，中央政府通常采取共享税的方式，将增值税收入在各地方政府间进行分配。

地方营业税，属于对工商经营活动征收的一种地方税（类似于新中国成立初期的工商业税）。它有多种形式，既可以表现为对公司所得、资本的课税，也可以是劳动所得或非居民财产的征税，还可以表现为对工商各业收取的各种规费。各国地方营业税的税基也不尽相同，大致可以划分为两种类型：一种是存量税基，如根据企业的雇工人数、员工工资、财产价值、资本商品等来确定计税依据；另一种是流量税基，即根据企业的利润、增加值或净流转额等来确定计税依据。欧盟有 10 个成员的地方政府征收这种营业税，其税收占地方政府收入的 15%—30%。在意大利、德国、法国、匈牙利、卢森堡等国，地方营业税的收入地位要比其他地方税显得更加重要（见表 2-4）。

表 2-4　　部分欧盟国家主要地方税

国家	税种	税基	占税收收入比重（%）	占全部收入比重（%）
奥地利	地方营业税	工资额	20	10
法国	职业税	资本性资产的租金价值	43	19
德国	地方营业税	公司利润	43	19
匈牙利	地方营业税	净周转税：收入和生产成本的差额	38	12
意大利	区域税	净增加值	54	24
西班牙	经济活动税	经营利润	9	3

资料来源：*Municipal Finances: A Handbook for Local Governments*, Wordbank, 2014. P172.

地方个人所得税在地方收入中的地位虽然要大大低于财产税和零售销售税，但是它能够为解决诸如贫困、犯罪、区域交通等公共服务问题筹集资金，还能够体现纳税能力原则，因而也成为一些地方政府的重要税收来源。地方个人所得税主要有两种类型：一种是由地方独立征收。由于独立征收所要求的条件高、难度大，地方个人所得税只是在美国、北欧国家（如丹麦、芬兰和瑞典等）的各大城市较为普遍，增长较快。在地方收入的比重中，丹麦和芬兰的个人所得税约占85%，瑞典的地方收入几乎全部来自个人所得税。地方个人所得税的另一种征收形式，是作为中央或州个人所得税的附加税，由上级政府代征。

三、准公共商品：使用者收费兼顾效率与公平

根据地方收入的增长性、公平性、可控性和激励性原则，使用者收费是仅次于地方税的合适来源，它包括：水费、电费、燃气暖气费、城市公交、桥梁隧道、博览展销、市场摊位、非义务教育，以及污水垃圾处理等的收费。

使用者收费特别适合于为政府提供的那些介乎于纯公共商品和纯私人商品之间的准公共品筹集财政资金。因为使用者收费：（1）符合受益原则。在一个设计合理的使用者收费制度下，居民和企业能够清楚地知晓自己为享受的服务缴纳了多少税收。（2）符合效率原则。一个合理的使用者收费价格体系，一方面为消费者提供服务的稀缺性信号，另一方面为服务的提供者显示需求信号。地方政府能够对提供服务的数量做出决策，公民也能够就消费的数量做出有效率的决定。所以，使用者收费影响人们的消费行为，促使人们的消费达到

最优选择。(3) 符合成本回收原则。使用者收费如果实行基于边际成本的有效率定价,消费价格与提供单位服务所花费的成本相等,就可以确保成本回收和服务供给的可持续性,鼓励节约使用公共资源。(4) 可以兼顾社会公平。使用者收费可以采取阶梯价格或对低收入者给以适当补贴等方式,以确保他们也能享受到基本的公共服务。

科学、合理地设计使用者收费制度,尤其是如何确定收费标准问题,是运用这种收费筹集资金的一大难点,也是一个十分复杂的问题。如果单从效率原则考虑,地方政府应该对准公共商品课以竞争市场上的相同价格,但是,这样的价格体系将会偏离政府职能的初衷。因此,如何设计使用者收费制度,不仅要坚持效率优先和成本回收原则,还需要考虑兼顾公平等多种因素。

不同地区、不同城市可以根据自己的区情和市情,对于不同的准公共服务项目选择合适的计费方法,主要有以下四种:第一种是边际成本法,要求边际成本与完全竞争市场上的同类商品价格大体相当。这种方法在理论上虽然最适合于使用者收费,但由于难以取得供给成本和机会成本的完整信息,因而很难运用于实践。第二种是平均成本法,即以提供某项服务所需要的全部财务成本,除以消费者数量或销售服务的数量。这种方法更加符合实际,收费标准也比较合理,能够保证全部成本得以弥补,而且收费标准简便易行。第三种是平均增量定价法。这种方法以平均成本价格为依据,并且对于每增加一个消费者所产生的额外成本数额,都将予以核算。第四种是分段计费法,即根据准公共商品的价格弹性,实行分类分段定价。其优点是,一方面可以确保对基本消费实行固定计费,对超过基本消费的部分则采取累进、较高的计费标准;另一方面,还可以将累进计费结构筹集的额外收入,用来补贴低收入消费者。

四、外溢性公共商品:转移支付弥补纵向收支缺口

理想的财政体制必须遵循的重要原则是,收入能力与支出责任相适应(最优标准),或者是财力和事权相匹配(次优标准),换言之,地方政府应当有能力或有渠道获取必要的财政资源来提供它本该提供的公共服务。然而,这种理想状态在世界各国的财政实践中往往不尽如人意。现实的情况是,不论是在单一制还是在联邦制国家,由于各种原因,大多数地方政府的自有收入能力难以满足支出责任的需要,从而产生收支缺口(见图2-2)。

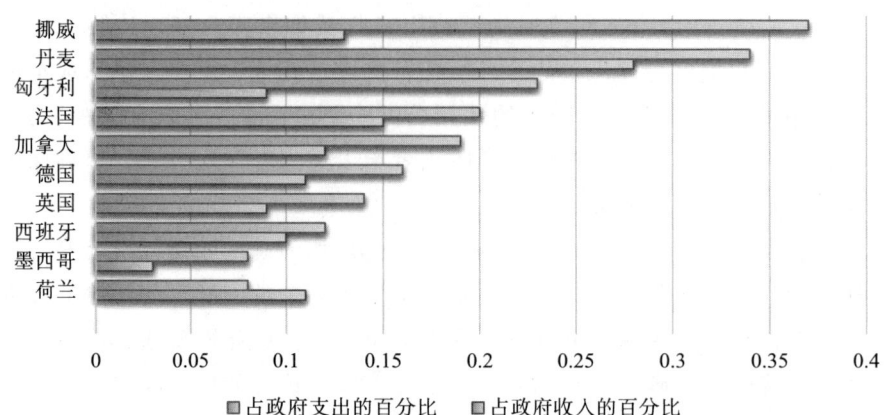

图 2-2　地方支出和收入占政府总支出和总收入的比重（2011 年）

资料来源：*Municipal Finances*：*A Handbook for Local Governments*，Wordbank，2014. P149.

在图 2-2 列举的 10 个国家中，除了荷兰之外，其他 9 个国家的地方支出占政府总收入的比例都要高于地方收入占政府总收入的比例。也就是说，这 9 个国家都存在着地方支出大于地方自有收入的纵向收支缺口，出现地方财力与地方事权不匹配的矛盾。这种"纵向缺口"因国情不同，有的主要发生在县（市）级地方政府，有的则发生在省（州）级地方政府。例如，巴基斯坦联邦政府占有 90% 的公共收入，地方两级政府虽然只有 10% 的收入，却要负担 33% 的公共支出，其中的收支缺口主要发生在省级政府。

造成"纵向缺口"的原因有两方面。一方面，在财政集权型国家，中央政府大多集中了 40% 以上的政府财力，各级地方政府的自有收入能力相对较弱。事实上，不论是在单一制和联邦制、分权型和集权型国家，还是在一些发达国家和发展中国家，由于中央（联邦）政府财力集中程度较高而导致的地方收入能力不足、财力与事权不匹配，已经成为一种普遍现象。另一方面，地方政府授权承担了那些受益具有外部性、财政事权和支出责任需要由中央政府承担或由中央地方分担的公共服务项目，这是造成"纵向缺口"的另一个重要原因。这类准地方公共商品主要有两类：一类是外部效应商品，如地方道路、污染治理、基础教育等；另一类是再分配效应商品，如社会救助、穷人住房、养老医保等。提供这两类公共商品，不仅资金需求量大，而且受益范围往往惠及其他地方甚至全国，这是绝大多数地方政府力所不及的，也是不愿为的。

在地方收入与支出责任不匹配，产生收支缺口的情况下，解决矛盾主要有三条路径：一条是对政府间的事权与支出责任划分进行调整和改革。二是加强地方自有收入来源建设，如优化自有收入结构，完善地方税体系等。如果事权与支出责任划分难以及时调整，税源开拓又"远水解不了近渴"，那么解决缺口的第三条路径就是上级政府给予财政转移支付。需要指出的是，对于地方政府授权承担的上述两类准地方性公共商品，中央政府更有义务和责任帮助解决部分资金来源问题。

五、公共基础设施建设：资本性收入提供主要资金来源

在地方经济快速发展和城市化进程中，各级地方政府尤其是大中城市的地方政府面临着公共基础设施短缺的严重挑战，主要如交通拥堵、环境污染、贫富悬殊，以及公共住房和公共医疗资源不足等。在中国，每年用于促进经济增长和提供公共基础设施建设的资金需求以万亿元计，其中地方政府占了80%左右。

政府举办公共基础设施建设，原则上是不宜使用经常性收入的（经常性预算结余除外），因为经常性收入属于保"吃饭"、保运转的收入来源，一般不用于非经常性且一次性支出规模庞大的基础设施建设。相反，公共基础设施属于发展性或资本性支出，其建设资金来源适合于通过非经常性或资本性收入给予保障。如表2-1所示，在资本性收入来源中，除了上级政府转移支付（如专项补助等）和外部收入（政府举债、引进民营资本等）之外，地方政府的其他资本性收入主要来源于土地转让收入、土地增值税（或改良费）收入、土地开发配套费收入、出售出租资产收入，以及国有企业红利收入等。

土地，已经成为各国地方政府投资项目的一个理想的融资工具（见表2-5）。因为基础设施投资增加了土地的市场价值，公共部门可以从中获取额外的资本性收益，包括上述的土地转让收入、土地增值税（或改良费）收入、土地开发配套费收入等。这些收入可以广泛用于城郊道路、桥梁隧道、公交地铁、给水排水、污染治理、穷人住房、公园学校，以及"城中村"改造和居民小区配套等公共基础设施建设。从世界范围看，不论是发达国家还是在发展中国家，土地收入已经成为大多数地方公共基础设施建设的一项主要来源。例如，在约旦，受益人需要提前以现金或分期付款的方式，支付公路建设50%的费用；在前南斯拉夫等巴尔干半岛国家，土地开发费占地方政府收入的50%以上。从这个意义上说，地方政府的"土地财政"问题，已经逐渐成为

一种普遍现象。

表 2-5　　　　　　　　　　土地融资工具

方式	概况	要求	问题
出让公共土地	出让公共土地，所得款项用于投资基础设施	土地资产清单；市场估价；土地最佳运用决策；土地公开拍卖	需要对现存土地及其销售的掌控能力。否则，可能会导致城市随意开发。如果执行机构不能从土地销售中直接受益，销售将难以执行
改良税	公共部门税收中来自基础设施项目的土地增值收益	如果工程层层外包，便难以执行；波哥大政府采用简化方法，效果较好	需要有运用政策工具的经验，如在南美洲
配套费	开发商需要支付基础设施为适应增长而带来的扩建成本	需要具有对不同地点基础设施开发成本的分析、评估能力	需要制定简易方法，在一般技术条件下，能够清晰反映日益增长的外部成本的回收情况
收购出售剩余土地	公共部门获得基础设施项目的周边土地；项目完工且土地升值后，政府可卖地获利	需要界定社会契约，即由公共基础设施建设带来的土地增值收益应该归属何人（是原土地所有者，或者公共部门，还是拆迁户等）	在土地归属问题上难以达成一致

资料来源：*Municipal Finances：A Handbook for Local Governments*，Wordbank，2014. P184.

出售、出租资产是地方政府获取公共基础设施建设资金的另一重要渠道。在地方政府手中，掌握并控制着大量的资产组合，除了土地资源外，包括建筑物、基础设施、车辆、铁路等其他实物资产，还包括债券、企业控股等金融资产。这些资产既是地方的公共财富，也是地方政府提供公共服务的物质基础，它们的有效维护和运作，已经成为地方经济发展和建设支出的重要收入来源。以政府拥有的铁路线为例，目前，中国部分地方政府掌握着一些运行良好、收益稳定的铁路支线和专用线，这些现金流可观的资产项目对于民营投资者来说是有吸引力的。如果条件允许、价格合适，地方政府完全可以采取 TOT（Transfer – Operate – Transfer）即"转让—经营—转让"的模式，通过向民营企业让渡未来若干年限的收益权，而获取当下地方重大基础设施急需的建设资金。此外，适时出售手持债券和国企股份，也具有同样的筹资效果。

第二节　组织收入工作的压力与责任[①]

一、经济增长与税收增收压力

湖北省经济发展有两个突出特点：一是增长速度偏低，发展不够依然是湖北最大的省情。二是武汉市收入比重过高，形成"一枝独秀""一股独大"的格局。显然，这种状况与湖北省经济与税源的增长及结构密切相关。为了改变这种格局，湖北省委、省政府决定实施"一主两副"发展战略，即一方面要求武汉市继续做大做强，另一方面，要求重点支持宜昌、襄阳两个副省域中心城市加快发展，努力实现三个"三分之一"的发展目标，即武汉市占三分之一，宜昌市、襄阳市占三分之一，其余市（州）占三分之一，以此建立湖北省多极增长的格局。

为了谋求湖北经济与社会的多极化、跨越式发展目标，2011年春节刚过，湖北省委、省政府就抓了两件大事。一件大事是自农历正月十六日起，先后在恩施州、武汉市召开了武陵山少数民族和大别山革命老区发展试验区建设启动大会；在襄阳市、十堰市召开了全省县域经济工作会议；在武汉、襄阳、宜昌召开了"一主二副"三个城市跨越式发展现场办公会。另一件大事就是在武汉市掀起了以"治懒、治庸、治散"为主要内容的"责任风暴"。我个人的感受可以概括为"三个不"和"三个大"。所谓"三个不"，就是坐不住、等不起、慢不得；所谓"三个大"，就是责任大、压力大、信心大。

以"责任大"为例，过去，"收好税"是税务部门的主要责任，现在又为税务部门新增了一项保GDP增长的责任。自2011年起，国家统计局修改了GDP计算方法，将GDP总量中的经营性服务项目核算，直接与地方税收入增长挂钩。换言之，如果地税部门没有收好营业税，不仅影响地税收入，还会影响地方GDP的增幅。面对这样的压力和责任，湖北全省税务部门各级党组必须以科学发展观为统领，变压力为动力，谋求跨越式发展。什么叫跨越式发展？我理解，就是"四个发展"：一是快速发展；二是超常规发展；三是一年

[①] 本节内容基于2011年6月2日在原湖北省地税局党组中心组第四专题集中学习会议上的讲话。

一大步的发展;四是争先进位的发展。

"十一五"期间,我们可以列举一系列数据来展示湖北省地方税收发展的成绩,尤其是自己与自己比,湖北省地方税收入增长连年提速,贡献显著。但是,纵观全国经济发展态势,省与省之间、市与市之间客观上存在着十分激烈的竞争。就周边省份的赶超形势来看,湖北省面临的压力日益增大。2010年中部六省的地方税收规模,湖北省558.4亿元,排第四位。居中部六省第一位的是河南省,收入规模达到786.8亿元;紧随其后的依次是安徽省624.8亿元、山西省582.8亿元、湖南省536.9亿元、江西省435亿元。其中,湖南省只差湖北省20多亿元,只需"轻踩油门",就可一举超越湖北。从收入增长速度看,2010年,全国地方税收入平均增长率为25.5%,其中,安徽省34.4%、江西省32.7%、湖南省26.6%、河南省25.5%、山西省21%。湖北省22.1%(不含耕契两税),增速排在倒数第二位。从2010年全国地方税收高增长地区看,增长率超过33%以上的,除了安徽和江西之外,还有内蒙古、海南、宁夏、新疆、陕西、广西、重庆、四川等其他8个省(区),最高的是海南省,同比增长了54%。总之,对湖北省而言,全国各地的你追我赶,已经形成了"前有标兵,但标兵越来越强、越来越远;后有追兵,但追兵越来越近、越来越少"的发展态势。对此,我们务必要有危机意识。

2011年是湖北省的创先争优工作年。省委、省政府主要领导对于省直部门如何抓好创先争优活动,提出了两点要求:一是要求各级党组把创先争优活动作为一项重大政治任务来抓。换言之,创先争优不是抓不抓的问题,而是必须坚决抓好的政治问题;二是要求职能部门紧紧围绕"十二五"目标开展创先争优活动,使之成为推动湖北省跨越式发展的重要动力。也就是说,创先争优虽然对不同单位、不同岗位有不同的要求,但对于各级税务部门党组及主要领导来讲,创先争优活动的主要任务,就是要围绕主要职责目标,即组织税费收入的目标,突出"四个比",即比精神、比干劲、比贡献、比进位。换言之,税收收入快速增长要成为检验创先争优活动成效的重要标准。对此,我们一定要有清醒的认识。目前湖北省地税收入超过10亿元的县(区)没有一个,还有9个县的税收收入没有过亿元。我们能不能用两年时间,即到2012年,实现超10亿元的县(市、区)达到10个,所有县级税收要登上亿元台阶?实现这样的奋斗目标,还需要我们各市、州、县局付出艰辛的努力。

面对发展差距和省委、省政府要求,在"十二五"期间,武汉市地税收入的增长速度不能低于全省平均水平;宜昌市、襄阳市需要更加努力,谋求超常规增长；全省其他地区还要继续发扬各自优势，进一步加快增长。全省各市州局要按照省委、省政府跨越式发展要求，在常规增长计划之外，自加压力，研究确定超计划的奋斗目标。全省"十二五"地方税收增长的奋斗目标，可以考虑按照"前二后三"分段确定。2011—2012年是"十二五"开局的关键两年，到2012年，湖北全省地方税收的奋斗目标能不能达到1200亿元，地方税收一般预算收入的奋斗目标能不能达到1000亿元，省局收入规划处必须认真研究。过去，少数地区在组织收入问题上存在压收、压库、压进度，即人为控制收入进度的问题，这是不对的。为此，我们还要进一步转变观念，按照依法征税的要求，努力实现应收尽收。

二、依法应收尽收是税务局长的责任

如何看待税务局长肩头的收入责任和压力，必须首先对税务部门的基本职责有一个深刻认识。说一千道一万，税务部门的基本职责就是大力组织税费收入，依法征税，应收尽收，尽全力将经济发展成果体现到税收收入上来，以保证经济与社会发展的财政资金需要。我2008年来湖北省地方税务局工作之前，曾于2000—2002年在湖北省财政厅工作过近两年时间，协助童道友厅长分管部门预算。有一次，省政府专题会议结束之后，湖北省原省长张国光同志把我喊到他办公室，询问有关工作。谈话过程中，他问我：建国啊，你说说，什么样的财政厅长才是一个好厅长？我当时吓得满脸通红，不敢答，也答不上来。今天，我也想问问各位局长，什么样的税务局长才是好局长？我们说，衡量一个税务局长是否优秀的标准有很多，例如，思想政治素质高、专业技术娴熟、组织管理能力强，以及为政从税廉洁等。依我看来，还应当加上一条重要标准，即看一个税务局长是否能够做到依法征税，把该收的税费收起来。这也是省委、省政府对一名税务局长最基本的职责要求。

根据湖北省政府的计划安排，2011年全省一般预算税收收入增长10%，并要求力争多收多超。这是省政府立足于保持经济平稳较快发展，按照科学理性原则确定的积极进取的收入目标。实现这一目标虽然有难度，但仍有许多有利因素。在中央扩内需政策力度进一步加大的推动下，产业转移趋势不可逆转，湖北省内生型经济优势凸显，正在步入新一轮上升通道，积蓄的增长潜能将逐步释放出来，实现和超过这个增长速度是完全可能的。因此，我们既要保持清醒的头脑，以谨慎乐观的态度正确面对不利影响，更要以战则必胜的信心，充分利用有利条件，提振士气，倍增勇气，努力实现各项收入目标。

"十二五"期间，湖北省要实现地方税收的跨越式增长，不仅需要有目标，还需要有动力源泉。实事求是地说，过去5年，在湖北省这样一个不东不西、资源缺乏、农业占比高、第三产业还不够发达的内陆省份，地方税收年均增长28%，增幅不算低。尽管如此，我还是要说另一句话，与全国先进地区相比，与省委、省政府跨越式发展的要求相比，与即将到来的湖北省经济发展大势相比，我们的工作还有差距，还有不足。面对"十二五"繁重的工作任务和跨越式增收压力，每一位领导干部，尤其是各级"一把手"的精神状态如何，事关重大。首先，作为一名共产党员和党员领导干部，贯彻落实省委、省政府跨越式发展战略，我们责无旁贷，其精神动力源于对党、对人民的忠诚和感恩，源于不求利、不求官，只为不辱使命的胆识与勇气。其次，作为一名税务局长，其基本职责是依法组织税收收入。我们要把这一职责看得比泰山还重，必须对法律负责、对政府负责，不得失职，更不得渎职。我总在想，做人要做一个好人，做官要做一名称职的官，在其位就要谋其政，除非你脱下这身税服，不当这个税务局长。我们要明确，党的干部政策要为跨越式发展服务，今后，省地税局党组将把税收跨越式发展的实绩，作为考核各级干部能力的重要标准。

第三节 税收超 GDP 增长[①]

一、税收超 GDP 增长的可能性

湖北省委、省政府和省局党组提出的税收增长目标，是不是"吹喇叭""放卫星""大跃进"？需要客观、冷静地分析湖北省地方税收实现跨越式增长的可能性。湖北省地方税务系统自机构分设以来，税收增长大致经历了两个大的阶段。第一个阶段是1995—2004年，除1996年增长23%之外，其他9年的增长率均未超过20%。第二个阶段是2005—2010年，税收增长全面提速，年均增长超过20%，其中2005年增长27%，2006年增长22%，2007年增长

---

① 本节内容基于2011年6月2日在原湖北省地税局党组中心组第四专题集中学习会议上的讲话。

25%，2008年增长26%。2009是金融危机年，增长了21%；2010年，地税增长首次突破30%。2011年是"十二五"的开局之年，湖北省地税发展又站在了一个新台阶、新起点之上。努力实现地方税收入跨越式增长，不仅是省委、省政府的要求，也具有现实的可能性。

一是税收超GDP增长已经成为我国工业化、城市化、现代化发展特定阶段的常态化现象。从理论上说，在地方税源中，只有营业税等少数几个税种的税基与GDP直接相关，其他一些高增长税源，例如个人所得税、资源税，以及对房地产征收的财产税等，与GDP没有直接关系。所以，地税收入高于GDP增长不奇怪，有的甚至非高不可。

二是湖北省委、省政府和市（州）党委、政府抓跨越式发展的决心空前、措施空前。我在省委、省政府召开的六个现场会中，了解到各地"十二五"发展规划，参观了许多大项目、大工程和大企业，身受鼓舞、催人奋进，这些发展项目将会提供源源不断的地方税源，尤其是建安业、交通运输、房地产税源等。对此，我们应当充满信心。

三是居民收入和物价上涨的趋势将会推高地方税收增长。我国正处在工业化中期阶段，居民收入增长和物价长期上涨将成为这一时期的主要特点。近两年来，我国实际的物价上涨率在10%以上，对地方主体税收——营业税影响比较大。分析2010年来的收入增长情况，湖北省地税收入增长30%，但若扣除物价上涨因素，按可比口径计算，实实在在的增长也就20%左右。因此，我们不能用10年前的观点来看到高物价时期的税收增长问题。

四是湖北省地税系统连续3年实施"五税"战略，全面提升和增强了税收征管能力。同时，由于内部税源监控措施不断加强，部分市（州）、县（区）仍然有着巨大的税源潜力。

二、实现税收超GDP增长的路径与措施

谋求税收超GDP增长，不仅要分析可能性和可行性，更重要的是需要有保增长的路径与措施。这里，我提出四方面的思路：一是征管促增收。要增收，税源是前提，没有税源，增收就是无源之水、无本之木。加强征管要从源头抓起，从流程抓起，从薄弱环节抓起，建立起严密的税源控管体系。二是政策促增收。税务部门既要支持经济发展，又不能以经常性、大规模非政策性减免税为代价，要把这个观点向地方党委、政府领导汇报清楚。要借鉴重庆、

安徽等省市的经验，对需要重点支持的项目，可以更多地采取"先征后返"或者是"先征后奖"的办法，这是做大收入"蛋糕"、壮大 GDP 规模、维护国家税法权威性的合法、有效途径。三是体制促增收。2001 年所得税体制调整时，湖北省严格按规定将所得税税源大户都交给了国税部门征管，这也是湖北省与其他许多省份相比，地方税收入总体规模尤其是企业所得税规模小、增长慢的重要原因之一。从现在起，各级领导和税政、征管部门的同志，要学习、借鉴外地有益的经验和做法，严格执行国家税务总局关于按照主税种划分企业所得税征管范围的规定；要研究大型企业的"二产"与"三产"分离，以及主业与辅业剥离的办法，千方百计地增加地方税源，扎扎实实地做好体制增收这篇大文章。四是廉政保增收。廉洁从税绝非可抓可不抓的小事，而是非抓不可的大事。事实表明，廉洁出税源、廉洁出税收。就目前掌握的情况看，廉洁从税工作在系统内的一些基层单位还存在"死角"，还有"盲区"，极少数基层干部徇私枉法、贪污税款的案件还时有发生，希望引起各级党组和局长们的高度重视。我们刚刚召开了"全省地税系统奋力创先争优，严查失职渎职视频动员会"，希望各地扎扎实实抓好这项工作，真正做到人人受教育，绝不走过场。

总之，各地要按照湖北省委、省政府要求，按照增长目标，科学考虑各方面因素，统筹做好组织收入工作。要增强收入分析能力，充分利用大数据，借助各种分析工具，做好税收分地区、分税种、分行业的现状和趋势分析，科学测算税源潜力，综合考虑各地基础和经济增长实际情况，积极向党委、人大和政府汇报，及时调整地税收入规模和增长目标，科学确定好收入任务。要加大开源增收力度，依靠税收政策增收、信息管税增收，进一步挖掘房产税、土地使用税、车船税等固定税源的增长潜力；强化企业所得税、个人所得税、土地增值税等重点税种的监控管理，推进税费一体化管理，突出抓好已经营改增行业的欠税清收、发票管理等后续管理工作，重点加强对金融保险、房地产、建筑、生活服务类等即将改革行业的税源监管，确保国家税收不流失。要坚持"税费并举"原则，强化社保费征缴工作，完善社会保险费"同征、同管、同查、同考核"工作机制，切实加强社会保险费的征缴入库工作。

三、税收超 GDP 增长需要遵循的原则

在"十二五"期间，做好创先增收工作，谋求税收超 GDP 增长，必须严

守依法治税的总原则，正确认识和处理好以下五方面的关系：

第一，要正确处理好增长速度和涵养税源的关系。经济是源，税收是流；经济是根，税收是叶。只有源远才能流长，唯有根深才能叶茂。所以，税收能否增长，增长速度如何，从根本上讲取决于经济，决定于税源；要支持发展，涵养税源，不能搞竭泽而渔。这就要求我们在实践中处理好保收入与保企业、保增收与落实税收政策之间的关系。对于国家出台的各项税收优惠政策，我们在征管中要坚定不移地落实到位。在具体执行时，要突出重点，实行"三保"，即一保高技术产业，这是湖北省未来经济发展的制高点；二保企业上市，该担的责任要勇于担当；三保民生，要切实维护好社会弱势群体的利益。

第二，要处理好税收增长与收入质量的关系，确保地方税费有质量的稳定增长。我们的原则一是依法征税，有税尽收，无税禁收；二是依法征收、实事求是。要坚决做到四个"绝不"，即绝不虚收、绝不引税、绝不空转、绝不寅吃卯粮。在这方面，过去的教训十分惨痛。按照实事求是的原则，一个县区、一个分局、一个所、一个专业组，税源有就是有，没有就是没有，只要征管到位，干部职工尽力就行，绝不允许为了数字、为了政绩搞假的、玩虚的。要采取得力措施强化收入质量监控，进一步优化地方收入结构，严格控制土地税收的比重和增长，切实提高收入质量，实现真正的、没有水分的增长。各地要坚决制止借助地方政府融资平台空转虚收、投机取巧、迎合不良政绩观的行为，对不依法办事、情节严重的地方，要依纪问责，情节严重的要采取组织措施。

第三，要正确处理好收入增长与严守组织收入原则之间的关系。要坚持依法组织收入，继续按照"保增长、可持续、不虚收"的要求，改进税收计划编制方式，增强省分计划执行刚性和收入考核严肃性；加强与地方各级政府的沟通协调，避免脱离实际的层层加码，切实掌握依法组织收入的主动权。省局将组织开展"待解专户"的专项检查和对部分市、州、县局社保基金的安全检查，规范收入管理，提高收入质量，确保基金安全；继续巩固减免税管理、欠税清理工作成果，强化日常监控、信息传递和跟踪管理，促进依法审批、依法减免、依法清欠，构建统一规范的长效管理机制。

第四，要正确处理好即期增长与持续增长的关系。在"十二五"期间实现地税收入的跨越式增长，即要看当年，又要看5年。这就涉及一个长规划、年计划和短安排的关系问题，也要求我们的各级领导经常深入企业和基层，做好调查研究工作，要对即期税源、后续税源，以及潜在税源做到胸中有数，确保地税收入不仅在当年，而且要在整个"十二五"期间实现快速、持续、稳定的增长。

第五，要正确认识"待解专户"得与失的关系。开设待解专户，在收入管理方面的确有它的优点，可以有效保障税款均衡入库，降低执法风险。所以，在目前暂时保留专户的情况下，各地有责任切实加强待解户管理，充分发挥它的积极作用。但是，凡事有得必有失，待解户的弊端也是显而易见的，它至少有两大弊端：一是待解户在实际运用中容易自觉或不自觉地演变成"减压器"，演变成少数地区、少数干部自我减压、不思进取的"蓄水池""保险箱"；二是少数地方对待解户管理不严，超期严重，极个别人甚至胆大妄为，挪用专户税款，风险极大。有鉴于此，省局[①]再次重申：待解专户如同国库，它是"高压线"，碰不得，各地务必从严管理，做到万无一失。今后，对于无视纪律、违反制度规定的单位和个人，一定严肃处理，绝不宽容。

第四节　欠税管理[②]

一、加强欠税管理的必要性

长期以来，欠税一直是困扰税收管理的一大难题。表象上看，欠税似乎只是一种税款拖欠行为，而实质上属于违法行为，危害很大，一旦放松管理，很容易发展成为"死欠"，甚至演变为偷逃税现象，直接造成国家税收流失，影响市场经济环境，干扰依法治税进程，进而影响经济社会发展大局。

第一，加强欠税管理是查堵漏洞、强化管理的需要。欠税管理政策性强、涉及面广、情况复杂、难度较大，是一项综合性、严肃性的系统工作。各级税务机关和相关职能部门必须各尽其职、各负其责、协同共管，形成一个封闭完整的管理链条。缺少任何一个环节和细节，都会造成管理链条的断裂，给少数纳税人欠税以可乘之机。从目前调查掌握的情况看，除了正常的政策性、困难性欠税之外，多数欠税属于管理不到位所导致的非正常欠税。从欠税产生的时段和过程看，纳税申报、税款核定、延期缴纳、税务稽查、纳税担保等管理环

---

① 书中内容来源于作者曾经的工作报告，"省局"一般指湖北省地方税务局，全书不再标注。所有工作报告都是在国、地税合并之前，因而，书中依然保留地税的说法。

② 本节内容基于 2009 年 2 月 16 日在湖北省地方税收减免税、欠税管理工作会议上的讲话。

节，都是欠税的"高发区""重灾区"。其中，纳税人随意拖欠的有之，行政干预形成的有之，现有制度不执行引致的有之，监控不到位导致的有之，甚至还有少数税务人员为纳税人欠税出谋划策，擅自将应纳税款作为欠税处理。上述情形充分表明，欠税漏洞已经延伸到税收征管的全过程。为此，要求主管税务机关和相关职能部门各负其责，协同并举，严密管理，堵塞漏洞，及时解决欠税管理中存在的突出问题，全面提升欠税管理的质量与水平。加强欠税管理，首先需要全面摸清欠税底数，查清欠税成因，理清政策性欠税、困难性欠税与管理性欠税。在此基础上，才能依法处理政策性欠税，实事求是地处理困难性欠税，着力制止管理性欠税。

第二，加强欠税管理是清收欠税、促进增收的需要。欠税对税务部门最直接的影响是减少税收收入。实际工作中，确有一些无缴税能力的欠税难以清收入库，但多数有缴税能力的纳税人也故意拖欠税款，有的将短欠变长欠、将长欠变无期，直接造成税收流失。在当前收入压力凸显的形势下，能否强化欠税管理，对我们来说是一场严峻的考验。各级税务部门必须加大清欠力度，加强欠税管理，把压欠和管理结合起来，做到在管理中压欠、在压欠中管理，努力实现清欠增收的工作目标。同时，要求对欠税进行一次全方位的彻底清查，分类分户排查哪些确实是没有缴税能力的，哪些是有缴税能力的。在此基础上，依照《中华人民共和国税收征收管理法》（以下简称《税收征收管理法》）及其实施细则和有关政策规定，重点对有缴税能力的欠税纳税人制订清欠计划，加大清缴力度，确保及时入库，完成全年增收目标。

第三，加强欠税管理是应对危机、帮扶企业的需要。2009年是我国经济发展进入新世纪后较为艰难的一年，困难性企业增多，缓缴税款和困难性欠税也势必增加。对困难性企业来说，欠税一直是个沉重包袱，它使原本步履维艰的企业雪上加霜。在这一特殊历史时期，税务部门不能袖手旁观、无动于衷，应该充分利用解决欠税的方式，在帮扶困难企业、应对当前危机中发挥积极作用。例如，对困难性企业欠税，依据相关法律和政策规定，按照"能缓则缓、能减则减、能挂则挂、能销则销"的原则进行分类处置，让企业卸掉包袱、轻装上阵、渡过难关。这样做短期内帮扶了困难企业，长远看培植了地方税源，对税企双方都是有利的。所以，需要加强欠税动态管理，密切关注欠税存量与增量变化，以便及时依法、合理、分类处置欠税，帮扶困难企业。

第四，加强欠税管理是明确责任、规范执法的需要。地方税费征管核心软件上线之际，各地都遇到了一个比较棘手的问题，即如何处理大量的历史欠税,其中相当一部分欠税案件存在着欠税认定主体不准、责任不清、依据不足、程序不明、文书手续不全等问题。例如,有些欠税缺乏相关文书手续,说不清,道不明,责任模糊;有些长年欠税已经成为"死欠",仍长期挂账未能核销;有些欠税长期无人过问,滞留于计算机之中,动态管理形同虚设等,使得各地难以对欠税进行依法合理的处置,只好分类打包,暂时存放。欠税管理上的混乱状况表明,我们在执法上还不规范,如果不采取有效措施,长期放任下去,对税务部门和税务干部有百害而无一利,最大、最直接的危害就是存在执法风险。因此,我们加强欠税管理,必须认真分析欠税的成因,严格划分征纳双方的责任,特别是明确税务机关内部的主管机关与征管、税政、法规等相关职能部门的责任,着力解决欠税认定责任不清、依据不足、程序不明、资料手续不全等问题;要做到执法主体、依据、程序、时限、文书、手续全部合法到位,努力防止不作为、乱作为行为,切实规范干部执法行为,不断把欠税管理纳入法制化、规范化轨道。只有这样,才能有效降低和规避执法风险,保护税务干部,维护税务形象。

二、加强欠税管理的思路与措施

思想决定行动,思路决定出路。加强欠税管理,要遵循欠税管理内在规律,结合各地欠税管理实际,总体思路可以概括为"全面清理、分类处置、明确责任、大力压欠、加强防控、重在机制"24个字。

全面清理。各地要对征管核心软件上线前产生的历史陈欠税收和上线后产生的新欠税收,分别进行全面深入的清查清理。要充分利用税收征管档案、纳税人申报信息、税收征管软件、税源测算普查资料、税务稽查结论、税收管理员手册等多种税源信息,按照不同的经济类型,分行业、分税种、分时限、分原因核实欠税户数和欠税数额,彻底摸清欠税家底,切实掌握欠税的确切数额、特点、规律和分布状况,形成欠税清理情况的综合报告并逐级上报。在清理过程中,要严格按照欠税清查工作方案组织实施,按时、保质、保量地完成清查任务,对"秀"形式、走过场、假清理的要通报批评,并视情况追究责任,确保清查实效。

分类处置。要将各类欠税先行分类,做好登记、核算、上报和备案工作,然后依照《税收征收管理法》及其实施细则和有关政策规定,按照"能收则收、能缓则缓、能减则减、能挂则挂、能销则销"的原则进行分类处置。例如，可以将欠税分成有缴税能力和无缴税能力两大类。其中无缴税能力的欠税，还可进一步细分为呆账税金、"死欠"税金和其他无缴税能力的欠缴税金。按照上述分类处置原则，对有缴税能力的欠税，要分户制定清欠计划和入库时间表，分期分批组织入库。对于无缴税能力的欠税，能减免的及时按程序报批减免；该转呆账税金的及时进行确认；可核销的"死欠"，要按规定进行核销。特别是对于确无缴税能力的困难纳税人，可依法办理税收减免手续。

明确责任。在欠税管理过程中，要从欠税的产生、申请、核实、认定，到审批、处理、清缴、管理的各环节，明确各级税务机关的工作职责，分清税务机关与纳税人的责任界限，特别是要明确主管机关和征管、税政、法规、计统、稽查等职能部门的监管责任。例如，基层主管机关负责欠税监管措施的具体落实；征管部门负责欠税监管的综合组织、监督和考核；税政部门负责具体税种的欠税监控管理；计统部门负责欠税的核算；法规部门负责欠税监管中涉及的法律、政策依据问题。在欠税管理过程中，不仅要明确主要责任、次要责任和连带责任，还要明确执法过错责任、行政纪律责任和刑事责任，这是解决欠税管理中普遍存在的责任不清、责任淡化倾向的要害和关键所在，也是加强欠税管理的前提条件。在责任不清、过错不明的情况下，所谓加强欠税管理，只能是一句空话。

大力压欠。要采取强有力措施，尽最大努力把陈欠税收压缩到最低限度。为此，必须坚持多措并举、综合治理的方法。一是要制订清欠计划。要加大清欠宣传力度，重点对有缴税能力的欠税户，逐户制订清缴计划和入库时间表，分期分批组织入库，努力实现压欠目标。二是要实行以免抵欠。凡纳税人既有减免税款又有欠税的，一律先用应减免税款抵顶所欠税款和滞纳金，实行多退少补。三是注重以票压欠。对于经营业务正常而经常发生欠税的，主管税务机关应控制其发票售量，督促其尽快补缴欠税。对故意不缴的欠税户，可停止对其供票，以达到压欠目的。四是坚持依法追欠。要充分利用税法赋予税务机关的权力，积极用好税收优先权、税收强制执行措施、欠税公告制度、加收滞纳金和罚款制度，以及行使好代位权、撤销权等法定措施，努力把欠税压缩到最低限度。

加强防控。要根据欠税产生的原因、特点、变化规律和发展趋势，建立事前防范、事中监控、事后处理"三位一体"的防控体系，做到对症下药、惩防并举、综合治理，防止陷入前清后欠、旧清新欠的怪圈。在具体防控上，一是要加强对欠税人责任的宣传，让纳税人全面知晓欠缴税款的法律责任，了解对纳税户信誉等级等切身利益的影响和危害，从而消除欠税有理有利、欠税不违法等传统错误观念，不断增强纳税意识，自觉减少欠税发生。二是要加强欠税源头的防范工作。对于纳税人因改制、破产发生异常申报，经批准延期，经税务约谈、纳税评估或税务稽查确定应纳税额等可能形成的欠税，主管税务机关要及时进行核实，注重了解纳税人生产经营和资金运作等情况，督促纳税人按期纳税，防控新欠发生。例如，对于因转制、拍卖、兼并、破产、重组而可能发生新欠的纳税人，要提前介入、源头防范。三是要加强欠税的动态监控。各主管税务机关要充分利用欠税登记档案，建立欠税人报告制度，定期报告欠税人生产经营、资金往来、债权债务、投资和欠税原因、清欠计划等情况，对转制和处置大额资产行为要随时报告，便于按季对欠税情况进行统计核算、分析核实并查找原因，切实加强对欠税户的日常管理和实时监控，及时掌握欠税的动态变化情况，灵活采取措施，在压缩旧欠的基础上控制新欠发生。四是要加大对欠税的处罚力度。对于有缴税能力的欠税户，要依照《税收征收管理法》，严格执行欠税加收滞纳金和罚款制度；对于故意拖欠、拒不缴纳欠税的，要依法采取强制执行措施；欠税转化为偷逃税的，严格依照偷逃税惩治规定执行。同时，各级税务机关还要严肃税款入库纪律，严禁人为调节收入进度，防止出现人为欠税；要严格控制缓缴税款的审批权限，防止滥用缓缴税款权力，清除滋生欠税的条件和土壤，以达到防范欠税的目的。

重在机制。要建立健全欠税管理的各项制度和办法，把欠税管理纳入制度化、规范化轨道，通过发挥机制的力量和作用，不断提高欠税管理的质量和水平。这是加强欠税管理的重中之重，也是治本之策。目前，加强欠税管理的制度和办法主要有：欠税登记制度、欠税核算制度、欠税公告制度、延期申报和税款预缴制度、纳税评估制度、催报催缴制度和离境清税制度、评定欠税人纳税信用等级制度和执法过错责任追究制度等。同时，还要针对欠税管理中发现的新情况、新问题，及时探索、修订、完善、补充一些新的管理制度和办法。例如，要把欠税信息全部"上线"监控，把欠税情况纳入执法责任制统一监管等，努力实现欠税管理的科学化、制度化和规范化。

第五节　组织收入管理[①]

一、组织收入管理工作面临的新形势

税务机关的计划统计部门是一个非常重要的综合部门。做好计划统计工作，既要脚踏实地，也要"仰望星空"，对税收改革、发展的宏观形势了然于心。

第一，纳税服务理念正在兴起。现代税收在管理上不同于传统税收的一个突出特点是，特别强调纳税服务理念。过去，我们谈税收往往是以收入论英雄，片面强调组织收入，完成目标任务，因而十分注重对纳税人的管理与监督。现在，随着纳税服务理念的普及与深化，无论是在国外还是国内，税务部门在不放松税收管理的同时，都特别注重纳税服务工作。税收管理理念的这一新变化，是以人为本的价值观在税收管理工作实践中的创新与突破，体现了政府对纳税人的尊重和信任，反映了民主政治建设的一大进步。从国内外实践看，为纳税人服务不再仅仅停留在口头上、制度上，而且还体现在机构设置上，例如成立纳税服务局等。目前，国家税务总局准备设立纳税服务司，湖北省有几个县（市）局在机构扁平化改革中已经设置了纳税服务科。

第二，税收政策功能正在逐步强化。在市场经济下，税收不仅是政府组织财政收入的有效手段，而且在贯彻产业政策、优化资源配置、实现公平分配、促进经济增长等方面具有重要作用，是政府进行宏观调控的有力工具。近些年来，我国在强调依法治税、大力组织税收收入的同时，更加重视发挥税收的经济和社会政策功能，税收调控作用正在逐步增强。各级税务部门要主动适应新形势、新趋势，在组织收入过程中狠抓政策执行到位，要坚决纠正过去那种该减的不减，该免的不免，不讲政策，不执行政策的错误做法。要通过严格、有效的政策执行，来落实国家宏观调控目标。

第三，税收信息化管理的地位和作用日趋重要。在信息化时代，税收工作对信息化管理的依赖和要求越来越高，计统工作显得尤为突出。在与计统工作

[①] 本节内容基于 2008 年 7 月 7 日在湖北省地税计统工作会议暨上半年收入分析会上的讲话。

密切相关的税收信息化建设方面，我目前最关心的有三个问题：一是我们能不能做到财税库银联网。答案是肯定的。目前，湖北省部分市（州）、县局已经做到了，但省局还未完全做到。这里面可能有很多客观原因，但是不论怎么说，实现财税库银联网是税收信息化建设最基本的要求，时不我待，希望你们与有关部门密切配合，抓紧推进。二是网络自动"产表"的功能如何。从我掌握的情况看，现在的功能还无法满足计统工作的业务需求。我时常听到这样的意见：省局各处室纷纷要求基层填表上报数据，劳神费力、效率低下。如果税收信息化建设到位了，通过计算机网络能够解决"产表"问题，那么基层负担就会大大减轻，工作效率就会大大提高。三是除了统计、"产表"等基本功能外，网络信息化能否具备辅助决策功能。这是一个更高层次的需求。它要求计算机网络能够根据已有数据，自动进行税收统计和常规性分析，例如税收预警、税负分析、纳税评估、稽查选案等，达到为税收决策服务的目的。所以，从某种意义上讲，信息化水平决定着税收征管的法制化、科学化、专业化和精细化，也决定着税收计统工作的管理水平。

第四，税源控管工作备受重视。我到税务部门工作后，十分关注国外在税收管理资源配置方面的经验和做法。例如，一些发达国家在机构设置上就十分注重加强税源监控工作。美国的国内收入局根据不同纳税人类型设立了四个主要的执行部门，其中既有专门服务于大型企业的大企业部，也有专门针对仅取得工资和投资收入纳税人的工资和投资部。通过成立专门机构，辅以信息化手段，就可以把各类重点税源严密地监控起来，这种思路和做法值得我们借鉴。

二、组织收入管理工作的主要任务

税收计统工作的基本职责可以概括为"两个服务"：一是服务组织收入；二是服务领导决策。计统部门认真履行好这两大职能，是实现"应收尽收、均衡入库"工作目标的关键。下面就计统部门如何在履行两大服务职能的过程中完成好组织收入的工作任务，我讲四点想法：

第一，加强税收分析工作。税收分析是税收计统部门的一项重要职责。如果把湖北省与全国及周边省份的情况进行对比分析，就会发现，如果关起门来自己跟自己比，湖北省的税收收入增幅还算不错，但在全国排名靠后。湖北省的增幅为什么比许多省份低，其中除了经济增长率低、无税 GDP 多，以及三峡电站税收与税源背离等客观因素之外，问题主要还是源于我们自身。我们的问题究竟在哪里，这就需要逐个行业、逐个企业、逐个税种，一层一层的进行深入分析。以行业税负率为例，湖北省有的行业税收控管抓得比较好，收入增速在全国排名靠前，而有的行业税源管理就没有到位，导致税负过低，收入上不来。这还仅仅是税收分析工作的一个案例。所以，我们有必要建立一个税收分析预警系统，涵盖不同行业以及重点税源企业，反映相关税收指标。该系统每个季度或半年发布一次预警，哪个地方出现红灯预警，就表明该地区存在着该征的税没有完全征上来的情况，就要查找原因，并采取有针对性的整改措施。只有建立起了这套预警体系，才能真正实现对税源情况的科学预测，对收入增长趋势的准确把握，使各级领导做到心中有数。

第二，加强收入预测工作。要利用湖北全省数据大集中的优势，加快推广运行税收分析预警系统，建立省、市、县三级，面、线、点有机联系的梯次分析格局；要进行重点数据分析和评估预警，及时发现和解决组织收入工作中存在的问题，增强组织收入的预见性；要密切跟踪宏观经济和企业生产经营形势变化，加强税收与经济相关性分析，及时提出有效对策，为党委、政府提供准确的决策参考。

做好税收收入分析预测工作，首先需要树立正确的政治观和经济观。从税收政治观看，收入分析要立足全局、着眼大局，既要考虑党委、政府的需求，也要考虑政策的要求，税收的一增一减、一收一免都是政治，必须做到依法办事、依率计征、应收尽收、均衡入库。从税收经济观看，税收分析人员不仅要掌握丰富的经济学知识，而且要密切关注宏观经济形势变化，经常深入基层，主动联系职能部门，把活的经济情况摸上来，不能仅就税收谈税收。其次，税收分析工作务必做细、做深、做实。税收分析要起到为领导决策服务的作用，仅仅如照相机式的复制几个数据，或者只是几句简单、概述性的说明，是远远不够的。相反，它要求我们深入到市县、细化到行业、具体到企业、延伸到省内外，做到有数据、有比较、有原因、有措施。只有这样的收入分析报告，才是有价值的。

第三，加强税源监控工作。按照现行职能划分，日常税源管理职责在征管部门，但重点税源的监控、反映和分析工作归口在计统部门。毛泽东同志曾经说过，面对纷繁的事务，我们在方法论上，首先要抓住主要矛盾，并善于抓矛盾的主要方面。应当说，我们要求加强重点税源监控，就是抓主要矛盾和矛盾的主要方面。下一步需要重点抓好的工作，一是通过加快信息化建设步伐，实现对重点税源变化情况的实时监控；二是对重点税源要有分析、有反馈、有建议。各级计统部门要严格履行重点税源监控职责,真正把重点税源抓起来、管到位。

第四,严格收入质量管理。加强税收征管,实现应收尽收,保持收入持续稳定增长,指的是在有现实税源基础上的收入增长,是有质量的收入增长,而不是虚收、空转,带水分的收入增长。通过这几年的多方努力,湖北省税收收入质量不断提高,对湖北省这个欠发达地区来说,是很不容易的。因此,各级税务部门,尤其是税收计统部门,都要倍加珍惜这一成果,牢固树立"收入一定要真实"的指导思想。今后,如果发现哪个地方在收入上仍有虚收、空转、掺水分的现象,严惩不贷。

在实践中,处理好收入增长与收入质量的关系,必须坚持实事求是的诚实态度,综合考虑以下三方面因素:一是确定收入增长目标,要看有没有客观税源,能不能做到应收尽收;二是判断是否做到了依率计征、应收尽收,需要通过宏观税负分析、税收弹性分析、行业税收分析,以及与周边市(州)乃至周边省份进行对比分析,才能得出正确的结论;三是如果一个地区、一个单位确因税源不足,完不成增长目标,甚至收入下降,只要征管尽了最大努力,实现了应征不漏,那就坚决不能寅吃卯粮,搞预征、注水分、玩空转。总之,一句话,各地在组织收入过程中,必须坚持一切从实际出发,依法努力应收尽收,绝不收过头税,确保收入质量。

第三章
税政管理

第一节　中国税收政策的历史回顾[①]

税收政策,从广义上讲,是指一国政党和政府为实现特定目标而制定的治税方针、征税原则的统称。从 1978 年到 2018 年,我国改革开放走过了波澜壮阔、成就辉煌的 40 年。40 年间,税收政策如同一根红线,贯穿税收改革发展的全过程,在筹集财政资金、推动国企改革、吸收引进外资、鼓励公平竞争、调节收入分配、建立法治社会、促进经济增长等方面,发挥了重要作用。同时,由于党和国家在改革开放不同阶段的目标和任务不尽相同,我国税收政策也经历了一个不断变化和完善的过程。大体上可以划分为三个阶段,即 1978—1992 年经济体制改革探索初期的税收政策;1993—2012 年社会主义市场经济体制形成时期的税收政策;2013 年以来的新时代中国特色社会主义时期的税收政策。

一、经济体制改革探索初期的税收政策

我国的改革开放是在计划经济体制和 10 年"文革"的背景下开始起步的。在计划经济体制下,"左"的指导思想不仅主导着国家经济政策,也主导着税收政策,形成了以"非税论"为核心的一套"左"的税收政策体系。"非

[①] 本节内容基于"营改增研讨会"论文,2017 年 6 月 3 日于上海财经大学。

税论"的政策取向主要体现在以下三个方面：第一，以产权是否发生转移，作为衡量一种分配方式是税或非税的标准，全面否定对国有企业征税，进而否定社会主义税收的客观性。第二，全面贬低税收的地位和作用，将税收仅仅视为对私改造和阶级斗争的工具。对私改造完成后，认为"社会主义经济都姓公，税收可有可无，甚至无用有害"，主张取消税收。第三，推行片面、极端的简化税制政策，1953年和1958年的两次简化税制，取消了国有企业所得税制度。经过10年"文革"和1973年税制改革，我国税制进一步简化为近乎单一税制。

1978年12月，中共中央召开了具有划时代意义的第十一届三中全会，决定把党和国家的工作重心转移到经济建设上来，做出了改革开放的战略决策。同年4月召开的中央经济工作会议明确提出，国民经济实行计划调节和市场调节相结合的原则，要求利用税收、信贷、价格等经济手段，调节市场运行。在改革开放初期，全国上下都在探索经济体制改革的目标模式，税收决策部门也在思考，如何将税收政策的战略重点转移到服务经济建设、服务改革开放上来。这项战略调整经历了两个阶段，约15年时间。

（一）拨乱反正、重视税收、调整政策（1978—1982年）

税收政策的基础是治税思想，没有指导思想上的拨乱反正，就不可能实现重大政策的调整和改革。1979年5月在四川省成都市召开了全国税务工作会议（史称"成都会议"），深刻反思了"左"的治税思想在税收政策上造成的混乱与扭曲，初步形成了今后一个时期税收政策思路的重大共识，主要有：（1）税收是国家筹集财政资金的一个及时、可靠的工具，需要提高税收占财政收入的比重；（2）税收是国家运用价值规律、调节经济活动的一个重要经济手段；（3）国家需要运用税收参与企业分配，正确处理政府与企业，包括与国有企业的分配关系；（4）在涉外经济活动中，税收有利于维护国家主权和经济利益。总之，税收在我国经济中有着举足轻重的地位和作用，这种地位和作用是客观的，不以人们的主观意志为转移。1981年，《人民日报》在不到8个月的时间里连发3篇评论员文章和社论，要求"切实加强税收工作""支持税务部门依法征税"和"充分发挥税收在国民经济中的杠杆作用"，这是极为罕见的！

在治税思想初步实现拨乱反正的基础上，国家开始注重发挥税收的经济调节作用，制定出台了一系列配合当时国民经济"整顿、调整、充实、提高"

八字方针的税收政策措施,主要包括:

第一,促进经济结构调整的税收政策。包括调减工商税和进口税税率,扶持钢坯、棉纱、日用生活必需品、科教用品等的生产和进口;支持新产品开发;鼓励外来加工和补偿贸易。对于生产"税大利小"产品、归还贷款有困难的企业,允许实行"减税还贷";为了促进农业机具生产专业化协作、鼓励试办企业性工业公司,以及解决工业企业自销产品税负重的问题,制定了减轻重复征税,且具有初级增值税功能的优惠政策。

第二,鼓励外商投资的税收政策。例如,1980年9月和1981年12月,全国人民代表大会常务委员会分别颁布实施了《中华人民共和国中外合资企业所得税法》和《中华人民共和国外国企业所得税法》。与此同时,财政部还另行制定了鼓励华侨回国投资的一系列税收优惠政策。

第三,鼓励城镇集体、乡镇企业和个体经济发展的税收政策。例如,对集体商业、服务业和个体经济的经营所得税,由14级累进税率改为按8级超额累进税率征收,并取消了加成征收办法;对民政福利、安置待业知青的集体企业和单位,给予减免税照顾;对新办农村社队企业给予3—4年的所得税减免,并适当提高起征点。

四是减轻农业税负担的政策。1978年8月,中央发出《关于继续实行粮食征购一定五年不变的政策》。随后两年,国务院分别批转了财政部两个报告,决定执行农业税起征点办法,降低农业税负担,给予农民休养生息的税收政策。

(二) 以税代利、重建税制、政策创新(1983—1992年)

改革开放、搞活经济,既需要对税收政策进行必要调整,更依赖制度改革带来的政策巨变。因为在"左"的治税指导思想下形成的税收制度及其政策体系,不可能适应改革开放后的新经济、新机制和新动能。第一,在计划经济体制下,国家对国有企业实行统收统支、利润上缴,否定税收参与企业纯收入分配的必然性,这就从根本上扭曲了国家和企业的分配关系,不可能真正确立企业的经济主体地位,不利于企业加强经济核算;第二,过于简化的税制体系极大地限制了税收的调节功能,难以实现税收负担政策的公平合理。第三,基于限制私有经济,割资本主义"尾巴"而设置的工商税收体系严重阻碍了非公有制经济的发展。第四,1973年形成的工商税制存在着内容庞杂、重复征税,以及税目、税率设计不科学等问题,削弱了税收的产业政策功能。所以,工商税制改革势在必行。

早在 1978 年 4 月召开的全国税务工作会议上，中央决策部门就开始酝酿工商税制改革问题。次年召开的"成都会议"对工商税制改革的目标原则、改革内容、实施步骤，以及改革试点工作进行了全面筹划，并形成了一个初步的改革思路。随后，经过 3 年时间反反复复的调研、论证和试点，最终形成了以"利改税"为重点，分作两步实施的"利改税"及工商税制改革方案。1982 年 11 月，国务院报经第五届全国人大第五次会议批准了这一方案，并决定在 1983 年推行国有企业"利改税"第一步改革。1984 年，党的十二届三中全会通过的《中共中央关于经济体制改革的决定》（以下简称《决定》）提出，我国经济改革目标是建立"公有制基础上的有计划商品经济体制"，要求自觉运用价值规律，充分发展商品经济，发挥市场的作用。根据《决定》精神，国务院决定自 1984 年 10 月起，推出"利改税"第二步改革方案，即工商税制全面改革。

"利改税"是我国改革开放后的第一次重大税制改革，也是一项重大政策创新。在两步"利改税"期间，国家主要实施了以下七方面的税收政策：

"以税代利"政策。如何处理国家与国有企业的分配关系，是我国经济改革初期需要解决的首要问题。"利改税"从根本上颠覆了"非税论"的理论和政策实践，决定将国有企业原来上缴利润改为征收所得税，有利于规范或固定国家和企业的分配关系，为企业独立经营、自负盈亏创造条件，并通过打破"大锅饭"来倒逼国企改革。"利改税"第一步改革实行"税利并存"的政策，即对于企业缴纳 55% 所得税后的利润，采取不同的包干形式，上缴财政。第二步"利改税"则实行彻底的"以税代利"政策，对于企业的所得税后利润，统一开征国有企业调节税，实行一户一率。

减税让利、搞活企业的政策。在计划经济体制下，国家对国有企业财务实行统收统支、大包大揽。"利改税"的重要目的之一，就是要通过税收来调整、规范国家和企业之间分配关系，进而对企业实行"松绑"、放权和让利，以实现"盘活"企业的目标。为此，国家对企业分配政策进行了重大调整，将过去的全额利润上缴，改为 55% 所得税后利润的部分上缴。1983 年，全国工交、商业企业留利 121 亿元，比"利改税"前的 1982 年增长了 28.2%。

矿产资源有偿使用和级差收入调节政策。在"利改税"之前，国有矿产资源的开发使用是无偿的，不利于企业加强经济核算，不利于合理利用和管理自然资源。1984 年，国家决定按照普遍征收、级差调节的政策，开征资源税，实行自然资源有偿使用，并通过征税来调节企业因资源禀赋和开发条件差异而形成的级差收入。

加强宏观管理的税收政策。20世纪80年代初，中央决策层鉴于我国当时已经显现的投资、消费需求双膨胀问题，借鉴捷克改革的经验教训，先后开征了建筑税（1991年更改为投资方向调节税）、奖金税（或工资调节税）、筵席税、耕地占用税、特别消费税（小轿车、彩色电视机）等，以配合国家的宏观调控政策。

多种税、多环节征收及不重复征收的税制结构政策。"利改税"之前，我国工商税制极度简化，对国有企业只征一种税，即工商税，且重复征税严重，对集体企业只多征一道工商所得税，税收基本丧失了对企业生产、流通、消费、利润、财产等的调节功能。通过"利改税"及其工商税制全面改革，不仅开征了国有企业所得税、国有企业调节税和资源税，同时还将原工商税一分为三（不含盐税），即对重复征税较为严重的部分工业品征收增值税，其他工业品征收产品税；对商业、服务业改征营业税。加上"利改税"前已经对企业开征的烧油特别税、建筑税、奖金税，以及暂缓征收的城市维护建设税、房产税、土地使用税、车船使用税等税种，我国实际上已经开始构建起某种比较复杂的税制体系。

收入分配调节政策。在对外开放初期，随同外资企业来华工作的外籍人员，其个人收入水平要大大高于国内居民。按照国际惯例和维护国家权益的需要，我国于1980年9月颁布了主要适用于外籍人员的个人所得税法。然而，伴随着改革开放进程，国内居民收入水平快速增长，"万元户"开始增多，收入差距逐渐拉大。因此，在1986年和1987年，国务院决定先后开征城乡个体工商业户所得税和主要适用于国内居民的个人收入调节税，以充分发挥税收在调节收入分配、体现社会公平方面的政策作用。

依法治税政策。俗话说，有税必有法，无法不成税，改革开放和"利改税"极大地推动了我国税收法治事业的发展。早在1988年，全国税务工作会议首次提出"以法治税"政策原则（1998年后改为"依法治税"）。1984年9月，第六届全国人大常委会第七次会议通过了《关于授权国务院改革工商税制和发布施行有关税收条例（草案）的决定》。根据这个决定，国务院随后发布了一系列单项税种的条例或征税办法，标志着税收工作在"文革"之后开始步入法治化轨道。1992年9月，全国人民代表大会常务委员会通过《中华人民共和国税收征收管理法》，它对于坚持税收程序正义原则、维护纳税人合法权益、加强税收征管工作、堵塞偷逃税漏洞，有着重大意义。

二、社会主义市场经济体制形成时期的税收政策

1992年，是"利改税"8年后我国经济与税制改革的一个重要转折年份。年初，邓小平同志发表"南方讲话"；同年10月，党的十四大明确提出"中国经济体制改革的目标是建立社会主义市场经济体制"；1993年11月，中共中央颁布《关于建立社会主义市场经济体制若干问题的决定》。

市场经济与商品经济是两个既有联系更有区别的概念。社会主义市场经济对于税收政策的要求体现在以下六个方面：（1）市场经济是统一、开放的经济，要求实行统一的税法和税政，以利于市场配置资源，而不能对不同经济主体采用不同的税制体系。（2）市场经济是竞争经济，要求市场主体平等纳税，鼓励公平竞争，而不能实行歧视性的税收政策，厚此薄彼。（3）市场经济是法治经济，要求在税收立法、税收执法和保护纳税人权益方面，实行依法治税。同时，要求规范各级政府的税费征收行为。（4）市场经济是效率优先、兼顾公平的富民经济，不仅鼓励先富，更要致力于全体人民的共同富裕。（5）市场经济是国家宏观调控的经济，需要发挥税收的经济杠杆作用，体现国家产业政策。（6）市场经济是财政适度分权型经济，要求中央在税收政策、征管体制和税收利益等方面，给予地方适当分权，调动两方面积极性。

根据建立社会主义市场经济体制的要求，国家有关部门全面总结了两步"利改税"的巨大成就，分析了改革中出现的问题，并在借鉴发达市场经济国家税制建设经验的基础上，制定了《工商税制改革实施方案》。1993年11月，国务院常务会议决定启动改革开放后的第二轮大规模税制改革。这一时期政策调整的时间跨度较大，可以分为两个阶段。

（一）统一税法、简化税制、地税分权（1993—2000年）

这一阶段的标志性税收事件，是1994年前后进行的第二轮税制全面改革。其税收政策的总体目标和指导思想是：统一税法、公平税负、简化税制、适度分权、理顺分配关系，建立符合市场经济要求的税制体系。其中的重要政策措施主要有以下六个方面：

税利分流政策。取消1984年的国有企业调节税，不再实行"以税代利"，而是按照税收和利润上缴所依据的两种不同权利，明晰税利边界，采用"税

利分流、税后还贷、税后分利"的新政策,重新理顺国家和企业的分配关系。

统一税法、公平税负政策。改革开放初期形成的内外两套流转税制和"一种经济成分,一个所得税办法"的局面,虽有历史原因,但不利于市场主体的公平竞争。1994年实现税法统一的政策措施,主要有三个方面:一是废止产品税,新开征消费税,并将原来对内资企业征收的产品税、增值税、营业税,以及对外资企业征收的工商统一税,进行调整合并,形成了增值税、营业税、消费税"三税鼎立"、内外统一的流转税体系;二是将原来的国有、集体、私营企业三个所得税,合并为统一的企业所得税,同时明确提出,待今后条件具备时,再将内资企业和外资企业两套所得税统一起来(2008年完成);三是将个人所得税、个人收入调节税和城乡个体工商业户所得税,调整合并为统一的个人所得税。以上税法、税政的统一调整,有利于为各类经济主体的市场竞争,创造一个大体公平的税收环境。

简化税制政策。经过两步"利改税"前后的第一轮税制改革,我国在短短的几年时间里就形成了由32种税构成、多层次、多环节征收的复税制体系。应当说,这一税制体系在改革初期阶段还是发挥了显著作用的。同时,这种税制体系的形成,作为对"非税论"和极简税制实践的一种历史反思和矫枉过正,也是可以理解的。然而,税收并非万能,相反,一个过于复杂的税收制度容易加重企业负担,扭曲市场行为,不利于市场经济发展。所以,第二轮改革提出简化税制政策有其历史的必然性。这一时期的简化税制政策,除了前述的流转税、所得税制简并之外,国家还取消或合并了盐税、集市交易税、牲畜交易税、烧油特别税、特别消费税、奖金税、工资调节税、投资方向调节税和筵席税,从而使税种数量由32个减少到17个。

双主体税制政策。在市场经济下,究竟应当采用什么样的税制模式,这在当时是一个关乎我国税收未来发展的重大问题。经过多年探索和改革,我们最终选择了较为适合国情的双主体税制政策,初步形成了我国以流转税和所得税为主体,其他财产税和行为课税为辅助,具备多种政策调节功能的双主体税制结构。

地方税适当分权政策。所谓地方税,是与分税制财政体制密切相连的一个税收范畴。1983年以前,我国中央与地方之间分配关系一直采用各种形式的包干制。在市场经济体制下,这类分配方式的最大弊端是,中央和地方之间的财政关系不固定、不规范,容易造成两者之间的非理性博弈,不利于调动地方组织税收收入的积极性。经过几年的试点和探索,1993年12月,国务院发布了《关于实行分税制财政体制的决定》。根据事权与财权相统一的原则，新的分税制体制将全部税种划分为中央税、地方税，以及中央地方共享税，并要求建立地方税收体系，同时分设中央、地方两套税务征管机构。2003年，中央明确规定，在统一税政的前提下，赋予地方适当的税收管理权限。

鼓励进出口的税收政策。为了进一步扩大对外开放，配合1995年申请加入世界贸易组织，履行2001年"入世"承诺，同时应对1998年的亚洲金融危机，我国采取了一系列扩大进口、鼓励出口的重要税收政策。在扩大进口方面，1995年12月，国务院发布了《关于改革和调整进口税收政策的通知》，决定大幅度降低进口关税税率。在此基础上，2000年和2006年又先后两次调低进口关税，平均税率由2000年的16.4%下调到2009年的9.6%。在鼓励出口方面，国务院于1997年2月发出了《关于对生产企业自营出口或者委托代理出口货物实行"免、抵、退"税办法的通知》。2003年，又进一步完善出口退税机制，强化退税管理，打击骗税行为。

（二）规范税费、区域发展、结构减税（2001—2012年）

1993—2000年的税制改革与政策调整极大地促进了我国经济发展，增强了中央宏观调控能力。与1993年相比，2000年我国GDP增长了约1.8倍；税收收入增长了近2倍；中央税收占全国税收总额的比重提高了近21个百分点。在这种背景下，中央决策部门整个"九五"时期都在积极谋划税收下一阶段的新政策和新改革，以推动新一轮的经济增长。2003年10月，党的十六届三中全会通过了《关于完善社会主义市场经济体制若干问题的决定》，要求"按照简税制、宽税基、低税率、严征管的原则，稳步推进税制改革"，特别是加快推进城乡税费改革，在税收政策上支持经济结构调整、鼓励自主创新和加快区域经济发展。主要政策措施包括：

停征农业税、减轻农民负担政策。自20世纪80年代初农村实行联产承包责任制后，我国经济改革的重点开始转向城市，而以农民税费负担重为特点的"三农"问题，不仅未能根治，且有愈演愈重之势。所以，早在1998年，党的十五届三中全会《关于农业和农村工作若干重大问题的决定》就提出，要标本兼治，减轻农民负担。2000年3月，国家全面启动农村税费改革，分为两个阶段：2000—2003年为第一阶段，主要政策举措是，治理"三乱"；取消"三提五统"和屠宰税；调低常年产量和计税价格，实行农业税负担"封顶"政策。2004—2006年为第二阶段，主要政策目标是逐步取消面向农民的各种税费。2004年，取消除烟叶以外的农业特产税；2006年，决定在全国范围内停征农业税。

"费改税"政策。在中国赋税史上，似乎存在一个"黄宗羲定律"的怪圈，即每一次税费改革，就会加重一次纳税人负担。1994年税制改革后近10年时间中，这个怪圈不仅在农村，而且在城市上空盘旋。主要表现是，一些政府部门和单位面向企业和居民的税外收费、基金和罚款名目繁多，日益加重老百姓负担，引起社会强烈反响。党中央、国务院对此高度重视，决定从2001年1月起推行《交通和车辆费改税实施方案》，并以此作为突破口，推动城市其他领域的"费改税"改革。改革的政策目标和主要内容是：（1）取消各地区、各部门违反国家规定、越权审批的收费项目。（2）将不体现政府行为的收费，转为经营性收费；对于必要保留的收费项目，也要降低不合理的收费标准。（3）按照正税清费的原则，将具有税收特征的收费项目实行"费改税"，分别开征车辆购置税和燃油税。其中，2001年1月开征车辆购置税，取代车辆购置费。燃油税及其税费改革政策，由于多方面原因，直到2009年才实施到位。

区域经济发展税收政策。从某种意义上说，我国改革开放40多年来的经济持续增长，得益于市场机制下的区域竞争和地方经济快速发展。根据党的十六大关于"统筹区域经济发展"的大政策，2000—2008年，国务院先后出台了关于实施西部大开发、振兴东北老工业基地、促进中部地区崛起、推进天津滨海新区、上海浦东新区、福建海峡西岸经济区等加快发展的重大决策，财政税务部门分别制定了与之配套的税收支持政策。主要如免征进口环节关税和增值税、扩大增值税抵扣范围、企业所得税减按15%税率征收、"两免三减"，以及缩短折旧年限等。

结构性减税政策。2002年和2007年，中共中央分别召开了对我国产业发展和自主创新产生重大影响的十六大和十七大。党的十六大报告提出，要"形成以高新技术产业为先导、基础产业和制造业为支撑、服务业全面发展的产业格局"。党的十七大报告进一步从国家战略的高度，要求"加快转变经济发展方式，推动产业结构优化升级""提高自主创新能力，建设创新型国家"。在这样的背景下，2002—2012年的10年间，我国密集出台了一系列促进产业结构升级、鼓励自主创新的重大结构性减税政策。其中，产业税收优惠政策主要包括：鼓励软件、集成电路产业发展（2002年）；促进现代物流业发展（2004年）；加快电子商务发展（2005年）；振兴装备制造业（2006年）；加快现代服务业发展（2007年）；鼓励数字电视产业（2008年）；扶持动漫产业（2009年）；促进生物产业加快发展（2009年）等。自主创新税收鼓励政策主要是：2006年，国务院在《关于实施〈国家中长期科学和技术发展规划纲要（2006—2020年）〉若干配套政策的通知》中，对科技成果转化和自主创新企业制定了8项税收优惠政策。例如，加大税前抵扣、加速折旧、"一免两减"、免征进口环节两税、风险投资收益减免等。2003年和2009年，国家分别制定出台了鼓励科研机构转制和支持技术先进型服务企业发展的税收优惠政策。

三、新时代中国特色社会主义时期的税收政策

2013—2017年的短短5年，是我国改革开放发展的又一个重要历史转折时期。2013年，党的十八届三中全会通过的《关于全面深化改革若干重大问题的决定》指出，改革的总目标是不断推进国家治理体系和治理能力现代化；强调财政是国家治理的基础和重要支柱，科学的财税体制是优化资源配置、维护市场统一、促进社会公平、实现国家长治久安的制度保障。2017年，党的十九大根据"两个一百年"奋斗目标，以及我国经济已由高速增长阶段转向高质量发展阶段的科学判断，明确提出，要坚持质量第一、效益优先的总政策，以供给侧结构性改革为主线，推动经济发展的质量变革、效率变革和动力变革。同时，要求按照建立现代财政制度的目标，调整和完善新时代的理财治税方略，全面启动了以营改增、减税降费、环资新政为主要内容的第三轮大规模税制改革。

（一）营改增政策

1994年改革形成的商品劳务税制有一个显著特征，即增值税和营业税实行两税并存、征税项目互不交叉的模式，其中，前者对货物征收，后者对劳务服务业征收。在一些发展中国家，这种税制结构虽有某些管理上的便利性，但也存在以下四个突出问题：一是对与工业生产环节密不可分的服务业存在重复征税，不利于现代服务业的发展；二是人为导致增值税抵扣链条断裂，影响工业品税收负担的均衡与稳定；三是企业外购固定资产不允许抵扣，不利于企业的技术进步和转型发展；四是作为地方税的营业税，其税基主要是第三产业或现代服务业，未来税源增长潜力巨大，但未能纳入中央与地方共享。

营改增的"序曲"是2004年国家在振兴东北计划中推出的增值税转型改

革,即允许企业外购机器设备纳入增值税抵扣范围,试行"消费型"增值税。2012年1月,为了应对亚洲金融危机冲击,国务院常务会议决定,在上海市对重复征税较为严重的交通运输业和部分现代服务业,率先进行营改增试点改革;同年9月至2013年8月,试点范围逐步扩大到其他8省(市),随后进一步扩大到全国范围内试点。2016年3月,在总结营改增试点成效和经验的基础上,国务院决定对原征收营业税的全部劳务服务行业,统一改征增值税,同时停征营业税,从而形成了新的增值税对货物、劳务普遍征收,消费税重点调节的流转税制结构。

(二) 企业减税降费政策

在实施营改增的同时,为了贯彻中央"三去一降一补"的供给侧结构性改革政策,推动"大众创业、万众创新"战略实施。同时,为了应对宏观经济下行和美国特朗普政府减税政策引发的国际税收竞争,国家制定出台了一系列减税降费,尤其是扶持小微企业的税收政策。主要措施包括:第一,不断扩大小微企业所得税减半征收政策的适用范围,将年所得额减征标准由2012年的6万元扩大至2014年的10万元、2015—2017年的20万元,并减按20%的税率征收企业所得税。第二,将失业保险费率由3%统一降至2%;对职工基本养老保险单位缴费比例超过19%的省(区、市),可阶段性执行19%的单位缴费比例。第三,持续清理、大规模压缩了政府性基金和行政事业收费项目。截至2017年6月,中央设立的行政事业性涉企收费项目由106项减少到33项,政府性基金由30项减少到21项。第四,2018年3月,国务院常务会议决定,将制造业等行业的增值税税率从17%降至16%,将交通运输、建筑、基础电信服务等行业,以及农产品等货物的增值税税率从11%降至10%。

(三) 资源环境保护税收政策

党的十八大、十九大提出了"五位一体"总体布局和"人与自然和谐共生"的绿色发展理念,要求坚持节约资源和保护环境的基本国策,转变发展方式;要求调整、完善税收政策,加快资源税改革,推动环境保护费改税。

资源税改革政策。早在2010年,我国在新疆就启动了新一轮资源税改革,主要内容是将煤炭、原油、天然气实行从量计征改为从价计征。2016年5月,国务院决定全面推进资源税改革。一是按照"清费立税、合理负担、适度分权、循序渐进"的政策原则，在煤炭、原油、天然气改革基础上，对其他矿产资源全面实施从价计征政策。二是将水资源纳入征税范围，实行水资源费改税。对地表水和地下水实行从量定额计征，对高耗水行业、超计划用水，以及在地下水超采地区取用地下水，适当提高税额标准。改革率先在河北省进行试点，2017年12月，试点范围扩大到北京、山西、内蒙古等9省（区、市）。

环境保护费改税政策。长期以来，我国保护环境的财税政策主要是征收排污费。1991年，世界银行在《世界税制改革经验》的报告中，建议发展中国家"针对破坏环境的行为征收环境税"。2016年12月，十二届全国人大常委会第二十五次会议通过了《中华人民共和国环境保护税法》（以下简称《环境保护税法》），规定应税对象为大气污染物、水污染物、固体废物和噪声，授权省级政府可以在法定税额标准的基础上，上浮应税污染物的适用税额。《环境保护税法》采取"企业申报、税务征收，环保协作、信息共享"的征管模式，对于依法缴纳环保税的纳税人，不再征收排污费。

（四）提高直接税比重的政策

如前所述，经过1994年的税制改革，我国初步建立起了以流转税和所得税为主体的双主体税制。但在实际运行中，对商品、劳务征收的间接税比重一直过高，对所得、财产征收的直接税比重长期偏低。这种"跛腿"税制结构容易扭曲市场价格，妨碍扩大内需，不利于调节分配、健全地方税体系和促进税收收入长期稳定增长。因此，党的十八届三中全会决定实行逐步提高直接税比重的政策。截至2018年6月，国家除了实施营改增，降低增值税税率和关税税率，进行综合分类相结合的个人所得税制改革之外，进一步推进房地产税改革，健全地方税体系。

改革开放40多年，我国税收收入由1978年的520亿元增长到2017年的75697亿元。不断增强的税收实力和与时俱进的税收政策，促进了我国经济与社会发展沧海桑田般的巨变，这就是过去40多年我国经济与税收发展的历史写照。

第二节　税政管理工作的形势与任务[①]

一、税政管理工作的新形势

2013年，中央提出我国经济发展步入新常态，处于增长速度换挡、结构调整阵痛、前期刺激政策消化"三期叠加"这样一个新的非常时期。新常态表明，经过一二十年的经济快速增长，以往通过拼资源、拼环境、拼投入的增长模式，已经走到了尽头，很多传统行业都将面临产能严重过剩的问题。我国目前的人均GDP在6000美元左右，正好处于"中等收入陷阱"这个区间。因此，中央提出要转换增长模式，力求通过创新驱动，使我国经济发展顺利走出"中等收入陷阱"。日本、美国、欧洲、韩国都成功地冲出了这一陷阱，成为发达国家（地区），而拉美、东南亚一些国家，由于没能冲出陷阱，最后甚至引发社会动荡。我国目前正处于这样一个关键时期。

经济发展步入新常态后，全国税收收入开始呈现持续下滑趋势，湖北省也是如此。2014年2月，全国有三分之一的省份税收收入出现负增长，湖北省有近三分之一地区出现不同程度的负增长。像随州市这样的地级市，过去7年来一直保持较高增长速度，但2015年一季度与上年同期相比，也出现了负增长。显然，我们正面临着日益增大的收入增长压力。

经济发展步入新常态后，税制改革将成为推动发展的新动能。营改增已经到了最后攻坚阶段，预计2015年将全面到位。与此同时，一系列地方税改革方案也将陆续出台，地方税收进入了一个新的制度建设阶段。新一轮税改不仅将在再分配环节重视调整各方利益关系，而且也是新一届政府为解决经济社会突出矛盾，提高社会治理能力而采取的重要举措之一。因此，随着税制改革的进一步深化，需要激发直接税的增长活力，来巩固地方税收的增长潜力。这些都将有力促进传统产业向科技高端升级，推动战略性新兴产业和服务业的强势发展。

---

① 本节内容基于2015年3月6日在原湖北省地税系统税政管理工作会议上的讲话。

二、税政管理工作的新挑战

（一）对税政部门的职能作用提出了新要求

按照党的十八届三中全会要求，财政部和国家税务总局正在紧锣密鼓地准备地方税制改革，并将赋予地方税务部门一些新的管理职能。例如，开征环境保护税、水资源税；改革个人所得税，以及改革消费税，不排除将部分税项目和车辆购置税交地方税务部门征收。所有这些重大改革，都需要税政部门超前思考、认真研究相应的税政管理配套措施。此外，新常态下，地方税务部门面临着预算性增税、政策性减税和宏观经济下行等多重压力，既要通过税收的财政功能来积累资金，满足地方经济建设对财力的需求，又要通过税收的调控功能，实现国民收入再分配，促进社会公平正义。做好这些工作，也要求税政管理部门按照经济账、政治账、社会账统一算的治税理财原则，以敢为人先的创新精神和求真务实的科学态度，大胆谋划，提出有问题、有分析、有对策的政策建议，积极主动地把好事办好。

（二）对税政工作的责任风险注入了新内涵

近年来，按照中央简政放权，深化行政审批制度改革的要求，税务部门简化了地方税务行政审批工作，先后将95%的税收减免审批权下放到市、县局。仅在2014年，原湖北省地税局就取消审批事项63项，仅保留4项，它涉及税政管理的各个领域。依照传统思维模式，下放税收减免审批权，上级税政部门就应该是多了几分自由，少了许多责任，因为权限和责任是对称的，权限下放了，责任自然就随之消失。但是需要指出，如果片面地把放权当成减责，疏于管理，监管不力，势必导致减免税管理出问题，后患无穷。2015年是各级纪检部门的问责年，追究的主要是各级党组的主体责任，以及纪检监察部门的监督责任，但是，问责事项又往往与税务部门的具体业务工作联系在一起的。换言之，问责处罚不仅仅包括贪污受贿、挪用公款问题，还包括税政征管是否存在失职渎职的问题。例如，湖北省委专项巡视组在巡视中就发现有地方对房地产企业给予困难性减免，以及跨年度提前办理减免等问题，最后问责就涉及基层税政科室。对此，我们需要吸取的教训是，从简政放权和层级管理的实质来看，税收减免审批权下放，并不意味着放权部门就可以放任自流，无所作为，相反，要把放权视为加重了自己的管理责任。所以，各级税政部门要按照

"放权不放任，减事不减责"的原则，把更多的时间和精力用于加强减免税工作的后续管理。

（三）给税政部门挖潜增收带来了新挑战

就税收和经济的关系而言，经济是源，税收是流，只有源远才能流长。当前，预算性增税和政策性减税构成了双重压力，经济下滑，出口乏力，没有源，何来流；营改增导致地方税源进一步萎缩；发展转型要求降低房地产税收占地税收入比重。这些无疑给税务部门组织收入带来严峻挑战，主要体现在三个方面：一是房地产行业持续低迷。在地方税收入中，建安房地产税收占到了近一半，特别是在过去房地产发展的"黄金十年"中，地方税收入一路高歌猛进，持续增长。反观现在，商品房销量和价格都在下行。二是土地开发受到严格控制。过去，依靠"土地财政"，依靠与土地相关的耕地占用税、土地增值税、契税、土地使用税等，地方税收入大幅度增长，但现在已经成为过眼烟云。三是营改增拿走的地方具有巨大增长潜力的营业税，抽走了地方财政的"擎天支柱"。面对这些挑战，税政工作的一项重要任务是，要研究如何通过政策挖潜来保收入、保增长。

（四）给税政管理模式带来新变化

当今社会，以信息化为标志的新知识、新技术层出不穷，智能化办公、多媒体技术给传统的税政管理提出了新挑战，同时也带来了新的发展机遇。税政管理部门必须主动顺应这一趋势，在现有信息管税成果基础上，把现代科技成果进一步应用于税政工作的各个领域，逐步建立一个由智能化管理、数字化储存、网络化共享所构建的税政管理新模式。同时，要整合好人力资源，解决机构、岗位、人员等方面存在的配置不当、质效不高问题；要整合好户管巡查资源，解决政策落实不力、风险疏于防范的问题；要整合好社会资源，解决税源和税种控管合力不足的问题。此外，还要整合好数据资源，解决税政管理信息化建设"提速乏力"的问题。总之，要力争通过资源整合的"组合拳"，搭建新的税政管理模式，焕发税政管理质效提升的"乘法效应"。

三、税政管理的新任务

加强税政部门管理，要围绕以下三大工作任务，创出新作为。

一是围绕保增长，研究税政管理新措施。这些年，税务部门赢得了很多赞誉，关键一点是税收收入多年持续保持了较高增长速度。然而，现在税收收入呈下降趋势，政府支出又多属刚性需求，一旦收入出现负增长，将带来一系列问题。因此，税务部门一定要千方百计保增长，这是最大的原则，也是最大的政治。税政管理部门需要深入研究新的管理措施，特别是要研究营改增政策。例如，对于一些行业的营业税款清收，必须算好账，一方面，严禁人为抬高营改增基数，另一方面，也绝不允许出现漏征漏管。

二是围绕促发展，确保税收政策落实到位。近年来，国家出台了一系列税收政策和调控措施，例如，二手房交易价格评估、以地控税等。这些政策在各市（州）、县区是否执行到位，需要税政部门认真核实。就目前掌握的信息看，个别地方依然存在政策执行不力的情况。在税收任务异常紧张的形势下，我们一定要把一些本该调整的基数和定额，及时调整到位。要始终围绕保增长、促发展这个中心，在依法征税且不伤及实体经济的前提下，狠抓政策落实。另外，对于小微企业的税收优惠政策，也必须落实到位，这是国家大的政策。李克强总理倡导"大众创业，万众创新"，我们的税收政策就要及时跟上，自觉服务大局。部分县乡可能存在担忧，即如果完全执行小微企业税收优惠，辖区内整条街铺都征不到税，收入压力会更大。在此，我们的态度是明确的，无论收入压力有多大，必须把政策落实到位，只要符合政策，该减免的一定要减免。这既是执行政策，同时也是在涵养税源。

三是围绕营改增，全面做好税源变化的应对工作。主要包括以下三点：（1）做好税制改革的准备。全面营改增以后，地方税收入必然全面下滑，可谓伤筋动骨，甚至影响到企业所得税的征管问题。为弥补收入缺口，一些新的税种可能交由地方税务部门征收，例如水资源税、环境保护税、部分消费税等。届时，将会出现收入规模变小，而征管税种增多的局面，需要我们对未来的税制改革及其政策挑战做好准备。（2）做好养老保险全部交由税务部门统一征收、全责征收的准备。现在机关事业单位和企业养老保险已经并轨，新增部分的社会保险也可能交由税务部门征收与管理。对此，我们要有足够的思想准备。（3）做好取消营业税发票后的信息管税准备。地税部门一旦失去发票管理手段，我们唯有依托第三方信息进行税源控管。从管税平台到税种软件，如何进一步提升税源控管功能，需要我们尽早研究措施。

第三节 税收政策与经济发展[①]

一、更新服务理念，加大政策支持力度

经济发展步入新常态后，税务部门需要加大对中央政策的执行力度。从深层次看，提高税收政策执行力，有利于促进税收管理工作的思想解放和观念革新。我们必须摒弃过去一些管死的办法，多出台一些放活的措施，只要是有利于经济发展、有利于企业搞活的事情，就一定坚决落实到位。

近年来，税务部门为了贯彻落实湖北省委、省政府关于加快湖北经济发展的一系列重大决定，在税收法律法规允许的范围内，出台了《促进地方经济社会发展的地方税收优惠政策与措施（173条）》，大力支持开放引资、县域经济、中小企业、民营经济、武汉城市圈、高新技术产业等的发展；税务部门进一步加大了对湖北"两圈两带"、武汉"两型社会"建设试验区、东湖国家自主创新示范区、"一主两副"城市、"一红一绿"试验区发展的税收支持力度，特别是对总局即将推出的长江经济带发展税收工作方案，我们积极研究、主动作为，加强交流合作，谋求共同发展。为了营造良好的税务营商环境，税务部门不断改进纳税服务，进一步方便纳税人，降低办税成本。例如，出台了《纳税服务工作实施办法》，全面推行网上申报等多元申报纳税方式，简化、归并各类税务报表；为了尽可能减少管理层级、简化审批程序、缩短审批时限，制定了《减免税审批工作规程》；为了鼓励全民创业，便利经营，对于未办理工商登记和税务登记的经营户，凡需要提供经营用发票的，及时予以提供；为了优化税收投资环境，在不放松重大涉税案件稽查，促进各类市场主体公平竞争的同时，进一步降低税收稽查面，减少对企业的检查频率，对A类纳税信誉企业在承诺期内一般不进行稽查。同时，我们还对纳税人实行了先服务后规范、先发展后规范等办法。这些实实在在的政策措施，使纳税人得到了实惠，促进了税务部门执行力和服务水平的双提升。

[①] 本节内容基于2012年5月15日在原湖北省地税系统税政管理工作会议上的讲话。

二、延伸服务领域，发掘政策支持潜力

发挥税收职能优势，积极为党委、政府建言献策，是税务部门执行力建设的重要方面。针对税收工作中存在的问题和不足，我们组织到安徽、江苏、浙江、湖南、广东等地深入调研考察，学习借鉴外省在落实税收政策和服务经济建设大局方面的新思路、新举措和新经验。在此基础上，组织开展了"湖北经济税源分析和地税收入可持续增长研究"调研活动。通过对湖北地税收入规模、结构、增长率、弹性系数、税收负担率、财政贡献率与全国，与河南、湖南、江西、安徽等周边四省的比较研究，全面系统地分析了湖北地税收入和税源结构在税种、产业、行业、区域和经济成分等方面的基本特征，深入探讨了税收增长与经济增长的协调关系，科学预测收入增减变化趋势，提出了改善投资环境、促进经济税源可持续发展、增强地方政府公共服务能力的政策建议。例如，为了加快第三产业发展，鼓励创业，照顾下岗再就业职工的经营与生活困难，较大幅度地提高了营业税征税起点，减轻"小业户"税收负担；为了解决企业所得税征管范围划分不合理，导致纳税人在国、地税两家多头申报、重复稽查，影响投资环境的问题，调整了新办企业所得税的征管范围；为了解决房屋出租行业综合税收负担偏重，不利于征管，有碍房地产业发展的问题，对居民个人出租房屋的租金达不到起征点的，免征房产税，对出租房屋所涉及的房产税、营业税及附加、个人所得税，根据租金收入按综合征收率征收等。

三、创新服务手段，提高政策支持效率

湖北省税务部门一直把税收信息化作为改进服务、提高执行力的重要手段，积极推进"金税"工程和电子政务工程，充分利用软件、网站、网络、短信等各种信息技术载体，全面整合信息资源，最大限度地释放税收管理和服务的效能。2008年，原湖北省地税局在对原征管软件的业务需求、应用标准、技术架构和功能流程进行全面调整和优化的基础上，成功研发了具有自主知识产权、在全国税务系统处于领先水平的地方税费征管核心软件。该平台能够提供户籍管理、税收申报、资金核算、纳税服务、税务稽查等各项业务服务。与此同时，我们对省局中心机房进行了全面改造，统筹推进湖北全省地税数据大

集中，完善了"湖北地税门户信息系统"和"湖北省地税门户网站"，扩容了省、市、县三级地税备份网络，建成了从省局到县（市）局的视频会议系统，打造了"湖北省地税局税务短信服务平台"，使信息技术手段在税收业务和行政管理工作中得到了充分运用，为建立以信息化为支撑的税收征管体系和纳税服务体系，打下了坚实基础。

四、营造服务氛围，规范税收政策执行

坚持依法行政、依法征税和依法管理，杜绝不作为、乱作为，做到规范执法、优质服务，这是税务部门执行力的重要体现。为此，税务部门开展了"严格执法、有税必收，积极预防和严肃查处地税工作人员失职渎职行为"的专项行动。要求围绕税收执法重点环节、重点部位和重点人员，全面开展"十查十看"：（1）查税收政策执行，看有无漏征漏管户，有无擅自改变税率，不征少征税款的情况；（2）查缓缴税款和减免税审批，看有无违规和越权审批，明缓实欠，随意减免，造成税款损失的情况；（3）查待解专户管理，看有无违反管理规定，利用待解专户贪污、挪用、转移、截留国家税（费）收入的情况；（4）查欠税追缴，看有无追缴措施不到位，不管不问，造成税款损失的情况；（5）查涉税案件检查，看是否有案不查，查而不报，查多报少的情况；（6）查涉税案件审理，看认定事实、适用法律是否正确，有无应罚不罚、以补代罚、以罚代刑，对应当移交司法机关处理的偷、逃、骗、抗税案件不移交的情况；（7）查案件执行，看执行措施是否到位，有无追缴补、滞、罚不及时、不到位造成税款损失的情况；（8）查发票发售环节，看发售的发票是否符合核定的种类和数量，有无违规发售发票造成税款损失的情况；（9）查税款入库，看是否有转引税款、调整级次、改变入库时间、积压税款的情况；（10）查经费财务管理，看在基建工程、资产购置处置、招投标等过程中和招待费开支中有无以权谋私、徇私舞弊的情况。通过"十查十看"专项行动，严厉查处了有税不收、有户不管的失职渎职行为，严肃追究了有关人员的责任。

第四节 税收政策宣传[①]

一、税收政策宣传工作的意义

2011年,国家税务总局确定的税法宣传月主题是"税收 发展 民生";湖北省委、省政府号召省直机关开展创先争优、"万名干部进万村入万户"活动。湖北省局党组根据国家税务总局、省委、省政府要求,结合税务部门工作实际,决定围绕"访企业、进乡村、送服务、助发展"这一主题,统一部署全省税务系统税收宣传月活动和创先争优工作。

第一,做好税政宣传服务工作,是贯彻落实上级重大决策的积极举措。

"十二五"是我国全面建设小康社会的关键期,是深化改革开放、加快转变经济发展方式的攻坚期,也是各类矛盾的凸显期。在纷繁复杂的国际国内环境下,保障和改善民生越来越成为举国共识,成为各级党委、政府和各部门工作的重中之重。最近,国家税务总局围绕"税收 发展 民生"主题,对第二十个全国税收宣传月活动进行了全面部署。湖北省委、省政府决定开展"万名干部进万村入万户"活动,积极推进大别山革命老区和武陵山少数民族地区等两个经济社会发展实验区建设。总局和湖北省委、省政府都把民生和发展问题摆在了突出位置,并把保障和改善民生作为检验创先争优活动成效的主要标准。正是在这种背景下,湖北省局决定在全系统开展"访企业、进乡村、送政策、助发展"为主题的系列活动。这是一项事关全局工作的重大部署,是创先争优活动的延伸和深化,是进一步加强新形势下群众工作、促进党风、政风、行风进一步好转的具体行动。湖北全省各级税务机关要以系列活动为契机,细化方案,强化措施,把中央和省委、省政府各项决策部署不折不扣地落到实处,切实解决好涉及群众利益的实际问题,切实为地方经济发展出谋献策,不断开创税收工作新局面。

第二,做好税政宣传服务工作,是新时期税收工作贴近民生,创新税收宣

---

① 本节内容基于2011年3月7日在原湖北省地税系统"访企业 进乡村 讲政策 送服务 助发展 深入开展创先争优和税收宣传月活动"视频会议上的讲话。

传方式方法的有益尝试。

税收宣传是税收工作的重要组成部分,税收事业科学发展需要良好的外部环境作支撑,发挥税收宣传的舆论导向作用至关重要。税收与发展紧密相连,与民生密不可分,与每个人生活都息息相关,只有让社会各界了解税收、关注税收,才能更加有效地监督、支持和促进税收工作。税收取之于民、用之于民、造福于民的性质,也决定了税收宣传要时刻关注民生、关注百姓。所以,我们务必加强税收宣传工作的策划和组织,增强税收宣传活动的系统性、针对性和吸引力,真正让老百姓理解税收、支持税收。湖北省局策划的四项宣传活动都是民生税收的具体体现,把握了时代脉搏,紧扣了民生主题,体现了以人为本,注重了群众参与,拓展了宣传领域,开辟了工作空间,是创新税收工作方式和税收宣传方法的一次有益尝试。

第三,做好税政宣传服务工作,是弘扬优良传统作风,进一步密切党群、干群和征纳关系的有效途径。

"访企业、进乡村、送政策、助发展",落脚在一个"助"字,体现了一个"情"字,需要我们带着责任、带着感情去做。这既是对全体税务干部践行党的宗旨、增强群众观点的一次深刻教育,又是对做好群众工作、解决群众难题、密切党群、干群关系的一次有力促进,是对干部作风的一次全面检阅。作风建设关系到党的生死存亡,党员干部的党性、党风、党纪如何,群众看得最清楚,感受最真切。我们应该清醒地看到,在税务系统中,少数干部还不同程度地存在着学习劲头不足、宗旨意识淡薄、服务观念不强、工作作风漂浮、办事效率不高、贪图安逸享受等问题。开展系列活动,就是要解决党员干部在党性、党风、党纪方面群众反映强烈的问题,促进党员干部切实加强党性修养和作风建设,增强群众观念,大力弘扬求真务实的优良作风,办好一批群众普遍期待的实事,进一步密切党群、干群关系和征纳关系。同时,开展活动又是化解矛盾、维护社会和谐稳定的需要。通过组织税务干部下到基层一线,听民声、访民情,深入扎实地解决群众最想最盼、最难最怨的现实问题,有利于变被动为主动,化解矛盾于萌芽状态,营造和谐的社会环境。

第四,做好税政宣传服务工作,是营造创先争优态势,推动全年各项工作新跨越的有形抓手。

2011年既是"十二五"规划的起步年、开局年,又是湖北省加快发展方式转变、推进跨越式发展的基础年、关键年,做好2011年的各项工作,意义格外重大。前不久,湖北省委、省政府召开了创先争优活动推进会,要求围绕科学发展这一主题和转变经济发展方式这条主线，把加快转变经济发展方式、推动湖北省跨越式发展作为创先争优活动的最大实践、最重要的实际和最需要取得的实效，引导党员干部在"两圈一带"战略实施和大别山革命老区、武陵山少数民族经济社会发展试验区建设第一线创先争优，把广大干部群众不凡的信念追求、良好的精神状态，转化为推动湖北省跨越式发展的强大动力。省局党组立足省情和局情，在继续落实"依法治税、信息管理、服务兴税、人才强税、廉洁从税"举措的基础上，就"十二五"税收工作提出了一系列思路、目标与要求，有些发展指标定得比较高，有些发展理念提得比较超前，需要我们真抓实干、狠抓落实。所以，全体税务干部一定要更新观念、创新方法、转变作风，通过"访企业、进乡村、送政策、助发展"系列活动，积极问计于民，不断改进工作，切实解决问题，推动全年各项工作目标的圆满完成。

二、访企业、进乡村、送政策、助发展

2011年的税收宣传月系列活动，既有过去我们一直在抓的常规宣传活动，也有顺应经济社会发展需要确定的创新项目，主要目的就是要通过抓项目、带全局，密切关注民生，突出工作重点，增强宣传实效，促进创先争优，努力推动各项工作实现新的跨越。

（一）税收政策大宣讲

面对面宣讲税收政策，是宣传和普及税法知识的一种直接、有效的税收宣传途径。各地要紧扣"税收 发展 民生"的主题，坚持贴近实际、贴近生活、贴近群众的方针，从思想认识、组织领导、落实措施上科学谋划，广泛动员，精心组织，掀起"税收政策大宣讲"活动的热潮。在宣讲对象上要突出针对性，要根据各阶层的不同需求开展分类宣传，既要坚持以纳税人为重点，又要兼顾到党政机关干部以及社会各界人士。在宣讲内容上要坚持多角度，既要强化税收职能作用的宣传，又要抓住社会普遍关注的热点、难点问题进行解读，更要结合湖北省税收征管中心工作开展宣传。当前，税收政策宣传的重点是，个人所得税、车船税、发票管理条例及其实施细则、纳税人权利与义务、税收优惠、税务救济等，以及推广房地产评税技术、推行新版地税发票等方面的相关税收政策。在宣讲方式上要力求多样化，各单位要结合实际，通过内请外聘组织师资力量，因地制宜地采取组织税法宣讲团、开办纳税人学校、举办税收

大讲堂、现场咨询辅导等形式，充分利用主流新闻媒体、办税服务厅、税务内外网站、12366纳税服务平台等渠道开展宣传。要通过广泛、深入、持久地开展"税收政策大宣讲"活动，全面保障纳税人的知情权，使党和国家的税收政策深入人心，增强全民依法纳税意识，提高社会税法遵从度，为实现湖北省经济跨越式发展营造良好的税收法治环境。

（二）走访企业助发展

各级税务机关要以帮扶企业为出发点，结合当前国际、国内经济形势和税收征管中心工作，对辖区内重点税源企业、大型建设项目以及中小企业进行走访，主动倾听企业呼声，为企业排忧解难，支持企业做大做强。各级领导干部要带头深入企业开展走访调研，真心实意为企业办实事、解难事。主要工作要求包括：一是要认真调查走访。要通过实地走访、问卷调查、组织座谈等多种形式，了解不同行业纳税人的生产经营和纳税情况，充分听取企业所需、所想、所盼，帮扶企业调整产品结构、转变经营方式、加强财务管理、提高经济效益。二是要真诚交流沟通。要切实树立"企业家老大"的理念，采取"请进来""走出去"的方式，与企业老总、财务人员进行"点对点""面对面"交流，充分征求企业对税务工作的意见和建议，进一步改进工作作风，优化纳税服务，融洽征纳关系。三是要真心解决问题。要通过走访活动，开展税收政策宣传和纳税辅导，认真贯彻落实优惠政策，解决企业发展中的困难和问题。凡属税务部门职能范围内的服务事项，当场能解决的就当场解决，不能当场解决的也给予明确答复，并积极创造条件尽快解决。

（三）税务干部进万村入万户

开展这项活动，既是贯彻落实湖北省委、省政府重大决策的一项重要措施，也是加强税法宣传、优化纳税服务、改进机关作风、开展创先争优的一次具体实践。省、市、县三级税务机关要紧密结合群众需要和部门职能，按照当地党委、政府的统一部署，有计划、有步骤地组织好进村入户活动。广大税务干部要带着感情、带着责任进村入户，与农民面对面、手拉手、心连心，成为农村政策的宣传员、社情民意的调查员和为群众办实事的服务员；要做到"五个进农家"（税务干部进农家、利民实事进农家、政策宣传进农家、信息服务进农家、文明新风进农家），达到访民情、增感情、办实事、促发展的效果。湖北省局机关干部要做好"五个一"活动（每人要结对帮扶一家农户，赠送一本政策科技资料，办好一件惠民实事，参加一天生产劳动，写出一份民情日志）。各单位要将这一活动与新农村建设、创先争优活动结合起来统筹部署，把税务干部的身份亮出来，把承诺的实事办起来，真正达到"机关转作风、干部受教育、农民得实惠"的目的。需要特别强调的是，各级税务部门要统筹安排进村入户活动，不搞形式主义、不搞"一刀切"，对农村群众只能予、不能取，只帮忙、不添乱，只服务、不扰民，严格遵守"六不准"，即不准向基层提任何不合理的要求；不准接受基层的吃请和报销开支；不准收受基层馈赠的钱物（包括土特产）；不准参与公款娱乐消费；不准做违背群众意愿、侵害群众利益的事情；不准搞层层陪同和迎送。

（四）送纳税服务上门

税务机关作为政府重要的窗口部门，需要打造有社会影响力、让纳税人满意的办税（缴费）服务环境，推出更多群众满意度高的服务品牌。各级税务机关要牢固树立"以人为本，以纳税人为中心"的服务理念，进一步增强服务意识、丰富服务内涵、拓展服务途径、提高服务能力，深入开展"纳税服务送上门"活动，切实改进和优化纳税服务，提高服务质量和效率。各级领导要采取挂点包片、驻企帮户等方式，带头主动上门服务，充分发挥税收管理员的主观能动性，广泛开展一对一、面对面的办税辅导和纳税服务活动，同时充分利用办税服务厅、12366纳税服务热线等服务窗口和平台，积极创新服务方式和方法，为纳税人提供流动化、全方位、多元化服务。湖北省局将为每个县市税务局配置纳税服务车，主动上门为纳税人提供人性化、亲情化的纳税服务。纳税服务车内接入办公自动化系统，配备移动办税服务设备，可以为纳税人提供申报纳税、发票发售和代开、税务登记信息采集等涉税服务，并免费为纳税人送税务登记证、送税收政策、送税收发票、送纳税辅导服务，实现流动办税服务厅的功能，从根本上解决偏远地区纳税人办税难的问题。我们力争将纳税服务车打造成为湖北省税收创先争优的前沿阵地、纳税服务的示范窗口、税收宣传的流动品牌、融洽征纳的桥梁纽带。

（五）组织好税收专题调研

湖北全省各级税务部门一方面要按照有声势、有特色、有实效的要求，整合资源，发挥优势，因地制宜地开展各具特色、务实求效的税收宣传调研活动，充分展示税收事业发展成就，展现税务干部精神风貌。另外，要紧紧围绕湖北省委、省政府的重大决策，积极组织各类税收政策调研活动。例如，围绕支持和服务湖北省"两型"社会综合配套改革试验区、东湖高新自主创新示范区和大别山革命老区、武陵山少数民族试验区建设进行专题调研，积极研究制定具体政策措施，从转变发展方式、优化产业结构、保障改善民生等方面落实税收帮扶举措，充分发挥税收服务地方经济发展的重要作用，进一步增强地税部门的影响力。

第五节　减免税管理[①]

一、加强减免税管理的必要性

减免税是体现国家政策，调节经济与社会行为的重要工具，历来是税收工作的重点和社会关注的焦点。加强减免税管理，认真执行税收减免政策，是规范执法行为、推进依法治税的内在要求，它对于深入贯彻落实科学发展观，充分利用税收杠杆促发展、保增收、强管理，具有重要意义。

一是落实政策促发展的需要。税收减免政策是国家产业政策的有机组成部分，体现了国家支持企业发展的政策导向。落实减免税政策，可以直接降低税负，相当于为企业"输血"。2009年中央经济工作会议要求实行结构性减税政策，即通过减税、退税或抵免等方式，减轻税收负担，帮助企业渡过金融危机，促进企业投资和居民消费，增强微观经济主体活力，促进经济平稳较快发展。如何执行、落实好结构性减税政策，更好地服从服务于发展大局，对我们来说，既是一种责无旁贷的政治考验，更是一项义不容辞的责任和使命。湖北全省税务系统务必站在讲政治、促发展的高度，认真执行、落实好国家已经出台或将要出台的各项税收减免政策，努力提高减免税政策执行的到位率和准确率。

二是严格减免保增收的需要。减免税直接关系到国家与纳税人的利益，关系到税收收入目标的实现。因为落实减免税政策，意味着已经实现的税款将被直接豁免或少征一部分，短期内将对组织收入带来压力。特别是在2009年经

[①] 本节内容基于2009年2月16日在湖北省地方税收减免税、欠税管理工作会议上的讲话。

济形势严峻的情况下，我们将面临落实减免税政策与保持地税收入平稳较快增长的双重压力。解决这一矛盾的正确选择，就是将保减免政策落地与保地税收入增长统一起来，遵循组织收入原则，坚持严格依法减免，按法定程序减免，做到该减免的减免到位，不该减免的决不乱开口子。对于税收优惠到期的，要按期全面恢复征税。要按照税收减免规定，从减免税理由、依据、范围、期限、金额到减免税权限、程序、条件、手续等，要在各重要环节上严格审查把关，全面负责到底。特别是对于需经集体审议程序的减免税事项，必须无条件地进行集体审议，严禁个人或少数人说了算，坚决制止和防止越权减免税，坚决防止减免税政策的滥用，切实减少税收流失，确保全年收入目标的顺利实现。

三是依法治税抓管理的需要。减免税管理是一项政策性、法律性较强的工作，必须贯彻依法治税的原则。然而，在实际工作中，人为减免或推卸责任的行为时有发生，超越权限、程序不当、调查不细、忽视审核、缺乏手续等不规范现象屡禁不止，导致不少减免税事项经不起历史、实践和法律的检验，这是非常危险的。从一定意义上讲，减免税办理的法治含量高低，体现的是减免税管理质量的优劣。为此，加强减免税管理，就必须认真贯彻依法治税原则，把依法按程序减免贯穿于减免税管理的全过程，要全面规范减免税行为，着力提升减免税管理的法治含量。各级税务机关要以对法律负责的严肃态度，认真履行职责，着力消除减免税管理中存在的不合法、不规范现象，切实把减免税管理纳入法治化轨道，真正做到对历史负责、对纳税人负责、对自己负责，不断提高全系统减免税管理的质量和水平。

二、减免税管理工作应当遵循的原则

为了有效指导、加强和规范全系统的减免税管理工作，省局提出了减免税管理应当遵循的五项原则，即"政策公开、依法减免、规范管理、明确责任、优化服务"。

（一）政策公开

就是按照政务公开的要求，将各项减免税政策对外进行公布和公示，真正把减免税政策交给纳税人，自觉接受社会监督。作为公开主体的各级税务机关，要切实担负起公开的责任和义务。其中，公开的内容是各项税收减免政策，包括减免税办理程序、手续、时限及结果。公开的形式可以多种多样，主要有税务公报等各类纸质媒体、政府网站、税务网站、12366税收服务台，以及办税服务厅和纳税人集中区等场所，还可以有针对性地送政策上门。总之，要把政策公开制度化，特别是对于一些新出台的税收优惠政策，必须及时、方便、快捷地公开到位。

（二）依法减免

是指减免税必须根据现行税法和减免税政策，依照法定的依据、权限、程序、时限、手续进行办理，确保减免税始终沿着法治的轨道运行，让每一笔减免税款都经得起法律的检验。具体而言，一是依据要合法。所有减免税必须具有明确的政策依据和范围，不能含糊不清。二是权限要合法。凡要求上级机关审批的，必须报上级主管机关审批，严禁越权减免。三是程序要合法。要求按照减免税申请、受理、调查、审议、审批等一套完整的程序来办理，不能程序颠倒。四是时限要合法。要求减免税的具体办理时间与法定时限相符合，不能预期。五是手续要合法。办理减免税必需的资料、文书、签字要到位，不能缺少，否则一个环节或细节出现偏差，都会带来执法风险和隐患。其中，最后一项要求务必引起各地高度警觉，因为现在的减免税都属于法定减免，所有减免税只有依法办理，才具有法定效力，才能经得起检验。因此，各级税务机关在减免税管理的每个环节和细节上，都要坚持依法实施、依法操作和依法管理。

（三）规范管理

减免税管理是一项常规性、长期性的管理工作，政策性强，涉及面广，工作要求高，必须走规范化管理之路。一是要加强减免税的基础管理。各地要在对减免税进行认真清理的基础上，对纳税人享受减免税的政策依据、减免范围、适用税率、历史数据等详细情况进行分户建档，并纳入纳税人"一户式"档案，为减免税规范化管理夯实基础。二是要规范减免税工作程序。各地要本着依法、规范、制约、效率的原则，进一步明确、细化本级减免税各环节的程序、时限，规范减免税管理的文书和手续，做到受理及时、核查深入、审查严格、决定正确、责任明确、管理严密。三是要完善减免税管理制度。要按照"职责明确、程序规范、高效便捷、监督有力"的原则，建立健全各项减免税管理制度和办法，努力形成"制度严密、管理严格、操作明细、相互制约"的科学管理机制。要重点完善减免税集体审议制度、减免税调查制度、减免税统计报告制度，以及减免税监督检查制度等，把减免税管理纳入科学化、制度化、规范化轨道。

（四）明确责任

主要是明确各级主管税务机关和相关职能部门的工作职责和相应责任，把减免税管理全过程中各环节的责任界限划清楚、搞明确。这是加强减免税管理的关键。例如，基层主管税务机关负责本级管理的减免税申请事项的调查核实，必须由两名以上税收管理员实施，写出调查报告，真实反映情况，并具名签署明确意见；税政部门负责减免税申请的受理和调查，需要审查申请的真实性、资料的完整性、数据的准确性，并提出明确的审查意见；法规部门负责审查减免税审批事项的依据、程序，以及有关审查意见的合法性和适当性。事实上，只要职责清楚了，责任界限也就自然清晰明确了。一旦某个环节或细节出现问题，是谁的责任便一目了然。这样，有利于促使各级税务机关在减免税管理的每个环节和细节上，都做到尽职尽责、认真负责，确保每一减免税事项正确无误。

（五）优化服务

是指把纳税服务贯穿到减免税管理的全过程，努力为纳税人提供及时、方便、快捷、优质、周到的服务，真正让纳税人满意。具体要在"新、细、快、活、全"五个字上下功夫。一是在服务措施上求新。要针对不同纳税人的个性需求，积极创新服务措施。例如，在办税厅设立减免税专用"窗口"，开通"绿色通道"；在税务网站上设立减免税"专页"，将减免税政策及办理程序、要求等详细告知纳税人，使之一"点"便知。二是在服务内容上求细。例如，纳税人遇到不清楚的政策、程序问题，办事人员必须逐项、逐条、逐环节地解释清楚，包括需要提供的必要证件、资料、手续都要讲完整、讲明白，做到热情周到、耐心细致。三是在服务时限上求快。各级税务机关在办理过程中，要坚持手续从简、审批从快、期限从宽，做到及时方便、快捷高效，不得拖延迟办、推卸不办，严禁借机向纳税人"吃、拿、卡、要、报、借"。四是在服务方式上求活。要坚持特事特办、急事急办的原则，力求灵活多样，增强服务的针对性和实效性。例如，对一些大企业可以开通"直通车"服务，实行"点对点"的上门服务。五是在服务机制上求全。针对减免税服务机制欠缺的实际，各地要及时建立健全首问负责、服务承诺、及时退税等制度。例如，纳税人对于退税不及时，意见比较大，虽然退税问题非税务部门一家能够解决，它还涉及财政、国库、银行等方面，但税务部门有责任会同其他有关部门进行沟通与协商，为纳税人积极寻找妥善解决问题的办法。

三、强化减免税管理工作

减免税管理是一项严肃、复杂的系统性工作，事关发展大局，事关税务形象，各级税务机关务必从严要求，切实把减免税管理工作抓紧、抓好、抓出实效。

首先，各级领导要高度重视减免税管理工作。俗话说，工作要搞好，关键在领导。我们各级领导干部，特别是单位"一把手"，必须把加强减免税管理放在突出位置，高度重视、高度负责，做到真抓、实抓、抓到位。一要加强组织领导。各地要层层成立加强减免税管理工作的领导小组和工作专班，制订工作方案，明确责任分工。减免税专班由法规部门牵头，税政、征管、计统、稽查部门参与，不仅要对减免税政策进行清理，还要检查政策执行情况，形成减免税清查工作报告。主要领导要亲自挂帅，分管领导要具体负责、重点抓，职能部门要各尽其职、具体承办，努力形成整体联动、各负其责、全面推进的工作态势。二要加强协调配合。各主管税务机关及其职能部门，要认真履行职责，加强协调配合，形成工作合力，严禁相互推诿、扯皮，阻碍工作正常进行。三要建立工作机制。各单位要建立信息反馈、工作汇报、检查督办和工作实绩考核等制度，及时发现、解决工作中存在的新情况、新问题，把握工作的主动权，确保减免税管理按照湖北省局要求有力、有序、有效推进。

其次，把加强减免税管理与推行行政执法责任制结合起来，加强长效机制建设。目前，我们在加强减免税管理方面，虽然已经建立了不少制度和办法，但还缺乏完整性、系统性，而且执行不到位。因此，必须把加强减免税管理与推行行政执法责任制结合起来，努力形成"执法有依据、管理有规范、权力有制约、过程有监督、责任有追究"的长效管理机制。一要做好减免税管理职责与执法责任岗责的对接，将主管税务机关及职能部门的工作职责融入执法责任制的岗责体系之中，与执法责任制体系相配套和衔接。二要做好减免税管理的措施、制度、办法与执法责任机制的整合，把减免税管理的制度、措施、办法贯穿到执法责任制的岗责、考核、奖惩三大体系之中，形成一个相互补充、相互衔接、相互促进的制度体系。三要做好减免税业务与信息技术的整合。按照信息一体化要求，把减免税管理业务与执法责任制信息技术整合为一个统一的平台，逐步实现对减免税管理的自动考评，通过发挥执法责任制的考核与追究功能，促进减免税管理逐步实现科学化、经常化和常态化。

最后，要建立严格的问责制度，以规范减免税的管理程序、管理行为和权力运行。为了解决减免税管理中存在的重权轻责的问题，维护好国家和纳税人的切身利益，必须建立严厉的问责制度。一是要规范管理程序。对减免税管理过程中的各个管理环节，以及环节之间的工作程序都要进行规范，能细化的尽量细化，按程序办事。程序既不能倒流，也不能超越、简化程序，保证整个流程正确无误。二是要规范管理行为。仅仅规范程序还不够，管理人员还必须按照程序设定的工作事项、时限、标准和要求进行认真操作，不断规范管理行为。这里要特别强调一点，各地要深入贯彻财政部、国家税务总局《关于坚决制止越权减免税加强依法治税的通知》要求，认真处理好执行税收优惠政策与支持经济发展之间的关系，严禁各地以应对金融危机、扶持经济发展为名，擅自出台减免税、缓缴税和豁免欠税，或返还已纳税收等破坏税法统一、违反税法规定的行为，坚决维护税法的严肃性、统一性和权威性。三是要规范权力运行。税务机关行使减免税管理权，必须限定在法定的范围、条件和标准之内，既不能弃权不作为，更不能越权乱作为，切实做到规范用权。在减免税权运行中，既不能对纳税人减免税久拖不决，也不能擅自扩大减免税范围，严禁越权乱开减免税口子。四是要严厉追究责任。在减免税管理中，凡是因执法过错、失职渎职而出现了违法违纪责任的，都要依照税收执法责任制和党纪政纪规定，对责任人进行责任追究，绝不姑息迁就，对发现的典型案件必须一抓到底。对于触犯刑律构成犯罪的，依法移送司法机关追究刑事责任。

第六节　税政管理工作要求

经济发展步入新常态后出现的新情况、新问题、新挑战和新任务，对税政干部素质提出了新要求，迫切要求各级税务机关抓紧补充税政干部，不断为他们培训充实新知识，培养锻炼新能力。这些知识和能力包括：以税收法定主义原则为支撑的依法治税能力；对经济发展新形态、新业态和新模式中蕴含的税收增长点的敏锐觉察能力；以互联网涉税舆情为重点的舆情应对能力；以群体性事件为代表的涉税政策应急处置能力；在多部门交叉协作中的协调参与能力；在高标准、严要求和重任务等多重压力下的自我心理调适能力。这些能力的培养和获得，有利于提升税政干部适应经济新常态，把握税收现代化建设发展方向的综合素质。除此之外，税政干部在拓宽视野、施展才能的过程中，还需要增强以下四种意识：

一、大局意识

税政干部虽然不直接担负组织税收收入的任务，但是，研究出台税收政策，影响着税收任务的完成。因此，在研究制定各项政策的管理办法时，务必经过全面、细致的考虑，认真测算，反复推敲，切忌闭门造车。另外，税政干部还应站在全局看税政，围绕中心工作钻税政，思考经济发展谋税政，要以更加开放的视野和全局观念，处理好税政管理与税源管理、征收管理及行政管理等各方面的关系，只有抓住税政管理这个纲，才能牵好税收工作的牛鼻子。

二、责任意识

概括地说，税政工作需要切实担负起三个方面的责任：一是执行责任，即在执行政策时做到有法必依、执法必严，决不能越权越法，违背法律程序乱执法、乱作为；二是管理责任，即决不能因为忽视管理，导致政策执行不到位，从而造成税收流失；三是监督责任，要把监督工作纳入整个税收工作的全过程，做到环环有监督、事事有监督、人人有监督，让所有的税收权力都处于监督之下。

三、创新意识

创新是发展的不竭之源，做好税政工作也需要创新。首先在思想观念上，要敢于打破束缚自我发展的条条框框，紧扣经济发展的脉搏，与时俱进，以变应变。其次，在税政管理上，要通过创新管理制度、创新管理机制和创新管理方法，实现税收政策效应的最大化和最优化。最后，实践上要勇于创新，只要有利于依法治税、有利于税收增长、有利于税收事业发展的工作，就要大胆"闯"、大胆"试"。

四、精品意识

从宏观上看,我们应当把税政工作视为一种战略性资产,以此作为税收核心竞争力的重要源泉,作为全部工作中的精品来打造。过去几年,我们在税收理论研究、税收改革试验,以及税种管理上,创佳绩、塑品牌,受到全国瞩目。今后,我们还要更加努力,创出更多的税政研究成果,在税务系统省际交流,一提到湖北税收的各项工作时,就要让人家首先想到的是湖北税政工作,要让我们的税政管理项目拿得出、叫得响。我期待着湖北税政管理能够不断推出自己的创新品牌。

第四章
征收管理

第一节 税收专业化管理[①]

一、税收专业化管理的意义

所谓税收专业化管理,是指按照科学、效率的原则,将有限的资源配置到最能产生税收效益活动中去的一种管理方式,主要包括税源专业化、征管模式专业化、纳税服务专业化,以及税务人员配置专业化管理等。2008年,国家税务总局肖捷局长在全国税务工作会议上提出,要在属地管理的基础上,以大企业和重点行业税收管理为突破口,大力推行专业化管理。这是国家税务总局遵循现代税收管理规律,把握国际税收管理新趋势,适应国内税源管理新要求所做出的重大决策,意义重大。

(一)税收专业化管理适应了新公共管理的客观要求

新公共管理产生于20世纪70年代末80年代初,它反映了公共行政管理的规律和趋势,是政府实现理想治理的行动指南,因而伴随经济全球化、信息化而迅速发展起来。新公共管理倡导政府公共部门广泛采用私营部门成功的管理方法和竞争机制,如客户关系管理、全面质量管理、目标管理、风险管理、业务流程再造、管理信息系统等,以强化政府治理能力,提升管理绩效和公共

[①] 本节内容基于2010年12月16日在原湖北省地税系统税收专业化管理研讨会上的讲话。

服务品质。现代公共管理的核心要点之一是公共领域的专业化管理。因此，随着我国政府管理从经济建设型向公共服务型的转变，税务部门必须适应政府公共管理的客观要求，推行专业化管理。

(二) 税收专业化管理适应了国际税收管理的客观要求

在现代科技推动下，国际经济环境正经历着巨大变化，包括市场的国际化、多元化，企业的大型化和跨国化，经营活动的无址化和无界化等特征，这些都对传统的税收管理方式提出了严峻挑战。为解决税收管理上的难题，各国普遍运用风险管理理论，推行专业化管理，建立了与之相适应的、以信息化和专业化为特征的现代税收管理体系和运行机制。由于我国经济与世界经济已融为一体，需要根据市场经济运行规律，选择国际通行的经济管理模式和运行机制。因此，实行以风险为导向的专业化管理，也就成为税收管理与国际接轨的必然路径。

(三) 税收专业化管理适应了经济税源复杂化的客观要求

随着市场经济发展，经济税源日趋多样化、复杂化，突出表现在：纳税人数量不断增多；企业组织形式和经营方式多样化；纳税主体个性化差异日益明显；企业集团和总分支机构、关联公司、母子公司迅速增长，经济主体跨国家、跨地区、跨行业相互渗透。另外，作为征管主体的税务部门，可用于征收管理的人、财、物等资源毕竟是有限的。在这种情况下，有限的征管资源与快速发展的征管对象之间的矛盾将日益突出，征纳双方信息不对称、税源控管能力不足等问题将日益显现，税收流失风险不断加大。实行专业化管理，可以在纳税人科学分类的基础上，优化征管资源配置，采取有针对性的管理和服务措施，积极应对经济税源变化，有效控制税收流失风险，促进应收尽收。

(四) 税收专业化管理是实现信息管税与税收科学化、精细化管理的重要举措

信息管税，是为了解决征纳信息不对称问题，应用现代信息技术对涉税信息进行加工、管理和运用，实现税源控管的一种管理手段。同时，税收科学化管理强调的是，通过探索税收管理规律，形成税收管理的原则、程序和方法，用以指导税收管理活动。税收精细化管理，强调的则是细节管理，是对税收管理战略和目标进行分解、细化和落实的过程，要求税收管理做到精确、细致和

深入。无论是信息管税所要求的业务与技术融合，还是实现科学化、精细化管理，都必须建立在专业化管理的基础上。专业化管理通过税源分类、业务分工、团队管事，建立起纵向互动、横向联动、内外协作的税源专业化管理运行机制，能够确保信息管税和科学化、精细化管理的各项内容落到实处。

（五）税收专业化管理是提高征管质量，优化纳税服务，降低执法风险的有效途径

在现行"分户到人、各事统管"的区域型征管模式下，由于税收管理员户管类型多样、人均户管量大、日常事务性工作负荷重，必然导致用于税源监控、纳税评估、税收分析等深层次管理的时间和资源相对不足，造成"大户管不细、中户管不透、小户管不好"，同时也增加了税管员的执法风险。实行专业化管理，一方面可将税管员从繁杂的日常管理事务中解放出来，集中力量做好深层次管理工作，提高征管质量。另一方面，还有利于分解税管员过于集中的管理权力，实现有效监督，规避执法风险。此外，实行专业化管理，税务部门还可以针对不同管理对象提供个性化服务。例如，为纳税人提供行业信息、发展动态、区域经济走势等信息，密切纳税人和税务部门之间的认同与和谐关系，促进税法遵从。

二、税收专业化管理的特点

税收专业化管理作为一种创新型税源管理模式，正以多种形式在全国各地进行积极探索。在各地的专业化管理实践中，尽管在税源分类、机构设立、岗位职责、流程运转等方面存在一定差异，但都具有以下五个特点：

（一）确立风险管理理念

风险管理是现代管理学的一个重要范畴，最早由美国宾夕法尼亚大学的所罗门·许布纳博士在1930年美国管理协会发起的一个保险问题会议上提出。风险管理理念体现在税源管理上，就是要把有限的征管资源优先配置到遵从风险较大的领域和群体，实现管理资源的有效应用，最大限度地减少税收流失。简单地说，风险管理包含以下推理：一方面，不同的纳税人具有不同的纳税遵从风险；另一方面，税务机关的管理资源是有限的，因此，提高征收率就必须针对不同的遵从风险，科学配置有限的管理资源。从我国实践来看，各地都把

风险管理理念作为专业化管理的理论基础，把风险管理一般模型及其流程设计与税收征管业务流程融合。国家税务总局试点意见也明确提出，推行专业化管理要以税收风险管理为导向，按照分析识别、等级排序、应对处理、绩效评估等，设计税收风险管理流程，建立风险预警指标体系、评估模型及风险特征库，采取纳税辅导、风险提示、纳税评估、税务稽查等风险应对措施，促进提高纳税遵从度。

（二）实行税源分类管理和属地管理相结合的模式

税源分类是实施专业化管理的基础。实践中，各地根据税源结构及其风险特点，依据纳税人的规模或行业，对纳税人进行科学分类。与此同时，在不改变现行财税体制的前提下，将现行按片管户设立的税源管理机构，调整为按规模、按行业等分类设置的税源管理机构。由于税源分类与属地管理相结合的方式不同，大致形成了"内分"和"外分"两种模式。具体地，对纳税户比较分散、税源规模较小的农村税务分局（所），一般采取按属地管理的"内分"方式，即在一个基层税务单位内部，对税源管理岗位设置与业务流程实行专业化；对纳税户较多且大企业集中、税源规模较大的城区税务分局（所），一般不再采取属地管理方式，而是采取了专业化管理更强的"外分"方式，即设置若干专业化的管理机构，例如征收局、税源管理局、大企业管理局等。需要注意的是，有的地方对专业化理解偏于简单，认为只有实行分行业、分税种管理的"外分"方式才是专业化管理，而内分模式不是真正的专业化管理。实际情况是，改革前确有许多税务机关实行了按经济性质、纳税人规模、行业等分类设置机构，进行分类管理。但是，这种分类管理还只是在纳税人分类基础上的综合管理，而不是专业化管理。就我的理解，专业化管理至少包括税源分类管理、征管模式专业化、岗位设置与业务流程专业化，以及纳税服务专业化等四个方面。因此，我们要深刻认识和把握分类管理与专业化管理的联系与区别，正确理解和实施专业化管理改革。

（三）合理设置专业化岗责体系

实行税收专业化管理，重在建立专业化的岗责体系。可以这样说，如果不在内部实行按事项分岗管理，没有建立分工明确、协调配合的岗责体系，就不是真正意义上的专业化管理。实践中，要求按风险等级和业务事项难易复杂程度，把税管员原来承担的诸多工作职责，例如户籍管理、宣传辅导、催报催缴、档案管理、发票管理、定额管理、欠税管理、信息采集、调查核实、纳税评估、任务执行等11项职责,分为基础事项和专业事项,并设立专门岗位进行专业化、流程化的管理。例如,原珠海香洲区地税局对催报催缴岗进行专业化管理,就按以下六个程序规范操作:(1)群发短信;(2)按规范的语言电话通知;(3)通过邮局发告知通知书;(4)下户实地调查;(5)公告送达;(6)三个月后按以上五个程序都无法联系的业户,按规定认定为非正常户。再如注销登记岗,由全能型的管理员办理时,由于需要处理的涉税事项太多,很难按规范的程序在规定的时间内完成工作,常常出现一拖再拖的情况,而且内部管理也容易出现漏洞,产生廉政风险。现在设立了注销登记专业岗,实施专业化管理,按以下五个程序规范操作:(1)发出《税务事项告知书》,告知纳税人办理注销需要的资料;(2)纳税人按要求备齐资料后,审核资料,发出《涉税事项受理通知书》,正式受理;(3)在规定的时间内审核完毕,发出相关文书,清缴税款;(4)办结注销申请;(5)资料统一归档。

(四)充分发挥信息技术的支撑作用

税收征管信息化除了有利于完善税收管理手段、提高税收办事效率外,更为重要的是,有利于解决税务部门与纳税人之间信息不对称的问题。各地试点经验表明,加强税收信息化建设,完善相关配套制度,可以扩大信息来源渠道,广泛获取涉税信息,利用信息技术开展数据比对分析,从而提高涉税信息的真实性、完整性和共享度。例如,原广东省地税局在2005年数据大集中的基础上,2007年又开发了网上办税系统,它能够提供涉税提醒、纳税申报、个人所得税申报、发票管理、涉税查询、社保费申报、网报代理、财务报表、资料下载等多种功能。这个系统不仅为纳税人提供税费申报、查询功能,同时完善了大数据采集功能,将个人所得税明细申报、财务报表数据采集,企业所得税年度申报、各税年度清结等涉税数据,通过在线录入、批量导入等手段进行采集,为平台后端的纳税评估、税收分析、税源监控创造了条件。原湖北省地税局已开发完成的税收评估分析决策平台,其设计理念和架构体系也比较先进,它依托核心征管平台提供的数据,集纳税评估、税收分析、征管质量监控等功能于一体,既能满足专业化管理的需求,又能帮助各级领导实现内部控管,是实现信息管税的一项重大举措。

(五)注重完善配套措施

实施专业化管理是一项复杂的系统工程,人才队伍培养、税收计划管理、工作考核机制、标准化制度建设等各项配套措施必须同时跟进，否则，专业化管理改革将举步维艰。例如，原珠海香洲区地税局建立了纳税评估、纳税服务、税收管理标准化制度"三大体系"，实行能级管理和团队建设"两项保障措施"。原山东省地税局在专业化管理过程中，取消了税管员"背任务"的方式，改为通过综合税源预测、征管质量评价、纳税评估和税务稽查最终认定等方式，来分配、落实管理任务。特别需要强调的是，这些试点单位都高度重视人才的培养和使用。在人员重新定岗时，根据不同岗位和不同管理要求，结合个人的业务水平和实际工作能力，合理配置人力资源。把那些综合素质好的管理员配置到风险等级高、业务复杂程度高、综合技术要求高的税源管理岗位，专业从事纳税评估和税源监控工作。同时，以需求为导向开展有针对性的干部培训，建立起税收评估、财务会计、数据分析、计算机等专业化人才库。此外，他们还普遍实行能级管理，建立纳税评估员制度，将能级与待遇、提拔使用挂钩，引导广大税务干部积极钻研业务。例如，原珠海香洲区地税局的初级纳税评估员，享受相当于正股级的待遇；中级纳税评估员享受相当于副主任科员的待遇；高级纳税评估员享受相当于主任科员的待遇。

综上所述，所谓税收专业化管理，其管理目标是强化税源监控、降低税收风险，减少实际征收率和法定征收率的差距；管理核心是纳税人分类管理和内部资源的优化配置；管理基础是通过涉税信息共享，解决征纳双方信息不对称的问题；管理的关键是建立以风险为导向的征管流程；管理的重要手段是实行纳税评估。

三、税收专业化管理改革探索

为了做好税收专业化管理的试点工作，原湖北省地方税务局确定了"先调研、快试点、后实施"的工作思路，决定按照试点、总结、推广的实施步骤，积极探索专业化管理模式改革。

第一，加强领导，高度重视专业化管理工作。专业化管理改革不仅仅是征管模式、征管方法的改变，从某种意义上讲，它更是一场征管革命。各地一定要站在税收事业可持续发展的战略高度，认清形势，明确目标，采取措施，着力推进专业化管理改革工作。要深刻理解专业化管理的内涵和重要意义，切实转变管理理念，克服畏难情绪，增强试点工作的自觉性和积极性；要切实加强领导，将此项工作纳入全局性重要议事日程，进行统一组织和领导；要加强组织协调，发挥各部门的职能作用，各司其职，各尽其责，形成工作合力；要层层宣传发动，把握干部尤其是基层一线人员的思想动态，做好思想工作，引导他们正确对待权力和职责的调整。

第二，积极稳妥，统筹推进专业化管理工作。专业化管理是一项长期、复杂、艰巨的工作，涉及面广，工作难度大，既要从实际出发，因地制宜，又要学习借鉴其他省市税收管理的先进理念和经验，勇于创新税源管理的方式、方法和手段。另外，要在充分调研和广泛征求意见的基础上，统筹兼顾，精心组织，制订科学细致的工作计划和方案，积极稳妥地组织试点工作，保持队伍的稳定和各项税收工作的有序开展。各地还要将专业化管理与办税服务厅建设、收入管理、信息化建设、人才队伍建设等各项工作结合起来，整体协调推进。需要指出的是，任何一项改革措施都离不开地方党委、政府和相关部门的支持，各地要加强与地方党委、政府和有关部门的沟通，赢得他们的理解和支持，采取多种形式向纳税人宣传管理方式转变的目的和意义，赢得纳税人的支持配合。

第三，注重结合，确保专业化管理取得实效。在推行专业化管理的过程中，就湖北全省而言，每个市（州）、每个县（市）的情况都不一样，具体采取何种形式实现税源分类和机构设置专业化，必须结合本地实际情况，综合考虑经济发展水平、户管特点、地域分布、人力资源状况等因素，因地制宜地进行税源分类、调整机构职能和岗位职责，逐步探索适合本地实际的专业化管理模式。上级部门要充分发挥基层创造性，鼓励各地根据本地实情，自行选择改革模式进行探索。因此，各试点单位一定要加强调查研究，剖析本地发展特点，把握专业化管理规律，不要盲目照搬，更不要搞一刀切，积极主动地探索专业化管理的实现途径。

第二节　房地产税收一体化管理[①]

一、房地产税收管理面临的挑战

2005年下半年以来，各地税务机关贯彻落实国家税务总局关于房地产税

[①] 本节内容基于2008年6月23日在原湖北省地税系统"房地产税收一体化管理工作黄冈现场会"的讲话。

收一体化管理的实施办法和工作要求，做了大量卓有成效的工作。存量房交易环节的税收征管基本落实到位，对房地产开发、建筑安装和存续使用期间有关税收的延伸已经起步。但也应清醒地认识到，一体化管理工作是一项复杂的系统工程，涉及的税种多、部门多，征管环节复杂，需要信息技术支撑。与总局要求相比，我们的一体化管理工作还有差距，面临许多挑战。

从客观困难分析，房地产行业的特殊性给税务部门依法征收、应收尽收带来了诸多不便。

一是税源信息不对称。房地产业涉及房地产的开发立项、建设、转让、保有等多个环节，从土地拍卖转让开始，就与税收有着密切关联。由于税务机关没有与其他政府有关部门实行对口管理，上下左右信息不对称，造成基层税务部门难以全面、及时地掌握房地产企业的涉税信息。例如，一些房地产企业预收款不及时申报纳税；企业销售楼盘后不办理税收清算，而是溜之大吉等，从而导致税源流失，并给税款追缴带来困难。

二是二手房市场税源难以控管。从理论上讲，以契税为抓手，实行"先税后证"，能够在二手房交易的最后关口截住税款。但是，由于二手房交易双方均为自然人，不需要进行财务核算，成交价格难以控制，交易双方往往采取签订阴阳合同、降低交易价格的方式偷逃营业税、个人所得税和契税。一些不法中介公司在其中也发挥着出谋划策、推波助澜的坏作用。

三是某些隐蔽税源游离于管理之外。社会上有一些与房地产业密切相关的行业，例如，房屋中介服务、家庭装修、个人房屋出租等，存在着大量的现金交易行为。目前，这些行业的应税经营活动尚未有效纳入税收正常征管范围，成为税收征管工作的难点，甚至是盲区。

四是税源监控与税务稽查难以适应房地产业快速发展的监管需要。在税源监控方面，由于我国的财产登记制度，以及与房地产税收密切相关的房地产价格评估和税收评税制度不健全，造成税源监控不能到位。在税务稽查方面，税务机关与其他行政管理部门之间在房地产开发项目的信息交流方面不充分，我们的税务稽查机关自身也缺乏收集相关信息的手段，因而无法参与房地产开发过程中的管理和监控，客观上给了纳税人偷逃税款的机会。例如，税务稽查一般是以年度为单位，但房地产企业大多都是跨年度、跨地域滚动开发，流动性比较大，很容易造成亏损的假象。此外，税务机关在查处涉税案件过程中，容易受到外界因素干扰，往往出现以补代罚、以罚代刑的问题，这也是造成房地产行业纳税人屡查屡犯的一个重要原因。

从主观方面分析，税务机关内部的认识不到位、措施不到位和配合不到位，是导致房地产税收一体化管理推进迟缓、效果不佳的另一重要原因。一是有关业务科室之间的工作协调配合不够有力。在有的地区，牵头科室有畏难情绪，工作不主动，没有很好地发挥牵头作用；其他业务配合科室则错误地认为，实施房地产税收一体化管理主要是牵头单位的事，因而对一体化工作的主动性不强，积极性不高。二是工作开展不平衡。有的地区行动快，工作卓有成效；有的地区则行动迟缓，至今仍然实行按条块分割、划区域征管的房地产税收征收体制。三是政府其他部门的协调与配合有待加强。在有些地区，税务局至今尚未与城建、国土、房管部门建立起顺畅的协作机制，还不能及时获取土地转让、立项建设、商品房销售等的信息。四是信息管税还不能适应一体化管理的要求，对房地产税收按税种进行统计、分析的工作，还难以迅速完成。五是有些地方"以票控税"工作没有真正得到落实。

二、加强房地产税收一体化管理的必要性

实施房地产税收一体化管理，是一项整合征管资源、创新管理方式的重要举措。其意义在于，提高房地产税收管理的科学化、精细化水平，进一步发挥税收调控作用，促进房地产业的健康发展。

第一，推行房地产税收一体化管理，有利于增加地方财政收入。

房地产税收是房地产在开发、交易、保有等环节所有税种的统称，其中属于地方财政的收入占有相当大比重，我国房地产业发展迅猛，房地产税收成为地方财政收入的重要来源和主要增长点。2001年至2006年，全国房地产税收收入年均增长33.8%，占当年总收入的比例由9.6%上升到13.5%，湖北省房地产税收收入年均增长35.2%，占当年总收入的比例由10.1%上升到15.1%。全国有的地方，房地产税收占地方财政收入的比重达到30%以上，个别地方甚至高达50%。由此，地方财力对房地产业的依存度越来越高。

由于房地产税收涉及税种多、征管难度大，如果税收征管不到位、不适应，如果相关部门又不支持、不配合，必然导致房地产业税收的严重流失。所以，有必要建立房地产税收一体化管理机制，通过严密征管和严格执法，强化房地产税收的源泉控管和堵漏增收。湖北省黄冈市等地两年多的实践证明，推行房地产税收一体化管理，一方面，可以从土地交易源头，控管与土地交易相关的营业税及附加、土地增值税、印花税和契税；另一方面，还可以通过信息

的传递和延伸，控管住建安环节和销售环节的营业税及附加、土地增值税、契税、印花税和个人所得税。随着一体化管理工作的深入，今后还能将税源控管范围继续延伸到房地产保有环节。实施这种全方位、立体式的税源控管措施，必然大幅度增加地方税收收入。

第二，推行房地产税收一体化管理，有利于落实国家房地产调控政策。

我国房地产业已经成为国民经济的重要支柱产业。1996—2006 年的 10 年间，我国房地产投资年均增长 35.9%，远远高出同期固定资产投资年均增长 19.95%，也高于 GDP 的增长速度。2007 年，湖北省完成房地产开发投资 723.73 亿元，同比增长 28.1%。商品住房竣工面积 2682 万平方米，增长 16.7%，销售面积达 1492.6 万平方米，增长 22.3%。全省商品房平均销价为 2994 元/平方米，比年初上涨 438 元/平方米，增长 17%。但与此同时，房地产业在发展中也出现了投资规模过大、价格增长过快、住房结构不合理、供求矛盾日益加剧等问题。针对房地产市场存在的问题，国务院分别在 2005 年和 2006 年连续两年出台了"国八条"和"国六条"，不断加大宏观调控力度，力图通过政策调整来稳定住房价格，调整住房结构。其中，税收政策是重要措施之一。因此，对房地产税收实施一体化管理，建立起部门配合、税种联动的工作机制，有利于保障国家房地产业调控政策的落地与落实。

第三，推行房地产税收一体化管理，是税收实施科学化、精细化管理的具体化。

实施科学化、精细化管理，是近年来税务部门深入贯彻落实科学发展观，结合税收工作实际而采取的重要管理举措。加强税收的科学化管理，要求从实际出发，实事求是，深入研究各税种的特点，积极探索和掌握税收征管工作规律，善于运用现代化管理方法和信息化手段，提高税收管理的实效性。加强税收的精细化管理，要求按照精确、细致、深入的要求，明确征管各环节的职责分工，优化征管流程，完善岗位责任体系，加强部门协作配合，抓住税收征管的薄弱环节，有针对性地采取措施，抓紧、抓细、抓实，不断提高征管效能。总之，实施房地产税收一体化管理，就是要根据科学化、精细化管理的要求，在认真分析房地产业税收和管理现状的基础上，有针对性地采取管理措施；就是要打破原来各税种管理互相分离的状态，实现各税种管理的有机衔接；就是要通过信息比对，优化管理流程，堵塞税收漏洞，提升管理水平。

第四，推行房地产税收一体化管理，有利于创新征管理念和征管方式，提升管理与服务的水平。

从征管理念上讲，我国税收管理长期遵循着"分"的主流理念，先后经历了征、管"两分离"和征、管、查"三分离"两个阶段。税收征管实行"两分离""三分离"，有"分"的道理，它着眼的是征管职能分离和岗位之间的互相制约；而房地产税收一体化管理则是税收征管"合"的科学，着眼于对同一征税对象的相关税种，加强它们在征管工作上的内在联系和征管资源的整合利用。从征管方式上看，进驻房地产交易大厅、政府政务大厅，对交易环节税收实施"一窗式"征收，是集中征收方式的重要补充，是适应存量房交易相关税收管理特点的征收方式。

推行房地产税收一体化管理，不仅创新了管理方式，有利于降低税收成本，还能够提升服务水平。因为对房地产税收实施一体化管理，改变了过去分税种独立管理、税种之间信息不能共享的弊端。现在，通过部门协调配合，共建信息平台，共享房地产涉税信息，实行"一户式"税源管理、"一窗式""一站式"办结服务，减少了工作环节，简化了办税程序，可以为纳税人提供更加方便、高效、快捷的纳税服务。

第五，推行房地产税收一体化管理，将为房地产税制改革打下扎实的征管工作基础。

党的十六届三中全会已明确提出，条件具备时，改革现行的房产税和土地使用税，对不动产开征统一规范的物业税（即房地产税）。这项改革将涉及两项重要内容，一个是将征税范围扩大至个人住房；另一个是将计税依据由房地产原值（计税余值）改为接近市场价值的评估值。从税收管理的角度讲，要实施房地产税制改革，需要税务部门充分占有各类存量房的基本信息。我们在推行实施房地产税收一体化管理过程中，可以通过加强部门协作，实现信息共享，多渠道、多途径地采集税源信息和价格信息，从而为下一步的房地产税制改革打下坚实的工作基础。

三、加快实施房地产税收一体化管理

我们在面对困难和挑战的同时，更应当看到，推进房地产税收一体化管理工作也面临着前所未有的好机遇。从宏观层面来看，国家不断收紧房地产市场调控，陆续出台了一系列土地调控政策。例如，2008年1月7日国务院下发《关于促进节约集约用地的通知》，国家税务总局随后出台《土地增值税清算鉴证业务准则》，同时国家税务总局、财政部、国土资源部三部委联合下发

《关于进一步加强土地税收管理工作的通知》。这些都为税务部门加强房地产税收一体化管理提供了明确的法律依据和政策支持。从中观层面来看，省局不断加强对一体化管理工作的筹划和引导，多次在相关业务会议上推介和演示宜昌、十堰和随州等地的房地产税收一体化征管工作经验。黄冈市提出"市区一体，统一管理"的一体化工作思路和紧抓"四个环节"、实行"五个统一"的管理措施，值得肯定，在全省形成了"学有目标，赶有方向"的浓厚氛围，为推进一体化管理营造了良好的环境。从微观层面来看，通过两年多的探索实践，全省各地的一体化管理工作已经起步，积累了宝贵的管理经验，有些地方如潜江市、蕲春县、谷城县、夷陵区等，已经形成了具有当地特点的一体化管理模式。因此，我们有必要乘势而上，努力工作，加快实施房地产税收一体化管理。

第一，加强组织领导。首先是要加强市（县）政府对各地一体化管理工作的领导。黄冈市及其他工作先进地区的经验有一条很值得各地借鉴，那就是争取市委、市政府的重视，形成政府主导，发改委、国税、国土、建设、规划、房管等有关部门共同参与的工作机制。其次，在系统内部加强领导，就是要实行"一把手"负总责的制度，如果哪个地区的房地产一体化管理在内部工作协调上出现问题，一体化工作搞不好，要问责"一把手"。

第二，加强部门协调配合。要进一步建立健全政府部门间的协调与配合工作机制，在地方政府的支持下，通过定期召开部门联席会议，研究解决相关问题，建立完善有效的信息共享机制，健全房地产税收的协税护税网络，解决房地产税收一体化管理工作中遇到的矛盾和困难。此外，在税务机关内部，也要有效整合资源，合理调整管理权限，实行房地产税收归口管理。要明确各单位职责，协调解决一体化管理中的政策执行、票证使用、税款入库、信息利用、税务稽查等方面的问题。

第三，夯实征管基础。一些地方在税收管理上存在着税源不清、家底不明、监控不力、信息不实、质量不高等问题，究其原因，主要是征管基础薄弱、规范管理意识不强所致。因此，一方面要根据税源分布情况、征管中的问题，以及房地产税收管理现状，从政策研究、部门配合、重点税源监控、征收窗口建设、统一税收票证、信息采集利用、监督检查等方面，加强和规范房地产税收征管，夯实基础管理。另一方面，各级税务机关要在总局制定的《房地产税收一体化管理业务规程》的基础上，结合本地实际，从税源管理、政策执行、征管资料管理、票证管理、减免税管理、税收检查、档案管理等方面，制定具体的、操作性强的房地产税收一体化管理办法和管理流程，并切实抓好落实工作。

第四，加强服务窗口建设。对房地产交易环节税收实行"一窗式"服务，在行政服务中心或房地产交易大厅设立房地产税收征收窗口，由税务工作人员在窗口统一征收所有房地产税收，应当作为实施一体化管理的切入点和工作重点之一。要以契税为抓手，对诸环节所涉及的营业税、城市建设维护税、教育费附加、印花税、个人所得税、土地增值税等税费，采取"一窗式"征管与服务，这样既可以方便纳税人，又可解决各环节诸税种由不同部门征收，缺乏协调沟通而造成的计税依据不统一的矛盾。

第五，严格"先税后证"。落实"先税后证"制度，是提高契税征管质量和落实一体化管理工作的关键。各级征收机关在实施一体化管理工作中，要按照《中华人民共和国契税暂行条例》和国家税务总局、财政部、建设部、国土资源部关于"先税后证"的具体规定，与同级国土、房管等部门建立包括有涉税资料收集和共享、信息传递和利用、征收程序和环节、计税依据确定和认可等方面内容的工作联系制度，把契税征管纳入土地使用权、房屋产权权属转移的办理流程，全面落实"先税后证"制度。

第六，完善信息运用。抓好涉税信息管理和运用，是房地产税收一体化管理的一项重要工作。各级税务机关要着重从改革传统征管手段、健全信息共享机制、提高数据集中度和信息利用率等方面，加强房地产税收信息化建设。要配合"金税"三期工程和即将上线运行的征管核心软件，配套开发房地产税收一体化管理的应用软件；要充分利用和整合国土、房管、规划、建设、工商等相关部门的信息资源，研究房地产税源动态监管系统，实现对国土部门土地拍卖、建设部门房地产项目立项、房管部门楼盘销售、税务部门税款申报入库等全过程、全方位、动态式的实时监控，在第一时间掌控企业的楼盘开发、销售进展，并通过信息比对，加强房地产企业的税源监控和征收管理，及时催缴、申报纳税，防止房地产企业瞒报、漏报、延期缴纳税款现象的发生。

第三节 服务行业税源管理[①]

一、服务业税源管理存在的问题

如何加强住宿、餐饮、交通运输等服务行业的税源控管，一直是困扰税收征管工作的一大难题。

"十五"以来，湖北省营业税收入保持了快速、稳定增长的态势，成为拉动地税收入持续增长的主体税种。在2000—2007年，营业税收入平均增长17.9%，高于同期GDP增幅3.4个百分点，与地税收入平均增幅一致。营业税占地税收入的比重也由2000年的41.8%上升到2007年的46.4%（按可比口径计算，不含"两税"）。但是，在营业税分行业收入中，住宿餐饮行业表现最差。一是总量小，在营业税几大行业中居末位。二是增幅低，税源逐步萎缩。2000—2007年平均增长仅为12.2%，低于全省营业税增长5.7个百分点，居营业税各行业增长倒数第二位。三是税负轻。营业税占其增加值比重2006年为3.67%，2007年为3.71%，与其他行业营业税税负比，属于最轻的。四是收入弹性小。2006年为1.26，2007年为1.1，略高于GDP增长率。

住宿餐饮等服务行业为什么收入增长慢，关键是税源控管不力，核心又是纸质发票问题。究其具体原因，一是住宿餐饮行业现状复杂，行业税收管理手段落后。住宿餐饮行业点多面广、门店租转频繁、现金流量大、成本难监控、收入难核实、发票难管理，历来是税收征管的薄弱环节。最近几年，湖北全省各地收入形势较好，完成任务便"一俊遮百丑"，忽视了对这一行业的税源控管。二是税收征管手段单一。随着经济税源结构发生重大变化，导致住宿餐饮业税源持续增长，但地域分布不均衡，税源类型多元化。另外，我们许多地方仍然以不变应万变，普遍采取"以票控税"与"核定征收"相结合的办法，过度依赖以票控税，核定税额普遍过低，而传统有效的"驻点蹲守""简易建账"和"以料核收"的征管办法，没有得到坚持和完善，导致税收流失严重。

[①] 本节内容基于2008年10月16日在原湖北省地税系统"住宿餐饮行业税收管理工作十堰现场会"上的讲话。

原十堰市地税局2003年的检查发现，该市饮食行业建账户的税收流失达四成左右。三是财务核算混乱，违规现象普遍。由于饮食业原材料大都来自菜市场，采购环节现金交易，基本没有进货发票，致使无票列支成本现象普遍。无账可查，隐瞒收入、少记收入、虚列支出、白条入账、虚增成本等现象比较普遍。四是发票管理漏洞大，未能实现以票控税的实效。现实交易中，不要票、不开票、开假票、虚开票、使用"回笼票"等发票使用违法现象十分严重。加之税务、财政、审计等部门控管不严，检查不力，比对困难，导致监控缺位，"以票控税"手段根本控不住。五是信息化控税手段滞后，征管科技含量低。特别是在发票开具上，湖北省大多数地方仍然使用手工定额发票，没有应用机开发票，从而为纳税人使用假发票和少开发票提供了可乘之机。

二、加强服务业税控管理的意义

其实，发票造假、偷逃税收问题在世界都不同程度存在着。为了有效解决这一难题，意大利早在十多年前就开始推行税收管理电子化，解决税控收款问题。1993年，欧盟统一市场建成后，随即大规模推进税收信息化建设，5年投资3500万欧元，建立起一张覆盖全欧盟的税收监控网络，税控收款系统是其中较为重要的一环。在欧盟已建成的增值税信息交换系统、消费税电子控制系统，以及各地税收电子数据库中，税控收款系统是连接政府与纳税者的纽带，也是各种税收信息的来源和管理工具。美国和加拿大在税控收款系统的带动下，电子申报率已超过70%。德国、澳大利亚、韩国等国家的电子申报也经历了大致相同的发展历程。

在我国，国务院于1997年要求选择若干城市进行税控收款机推广应用试点。2004年，经国务院同意，国家税务总局等四部门联合制发了《关于推广应用税控收款机加强税源监控的通知》。国家税务总局在《关于税控收款机推广应用实施意见》中指出，"税控收款机的推广应用，采取统一标准、生产许可、政府推广、分步覆盖的原则实施"。在随后的4年时间里，广东、浙江、江苏、四川、湖南等十多个省（市）相继开展了税控收款机推广应用试点并取得了成功。相比之下，湖北省的税控推广起步较晚，与"两型社会"建设实践和中部崛起的发展战略不相适应，与地税收入持续稳定增长的态势不相适应。正是在这样的背景下，2008年，湖北省政府批准同意原湖北省地税局《关于在住宿餐饮等行业推广使用税控收款机的请示》，决定自2009年起，在全省适合使用税控收款机的服务行业推广使用税控装置。

概括地说，在住宿餐饮交通等行业推广应用税控装置，是深化和完善"以票控税"的重要手段，是推进税收科学化、精细化、专业化管理的必由之路，也是拓宽纳税人生产经营信息采集渠道的重要途径，还可以为下一步在其他行业推广使用税控装置积累经验。所以，做好这项工作意义重大、影响深远。

（一）推广应用税控装置是整顿治理税收秩序，加强单位财务监管的需要

长期以来，一些单位和个人利用虚开发票、制售假票，偷税骗税或虚列成本费用、侵蚀税基，或报销套现、化公为私，严重扰乱了税收征管秩序和财务管理秩序。其中一个重要原因，就是存在着大量手工填开发票、假发票和"回笼票"，为不法分子提供了可乘之机。通过推广应用税控装置，能够限制假发票或"回笼票"的流通空间，遏制假发票或"回笼票"泛滥，有效防止各种发票违法行为的发生。同时，由于电子发票方便比对和查询，有利于国家机关、企事业单位加强财务管理，有利于税务机关加强税源监控。

（二）推广应用税控装置是推进依法治税的需要

依法治税是税收征管的灵魂，理想状态下，征税人必须依法征税，不可随意作为；纳税人必须诚信纳税，不可偷逃骗税。然而，在利益驱动和诚信缺失的环境下，提高纳税遵从度不是一朝一夕的事情，必须一手抓诚信建设，提高依法纳税意识；一手抓税源监控，提高税收征管科技含量。我国《税收征收管理法》第二十三条规定，国家根据税收征收管理的需要，积极推广使用税控装置。纳税人应当按照规定安装、使用税控装置，不得损毁或者擅自改动税控装置。2004年9月，经国务院同意，国家税务总局、财政部、信息产业部、国家质检总局联合制发了《关于推广应用税控收款机加强税源监控的通知》，对税控收款机在全国范围内推广应用进行了具体安排和部署，为我们推广应用税控装置提供了法律保障和操作指南。

（三）推广应用税控装置是加强税源控管，增加地税收入的需要

过去，为了遏制真票假开、制售假票等发票违法问题，各地税务部门采取了一系列手段和措施。例如，要求纳税人逐笔开具发票、推行有奖发票、开展发票真伪查询服务等，虽然取得了一定成效，但实际功效仍然不能与税控装置

相比。推广应用税控装置,可以建立起税务机关、消费者和电子多维监督的发票管理新机制,形成网络监控体系;可以通过税控智能卡和网络技术,将纳税人申报数据与税控记录数据进行比对,有效监控其生产经营情况,堵塞税收征管漏洞;还可以为地税机关实施纳税评估和税务稽查提供重要线索和依据。这一点已经被各地的实践所证明。

(四) 推广应用税控装置是拓宽涉税信息采集渠道,盘活信息资源的需要

一是通过商业收款机与税控功能的有机结合,牢牢扼住经营收入关口,最大限度地规范纳税人的财务管理活动。二是通过税控智能卡和数字加密手段,建立一系列有效的税控机制,把纳税人的销售记录和相关信息保留在税控装置内,通过网络技术打通"信息高速公路",把纳税人生产经营原始信息导入征管核心软件系统,用于税源监控和纳税评估等税收管理活动。三是通过涉税信息资源,掌控税收管理人员的日常管理行为,加强内部行政监督,有效遏制税务机关和税务人员的违法违规行为。四是通过完善信息采集制度、税控服务监督制度等,从制度层面保障税控装置和征管核心系统的顺利推进和有效实施。

(五) 推广应用税控装置是实现税收科学化、精细化管理的需要

主要体现在:一是促进税源管理的精细化。推广税控装置,可以促进户籍管理、纳税评估、欠税管理等基础管理工作,实现事前分析、事中管理和事后考核三结合,对税源管理过程和结果同步实施监控。二是促进税收服务的精细化。推广税控装置,有利于进一步完善纳税服务制度和纳税服务方法,改进税收信用管理体系,实现便民利民的税收服务目标。三是促进税收征管的科学化。通过研发税控管理软件,严把数据入口关、应用关、维护关和考核关,以保证征管核心软件数据信息的真实、准确、完整和有效;通过建立税收分析、纳税评估和税务稽查的良性互动机制,提高信息数据应用水平,从而实现真正意义上的"一户式"管理。四是方便纳税人领取、开具和保管发票,降低办税成本。由于将定额发票改为电子发票,纳税人就无须往返税务机关盖章、缴票;对于发票用票量较大的纳税人来讲,每年还可节省大量发票工本费,降低纳税人的办税成本。

三、加快推广应用服务行业税控装置

在住宿餐饮行业推广应用税控系统,总的原则是"控管大户、兼顾小户、

双定管理"。对武汉市年营业额超过30万元（含30万元）、湖北省其他地区年营业额超过12万元（含12万元）的纳税人，要推广使用税控系统进行税收管理；对低于这一标准的纳税人，实行"定税为主，票控为辅"的办法，按照能耗、物耗、租金、现金流量、台（床）位数、经营面积、从业人员、同行业税负等参数进行定税，并建立电子定税平台，采用定额发票进行控管。对实行查账征收的纳税人，全面引入"预警值"管理，建立预警值制度，综合控管。上述管控方案是一个庞大而复杂的工程，需要各级政府支持和有关部门配合，需要纳税人认同理解，更需要税务系统加强领导、统筹协调、做好预案、科学组织、周密实施。

第一，要切实加强领导。省、市、县三级都要成立"一把手"任组长的领导小组，把税控装置推广应用工作纳入重要议事日程，从现在起开始谋划、筹备、组织与推进。要制订科学周密的推进方案，把配套制度的研究制定、系统运行环境的准备、对各地工作的具体要求等全部纳入方案，综合考虑，统筹安排；要组成专门的协调落实机构，履行好日常管理职能，执行湖北省局的决策部署；要建立快速反应机制，制订风险防范预案；要深入实际，深入现场，注意搜集纳税人反映的意见，及时发现问题，提高对突发事件的应急处理能力；要保持上下沟通和信息渠道畅通，出现重大问题要及时向湖北省局报告；要加强税控机售后服务的监督管理，定期检查其服务质量和维修记录，督促生产商和代理商完善服务，及时解决用户使用中出现的问题，方便用户开票和数据申报，保障纳税人正常经营。

第二，要全力做好配合。要积极争取各级地方党委、政府的领导和支持；要切实加强部门之间的配合，按照工作职责和业务分工，与财政、信息产业、质检及国税部门建立沟通联络机制，及时反映情况、解决问题，防止各自为政、推诿扯皮；要建立内部协作机制，税政部门负责内部组织协调，研究制订推进方案和相关配套制度；征管部门负责与质检、信息产业、财政等部门联络协调，全力以赴抓好税控装置的招标、培训、信息采集、数据导入和应用维护；计算机中心负责系统运行环境的维护，相关硬件设备的配置，与征管核心软件的衔接；发票管理部门负责电子发票的印制、发放和监控；窗口单位负责向纳税人做好政策宣传、业务辅导、技术咨询等。全系统各部门要有全局一盘棋的思想，统一步调，分工负责，协调运转，有序推进。

第三，要认真组织培训。湖北省局将适时举办税控收款机管理系统技术、业务和操作培训，各地也要分级开展业务培训，熟练掌握系统的操作技术和工作流程，全面了解税控管理的各项政策规定和具体工作要求。要配合供应商和售后服务单位，切实做好税务干部和用户的培训工作，重点加强对服务窗口的税务干部和推广对象的培训，抓好税控使用操作辅导工作，把服务商、供应商、税务一线人员绑在一起，"一揽子"提供各环节的引导和服务。

第四，要大力开展宣传。各级税务部门对于推广税控装置可能引起的工作难度要早有思想准备。由于推广税控装置，堵塞了原有税收流失漏洞，部分纳税人的税收负担可能会高于从前。这种情况下，难免会有部分纳税人认为改革加重了企业税负，对推广工作持消极态度，产生抵触情绪。所以，我们要充分利用报刊、电视、广播等媒体，采取多种形式，广泛宣传税控收款机推广应用的重要意义；在办税服务厅及公共场所张贴税控收款机推广通告，向住宿饮食行业纳税人发放宣传资料，宣传具体政策；税收管理员要主动上门，为纳税人提供个性化的税控操作知识培训，宣讲购置税控机实行税款抵扣的有关优惠政策，以便赢得社会各界和广大纳税人的理解、支持和配合。

第五，要严格监督执法。推广税控装置，涉及税控和安全服务商，衔接点多，政策性强，各单位要按照总局和省局的政策规定和规范化流程，有效落实推广税控机的各项要求，防止不当执法行为发生。特别是职能部门和基层征管单位，要与税控服务商建立正常的工作关系，严格监督，强化管理，坚决杜绝违纪违法行为的发生。对利用推广税控机徇私牟利，损害纳税人和国家利益的，要依法依纪严肃查处。

第六，要及时总结经验。在住宿和餐饮行业试点成功的基础上，各地要在所有符合条件的营业税纳税人中推广应用税控装置。有关处室要及时总结推广各地好的经验和做法，完善各项制度和措施，充分利用税控数据做好"票表比对"和税源监控工作。各单位要及时上报好的办法和举措，以及应对有关问题的成功经验，既报"喜"，又报"忧"，为省局推广应用工作积累经验。

第七，要加强服务行业税源控管，除了推广应用税控装置之外，还要求各地大力推广 POS 机刷卡缴税（费）直达国库系统。该系统是在国库信息处理系统（TIPS 系统）支持下建立的 TIPS 银行端查询缴税一种新型缴税（费）方式，它以银联服务点作为发起端，以 TIPS 为通道，以自助办税（费）终端为工具，通过对湖北省地方税费征管核心系统的访问，确定扣款信息与金额，从而使税务部门征收的税（费）款直达国库。此外，POS 机系统也是湖北地方税费征管核心系统、银联清算系统、TIPS、国库核算系统等四大系统无缝对接的重要成果。这个系统具有三大优点：一是无须签订纳税人、银行、税务机关的三方协议,全面拓展了税(费)款直达国库纳税人的范围,可以实现各类纳税(费)人所缴税(费)直达国库;二是方便了小额、零星税(费)收的征收,解决了办税服务厅直接收取现金的难题;三是实现了小额、零星税(费)入库信息的明细对账,解决了税务部门与银行对账难的问题,有利于保证资金安全。

刷卡缴税(费)直达国库系统上线之后,将有利于提高自然人社保费征缴效率,防范税费资金管理风险,降低地税部门人力成本,有利于更好地服务民生。所以该系统必将成为税费征缴的"快车道"、税费资金的"安全带"和征纳和谐的"推进器"。各地一定要把思想认识统一到省局党组的工作部署上来,讲政治、顾大局,不折不扣地完成该系统的上线推广工作。

第四节 发票管理[①]

一、加强发票管理的必要性

2009年,国家税务总局提出的发票管理工作思路是,"简并票种、统一式样、建立平台、网络开具";发票综合治理工作的基本方针是,"打防并举、突出重点、标本兼治、综合治理"。湖北省各级税务部门认真贯彻落实总局总体安排,结合实际做了大量卓有成效的工作。发票管理工作的成绩固然可喜可嘉,但同时要看到,湖北省发票管理仍然存在一些亟待解决的问题,不容有丝毫懈怠。

(一)发票内控管理不到位

主要表现在少数地方还没有真正重视发票管理工作,少数领导和发票管理人员错误地认为,发票管理主要在于做好保管和销售工作,因而忽视了发票监督、检查职责;部分地方对于上级安排和部署的发票管理工作,在执行上打了折扣,没有做到令行禁止;在极少数地方,发票管理制度甚至形同虚设。造成上述问题的根子,还是"淡化责任、疏于管理"。对此,我们务必高度警觉和重视。

---

① 本节内容基于2011年12月26日在原湖北省地税系统发票管理工作视频会议上的讲话。

(二) 选人用人管人不到位

发票管理是一个责任大、风险高的专业管理岗位。然而，我们有的地方却将某些工作不认真、责任心不强，甚至是将个别"三观"扭曲、法纪观念淡漠、职业道德沦丧的人员放在发票管理岗位上。这类人员面对发票可能带来的利益诱惑，必然会无视党纪国法，胆大妄为，铤而走险。其结果是既害了自己，又给单位和系统造成了极大的负面影响。前不久，个别税务工作人员因倒卖发票被判刑开除，暴露出个别地方在加强发票管理和干部队伍教育上存在较大漏洞，同时也再次敲响警钟，说明加强发票内控管理的紧迫性、艰巨性和复杂性。

(三) 发票惠民政策落实不到位

对小微企业和个体工商户免收发票工本费，是一项重要的惠民政策，发票工本费金额小，但涉及的民生、民心事大。据我所知，个别地方还没有将这项政策完全落实到位。这其中虽然有地方政府和财政支持缺位的原因，但我们也要扪心自问，税务部门自身工作做到位了没有？如果没有到位，就需要抓紧工作，迅速向政府汇报，与财政及相关部门沟通，把发票惠民政策坚决落实到位。

(四) 税控收款机服务不到位

2011年行评工作反映税收最为突出的问题之一，是少数地方税控收款机的管理和服务不到位。一是纳税人抱着税控机到税务局抄报数据的现象时有发生，造成纳税人不胜其烦；二是税控收款机供货存在"以次充好""搭车收费"，导致纳税人怨声载道；三是部分税控机供货商没有严格按照规定标准，而是以高出市场价数倍的价格销售写字板、色带（架）等辅材，侵害了纳税人利益。发生上述问题的原因，主要是少数地方前期工作不力，调研准备不够，对部分纳税人、特别是边远地区纳税人的网络覆盖、计算机操作水平等考虑不周，对税控收款机供货质量把关不严，对故障维修服务不够及时，致使纳税人抱着税控机到税务局抄报数据，而且这种现象在少数地方还屡禁不止。

二、采取有效措施，坚决管住发票

我们应当看到，随着经济发展和社会经济活动日趋复杂，发票管理面临着新挑战和新考验。前一段时间，社会上广泛流传的所谓"月饼税""馒头税""婚前房产加名税"等与税收相关的话题，都引起热议，它表明税收高速增长引发的税收负担、税收公平、税收用途方面的"税感焦虑"和"仇税"心理越来越强烈。受此影响，税务部门的发票管理工作稍有不慎，就会造成极大的社会负面影响。另外，信息技术革命在给发票管理带来重大机遇的同时，也带来了严峻挑战。大数据、云计算、物联网等掀起的新一轮信息技术革命，不可避免地影响着纳税人的生产经营和税务部门的税收管理方式。尤其是企业生产经营和财务管理的电子化、网络化、专业化，导致征纳双方信息不对称状况日益加剧，它给发票管理和税源监控带来高度复杂性和诸多不确定性。对此，我们应保持清醒头脑，正视问题，认真应对，务必采取一系列有效措施，切实加强发票管理。

发票管理工作极端重要。记得过去有一个反映发票对于税收工作重要性的顺口溜："公安靠手铐，工商靠执照，地税靠领导，国税靠发票。"是的，没有党政领导的关心支持，地税工作将寸步难行。另外，要做好地税工作，既要靠领导，也要靠发票。若论发票的重要性，地税比国税也不逊色。因为发票是经济活动的重要凭证，发票使用得当，利国利民。但是，发票如果被不法分子用来制假、贩假、倒卖牟利，扰乱经济税收秩序，就会祸国殃民。从税收管理角度看，发票是税源控管的重要手段，要是没有发票，相当一部分税源就会失去控制，导致税收流失。所以，这也印证了税务系统的一句老行话：只有管住票，才能管住税。

当前，要重点抓好以下六个方面的发票管理工作：

第一，加强发票管理工作的组织领导。一是要统一认识，重视发票管理工作。各级主要领导和分管领导要担负起发票管理第一责任人和直接责任人的职责，将发票管理列入征管工作的重要议事日程。二是联动协调，认真履行工作职责。要切实扭转就发票管发票，发票管理部门孤军作战的被动局面，进一步整合管理资源，明确部门职责，推动系统内外的协作配合。尤其是要加强与纳税评估、税种管理、纳税服务、税务稽查等工作的联动协调，强化行业发票管理，重视涉税案件中的发票使用管理，注重对纳税人新发票发放、使用、开具和保管等有关知识和要求的宣传解释工作。三是勤于总结，及时发现并解决问题。要善于在日常工作中发现发票管理的薄弱环节，及时解决发票管理中存在的普遍性问题。

第二，健全发票管理的内控机制。措施包括：（1）加强发票印制环节管理。加大对发票印制工作的监管力度，对定点印刷企业实施定期检查，做好发票防伪品管理。（2）加强发票领购环节管理。要严格审核纳税人发票领购资格，做好纳税人身份识别验证工作，防止少数不法分子利用假身份证明进行注册登记，骗购发票。（3）加强发票开具、取得和保管的监督。纳税人到税务机关要求临时开具发票时，要严格审核确认纳税人需开具发票的经营业务内容和相关证明，并足额征收税款。发票仅限于用票人在本地使用。地税机关和用票人都要按规定建立严格的发票管理制度，确保安全。（4）加强发票缴销环节的监督。各地要严格执行发票缴销程序。（5）加强日常监督检查。建立发票管理长效机制，打、防不可偏废。（6）严格票表比对管理。要充分利用发票中包含的大量数据和信息，进行有效比对和分析，充分发挥发票的控税作用。

第三，加强税控收款机的服务与管理。各地要树立"急纳税人之所急、想纳税人之所想"的服务理念，对于税控收款机用户做好"三个服务"：一是跟踪服务。二是全天候服务，纳税人的税控机即使是半夜坏了，也要及时提供维修服务。三是温馨服务，要把纳税人当亲人。例如，大多数税控机用户是小型业主，计算机操作能力相对较弱，我们要加大税控收款机用户的辅导培训力度，带着感情，手把手地教会他们。与此同时，各地还要加强对税控机供货商的监管，对于与税控机配套的写字板、色带（架）等辅材，绝不允许强行推销、"搭车收费"；在税控机的质量问题上，绝不允许"以次充好"；对内部管理人员"借机谋私"要"零容忍"，从源头上强化管理手段。此外，对于营改增试点行业已经发放的税控收款机，各地务必要妥善收回。

第四，加强网络发票的规范管理。省局决定扩大网络发票覆盖范围，除特殊行业和特殊情况外，凡纳税人提出使用网络发票申请的，经主管地税部门批准，都可以使用网络发票。随着网络发票覆盖范围的扩大，其用票数量和开票金额将呈激增态势。在此过程中，各地要充分认识发票电子化、信息化、虚拟化带来的一系列执法风险、操作风险和安全风险，要精心研究已经出现或未来可能出现的问题。各地税务部门要严格按照省局规定的程序，核定网络发票的种类、数量、行业类型和开具发票的单张限额和累计限额，尤其要加强对网络发票的错票、废票以及红字发票的管理，防止少数人利用其谋取不正当利益，并造成重大事故和恶劣影响。

第五，做好营改增企业地税发票的清缴工作。营改增是党中央、国务院做出的税制改革重大决策，地税部门从讲政治、讲大局的高度，必须"坚决服从、积极配合、精心组织、按期移交"。在实施过程中,各地一定要对营改增试点行业纳税人的发票种类,以及存量情况进行严格清理,对后期申购地税发票的要进行适当控制。对营改增试点行业未使用完的地税发票,必须严格按规定清缴后销毁。

第六,加强发票管理人员的选配和教育工作。各级税务机关必须采取得力措施,选派站得稳、顶得住、自身过硬的干部充实发票管理岗位;要加强干部职工的"三观"(世界观、价值观、人生观)教育,以及道德、法纪和廉政教育。今后,对于在发票管理中因淡化责任、疏于管理而出问题的干部,我们绝不姑息迁就,处理绝不手软。同时,在责任追究问题上,还要实行"连坐制",即发票管理员出问题,除了追究当事人责任外,发票管理部门的负责人和分管领导都要承担相应责任。

第五节 先办后审改革[①]

一、先办后审改革的经验

原武汉市地方税务局面对收入、管理、改革、服务等多重压力,积极顺应形势发展变化,大胆解放思想,勇于开拓创新,敢于自我革命,打破过去"先审后办"的传统税收管理模式,在武汉全市推行"先办后审"改革,创造出了鲜活的实践经验,受到湖北省、武汉市主要领导的高度肯定和广大纳税人的普遍欢迎。随后,襄阳市、仙桃市等地也结合实际推行"先办后审",收到了显著成效。他们的经验归结为一条,即坚持用创新的办法破解发展难题,用改革的生动实践回答了"为什么要改""如何改""改得怎么样"这三个问题,为全省税务系统深化税收征管改革树立了样板,提供了思路。

(一)坚持理念创新,解决了"为什么要改"的问题

随着经济社会的快速发展,纳税人的数量结构、组织形式、法律意识发生

---

① 本节内容基于2012年6月20日在原湖北省地税系统"先办后审改革"武汉现场会的讲话。

了巨大变化，税务机关信息化手段广泛应用，政府部门行政效能不断提高，传统的"先审后办"模式弊端日益凸显：征纳权责错位，办事效率低下，违法风险增加，与建设服务型政府、构建和谐征纳关系的目标相抵触。不断发展变化的新形势、新任务和新要求，迫切需要税务部门改革创新，及时响应纳税人合法需求，推进管理的科学化、专业化、精细化和效能化，实现税收管理由管户向管事、"保姆式"向专业化、浅表性服务向深层次服务的根本转变。"先办后审"这一理念的提出，正是顺应了这一形势和要求。改"先审后办"为"先办后审"，看上去是对"审"与"办"程序的简单调整，实质是一种治税思想的理性选择，一种征管方式的深刻变革，一种服务理念的深化创新，贯穿了以人为本、风险管理、无罪推定、诚实信用等先进管理理念，其实质是将方便和快捷提供给纳税人，将麻烦和责任留给自己，核心在于真正还权于纳税人，体现了对纳税人权益的尊重和保护，最终落脚点是优化纳税服务，提升行政效能，建设服务型税务机关。一句话，就是要用"先办后审"来倒逼税收征管和纳税服务的深层次改革。

（二）坚持制度创新，解决了"如何改"的问题

一项改革要取得成功，科学的制度设计至关重要。武汉市局"先办后审"模式在实践运行中彰显了极强的生命力，关键在于创新实施了四项制度，即：人性化的前置受理制度、高效的限时办结制度、专业化的事后审核制度、过硬的责任追究制度。以这四项制度为基础，武汉市局设计生成了四大业务流转模块，调整优化了操作流程，配套实施了导税服务、一次性告知、二次优先、首问负责、延时服务、免填单服务、AB岗服务等人性化服务措施，健全和完善了环环相扣的"链条式"管理机制，促进了每个模块的规范、高效运行，使涉税业务彻底实现了"一站式"办结，办税服务厅的服务功能得到了最大限度的发挥，纳税人也得到了真正的方便和实惠。在真正还权于纳税人的同时，一方面辅之以行政处罚等必要的管理手段，对经审核确实存在税收违法行为的纳税人，进行依法处置；另一方面，加强对税务机关内部的风险防范、考核监督和过错追究，使"先办后审"改革始终能够把握正确方向，在良性的轨道上不断深入推进。

（三）坚持管理创新，解决了"改得怎么样"的问题

"先办后审"涉及税收征管和纳税服务这两项核心业务的深刻变革，配套

的管理创新措施必须及时跟上。为促进制度有效执行，武汉市局对217项涉税事项的办理流程进行优化调整，进一步细化、量化了各项业务的操作规程和考评办法，形成了"先办后审"工作业务指南；在保证系统安全的前提下，受理和办理环节采用公共账号登录管理，审理和处理环节通过专门研发的模块发起工作流程，内部资料传递和管理通过开发应用"征管资料影像通"软件提高质效，较好地保障了信息技术支撑；在审、办分离的情况下，尝试取消税收管理员管户制度，由过去的"一户管多事"发展为现在的"一事管多户"，有效解决了税管员管户制度存在的"管户太多管不了、管户太大管不好"的问题，催生了"科所一体化、协作团队化、逻辑扁平化"的工作新思路，丰富了"抓大、控中、协小"税源分类管理内涵，建立了征收、管理、评估、稽查、服务"五位一体"的工作新思路。经过两年来的探索实践，武汉市局"先办后审"改革工作初步收到"两提高（提高税法遵从度和纳税人满意度）、两降低（降低税收流失率和征纳成本）、两促进（促进干部廉洁从税和收入持续增长）"的效果。可以说，"先办后审"改革是积极的，富有成效的。

二、"先办后审"改革的意义

"先办后审"改革的要义，在于理念的创新。推行"先办后审"的难点，也在于理念的跟进和思想认识的统一。在现行征管体制下，在全系统推行"先办后审"改革，虽然是一招"险棋"，但通过这招"险棋"，有利于倒逼税收征管和纳税服务的深层次改革，因此其改革意义深远。

第一，全面推行"先办后审"，符合当前经济形势变化与改革的要求，是深入开展"三抓一促"活动，落实"三短一简"，服务湖北科学发展、跨越式发展的具体举措。前不久召开的中央经济形势分析工作会议指出，当前我国经济发展面临诸多困难和挑战，要求各地坚持稳中求进的工作总基调，以加快改革创新为强大动力，努力实现稳增长、惠民生、促和谐的目标。2012年以来，湖北省委、省政府先后部署了一系列重大工作，要求各部门推进改革创新，转变工作作风，改善发展环境，推动全省经济加快走上创新驱动轨道，促进跨越式发展。在此背景下，全面推进"先办后审"改革，正是我们贯彻中央和湖北省一系列部署和要求的一个重要抓手。同时，在前段开展的"三抓一促"、治庸问责、创先争优、行风评议等工作中，很多问题的焦点都集中在行政审批上，迫切要求我们进一步解放思想、自我革命、大胆创新，努力破除制约发展的体制机制障碍,为湖北省经济社会发展营造良好的税收环境。

第二,全面推行"先办后审",符合专业化改革的方向,是深化税收征管改革的有益探索,是实现税收管理科学化、精细化、专业化的必由之路。国家税务总局在安徽省合肥市召开的深化税收征管改革工作会议上,明确提出了进一步深化税收征管改革的总体要求,即构建以明晰征纳双方权利和义务为前提,以风险管理为导向,以专业化管理为基础,以重点税源管理为着力点,以信息化为支撑的现代化税收征管体系。在这次会上,武汉市局就推行"先办后审"的做法进行了书面交流,得到了总局领导的肯定。在全系统推行"先办后审"改革,正好契合了总局这一指导思想,是湖北省深化税收征管改革迈出的第一步,也是重要一步,具有改革的破题效应。"先办后审"不仅仅是一个理念的创新,更是对我们现行税收征管模式的深刻变革,它不仅仅是涉税事项审办程序的简单调整,更重要的是征纳双方权利与义务的全面厘清、税收管理员制度的全面革新、纳税评估工作的全面规范、税收风险防控的全面实施、税源分级分类管理的全面整合,因此,它必将成为推动和深化税收征管改革的强力引擎。

第三,全面推行"先办后审",符合转变政府职能的要求,是深化涉税行政审批改革,改进政风行风,优化纳税服务,改善经济发展软环境的现实选择。行政审批制度改革,是我国社会主义民主政治建设和政府职能转变的关键环节。2011年11月,在国务院召开的深入推进行政审批制度改革工作会议上,时任总理温家宝同志一针见血地指出,包括行政审批制度在内的行政管理体制改革,明显滞后于经济社会发展,各级政府职能部门要进一步清理、减少和调整行政审批事项,创新行政审批服务方式,推进法治、效能、服务型政府建设。2010年,税务部门被确定为全省8个重点行评单位之一,从前段时间自查自纠和民主评议情况看,群众反映最多的问题主要指向涉税行政审批、纳税服务质量、干部工作作风三大问题。我们推行"先办后审"改革,进一步简政、放权、减费,充分尊重和保障纳税人合法权益,强化征纳双方责任,突出监督制约和责任追究,就是积极响应纳税人的呼声,大胆突破传统服务理念,赋予作风建设新内涵的又一重要举措,必将从根本上改善湖北省经济发展的税收环境。

第四,全面推行"先办后审",符合和谐社会建设的要求,是建立税收合作信赖、构建诚信税收、落实以纳税人为导向的现代税收管理理念的生动实践。构建和谐社会,是新时期我们党执政理念的又一次升华,目的是要建立民主法治、公平正义、诚信友爱、充满活力、安定有序、人与自然和谐相处的社会,体现了"以人为本"的亲民执政理念。这是创新社会管理的时代潮流,是社会发展的方向。落实到税务部门,就是要求我们以人为本,相信纳税人,尊重纳税人,不能先入为主,对纳税人进行"有罪推定";坚持纳税人至上的全新理念,将纳税人的需求作为第一需要,还权还责于纳税人,减轻纳税人负担,提高纳税遵从度和服务满意度。武汉等地推行"先办后审"的实践证明,通过固化征纳权责、重置工作机制、再造优化流程,使税务干部的管理理念由"我管理"向"我信任"转变、工作态度由"要我干"向"我要干"转变、征管方式由"管制型"向"服务型"转变。这些转变正是我们深化征管改革、加强税收管理的最终目标。

三、鼓励各地"先办后审"改革探索

在湖北省地税系统全面推行"先办后审"改革,是湖北省局党组经过充分调研,并在武汉等地实践经验基础上做出的慎重决策。各地务必按照省局统一部署,确保这项改革工作实现预期目标。

(一)坚持全局性思维,统一思想,达成共识

任何一项改革,都有一个革故鼎新、自我扬弃的过程,必然会遇到各种困难和阻力。推行"先办后审"改革,最大的障碍可能还是思想认识问题。在推行过程中,将会对部分征管业务流程、干部岗位职责进行优化调整,甚至重新"洗牌",这势必会引起部分干部的不适应,特别是少数税收管理员,由于长期以来形成的"管户情结"难以割舍,可能会因个人手中审批审核、自由裁量等权力的丧失而心生抵触情绪。各级党组要在统一思想的基础上,积极主动向当地党委、政府和相关部门汇报沟通,认真做好干部职工的思想政治工作,加强宣传动员和业务培训,赢得各方理解和支持,为改革的顺利推进奠定良好的思想基础。

(二)坚持整体性思维,精心组织,统筹推进

"先办后审"改革是一项浩大的系统工程,牵一发而动全身,工作任务重、涉及范围广、实施难度大,必须坚持统筹兼顾,加强组织领导,广泛凝聚智慧,形成共同推进的合力。因此,各单位务必高度重视,要将这项工作作为

"一把手"工程，认真研究措施，抓好贯彻落实；要在认真学习武汉等地经验的基础上，结合实际充分研究论证，科学设计好改革方案和具体实施办法；要切实强化工作责任，落实推进措施，绘出路线图，制订时间表，确保改革有序推进；要坚持积极稳妥、科学合理的原则，做好机构人员、业务流程、操作办法的调整配置和优化重组；要加强内部协调，抓好征管、税政、法规、稽查、评估、纳税服务、办税服务厅、管理分局等部门之间的配合协作；要将"先办后审"工作与实施"五税"战略、深化征管改革、启动营改增试点、落实结构性减税政策、支持地方经济转型等重点工作有机结合起来，统筹处理好推进改革与组织收入、加强征管、优化服务、促进发展之间的关系，确保改革工作与税收中心工作协调推进、相得益彰。

（三）坚持动态性思维，完善创新，务求实效

推广武汉市的经验，绝不是不讲实际地生搬硬套，而是要在学习的基础上消化、吸收、创新，不断完善提高。从前段时间武汉全市推行情况看，尽管改革工作取得了明显的成效，但也遇到了不少困难和问题。例如，湖北全省地方税费征管核心系统还没有设立"先办后审"的工作模块，如何妥善解决信息化技术支撑的问题；改革涉及征管流程调整，如何有效开展干部的业务操作培训和纳税人涉税宣传辅导的问题；涉税事项受理前置的变化，如何解决好税收征管资料的内部流转和统一规范管理问题；岗位职责的重新调整，如何有效防范干部的征收风险、执法风险和廉政风险等问题，以及如何积极寻求地方政府和有关职能部门的重视支持，建立三方信息共享平台，解决涉税信息不对称的问题等。对此，各地要加强调查研究和分析预判，密切关注改革进展和推进动态，及时调整措施，审慎灵活处理，努力破解难题，务求取得实效。

第五章
信息管税

第一节 信息管税的成就与挑战[①]

一、信息管税建设的成就

所谓信息管税,是将现代信息手段和大数据处理技术运用于税收征管工作,以提高税收征管效率和税收遵从度的税收管理方式。在计划经济时代,传统的税收管理模式实行专管员"一人进厂、各税统管",集征、管、查三者于一体,征税手段单一、服务方式落后,税收管理是手工、粗放式的。经济全球化和信息化进程带来了生产力和生产方式的巨大飞跃,引发了一系列管理理念和管理方法的创新,影响着税收征管工作。利用现代信息手段和大数据技术,提高税收管理水平,推动各项工作发展,已成为刻不容缓的大事。国家税务总局顺应时代潮流,高度重视信息化工作,要求全国各地加快推进税收信息化建设。

原湖北省地方税务局党组将 2007 年确定为"信息化标准建设年",统一了全省税收业务、技术、行政等方面的工作标准,实现了税收征管信息标准化。2008 年,研发、试点了"湖北地方税费征管核心软件",并在全省上线成功。2009 年,湖北省在征管软件全面上线的基础上,统一了全省税收征管流程,集中了全省征管数据,规范了全省税收业务,实现了数据省级大集中;同

---

① 本节内容基于 2012 年 12 月 11 日在原湖北省地税系统信息管税工作会议上的讲话。

年还提出"依法治税,信息管税,服务兴税"的战略思路,把信息管税置于地税工作的重中之重,采取非常措施,开通了 TIPS 缴款直达国库业务,推开了网上办税,实现了税费征收全省大通办。2010 年,湖北省进一步加快了系统应用步伐,先后上线了 12366 纳税服务综合系统、发票综合管理系统、OA 行政管理平台,实现了管理与服务的全省大统一。2011 年,"湖北地方税费评估分析决策系统""二手房交易价格评估系统"、刷卡缴税(费)直达国库系统、移动办公平台、安全运维平台正式上线运行,实现了信息管税理念与实践的全面提升,为在税源管理、税收征管、税收评估和第三方信息方面,运用现代信息支撑高效、精细的业务管理,全面实现信息管税,打下了坚实的基础。具体建设成效可以概括为以下三个方面:

(一)建成了一套较为完备的信息管税基础系统

信息管税基础系统是一个以信息标准化为前提,支持复杂环境下信息系统开发、集成、应用,并提供安全保障和协同运行的集合。作为信息管税的基石,这套基础系统主要包括网络、计算存储、数据支撑、安全运维、灾备等系统,各系统之间有着相互关联、相互作用、相互支撑的关系。包括:建成了"安全高效、四通八达、综合利用、均衡稳定"的内外网体系,实现了上联总局、下联基层分局、外联纳税人和第三方有关部门的目标;建成了高速稳定的计算存储系统,具备了"科学快速计算、安全稳定存储、数据高效展现、广泛综合利用"的功能;建成了高效可靠的数据支撑系统,达到了"完备精准、应用自如、支撑有力"的要求;建成了智能可控的安全运维系统,实现了"智能化的故障预警、自动化的运维调度、高效快捷的故障处理、可追溯的行为控制、可量化的资源管理"的目标;建成了机动双活的备份与灾难恢复系统,能够保证"网络不瘫、数据不丢、业务不断"。

(二)开发了一套较为适应的信息管税应用系统

信息管税应用平台,是税收业务与计算机技术相融合的产物,也是信息管税的实现手段。我们以 TRP 标准体系为基础,以税源管理为核心,以基础系统为支撑,开发了覆盖税费征管、纳税服务和行政管理等各个层次、各个方面的信息管税应用系统。一是建成了全天候、全方位、多元化的综合办税系统,开通了税务发起端(办税服务厅)办税、纳税人发起端(网上)办税、银行发起端(银行网点)办税、社区发起端(自助办税机柜)办税等多点、多元办税服务渠道，纳税人缴纳税费既可以在大厅、在家中，也可以刷卡或在移动办税车上缴，实现了"同城通缴、同圈通缴、全省通办、昼夜通办"的目标。二是建成了全面准确的税基税源（发票）综合管理系统，实现了基础税源信息、第三方监控信息、发票管理信息的综合利用，做到动静结合，全面管理税基税源；内外兼管、准确监控税基税源。其中的发票管理平台，已经开始发挥"源头控假、以票控税、节约成本、提高效率、科技防腐、优化形象"的作用。三是建成了灵活、适用的评估分析决策系统，初步实现了以下开发目标，即"融通四级应用，提升征管质效；科学设置评估体系；确保结果全面准确；灵活运用评估方法；分析处理辅助决策"。四是建成了纵横兼控的行政综合管理系统，为建立"政令畅通、考核严谨的纵向管理，内外互联、职责明晰的横向管理"体系，发挥了较好的保障作用。五是建成了多位一体的服务监督综合管理系统，它将12366纳税服务热线、短信服务、税收网站征纳在线、省局门户系统视频监控等四大功能集于一身，能够在宣传税收政策、化解征纳矛盾、指导纳税人正确履行纳税义务、纠正基层政策执行偏差、监督政风行风建设等方面发挥积极作用。此外，在确保安全的前提下，还开发了安全保障平台和移动办公平台，将过去分散的若干应用平台的管理功能集中起来，通过镜像处理和统一推送技术，实现了移动办公。

（三）信息管税推动了税收事业跨越式发展

主要表现在以下六个方面：（1）信息管税强化了税源监控，促进了地方税费收入持续、稳定、快速增长。（2）信息管税促进了税收征管模式的深刻变革和税费征管质效的显著提高。信息化网络贯通后，各市（州）局主动思考如何利用省局平台，对数据进行深度开发利用，为专业化管理打下了坚实的基础。（3）信息管税拓展了纳税服务的广度和深度，为实施"服务兴税"战略提供了多种途径。过去，纳税辅导与宣传方式主要是上街拉横幅、发宣传册，现在的方式更直接更多样，不仅有电话、有网络，而且受理咨询、投诉更加方便快捷。（4）信息管税深化了依法治税，为推行行政执法责任制，提升执法质量提供了有力手段。一些地方省局运用税收执法责任制考核软件，把行政执法和干部考评通过计算机网络连接起来，预警打分到人到岗，有效规范了干部执法行为。（5）信息管税促进了党风廉政建设和干部队伍建设。依靠计算机网络，可以实现由过去的人管人、制度管人，进一步扩展到以信息管人、以技术管人，从而加强了全系统的效能建设和党风廉政建设。（6）信息管税促进了管理理念的更新。从省局到基层，人们开始树立全新的系统管理观念，从领导意志下的计划管理转变为信息管税下的科学管理；树立全新的质效管理观念，从分散粗放式管理转变为集约精细化管理；树立全新的人本服务观念，从重管理轻服务转变为管理服务并重；树立全新的科技管理观念，从业务管理为主转变为业务与技术管理融合。

二、信息管税建设的挑战

总结信息管税工作成绩，不能忽视我们工作中的不足、短板和问题。从总体上看，信息管税系统运行还不够稳定，有的软件与实际需求不相吻合，管理应用、综合应用、基层应用和实战应用的力度还不够；现行的征管模式不能适应经济税源结构和企业管理模式的变革，支撑税源专业化改革的信息管税系统，以及省局、市（州）局在数据集中后的管理体制、服务方式方面都还有待于探索；现有的人员配置、办公用房等征管资源，还不能完全满足信息管税业务发展的需要；内部行政管理业务不适应现代政务发展的要求等。对于这些问题，我们必须高度重视，始终保持清醒头脑，要勇于面对新挑战，及时调整工作思路，改不足、补短板，积极迎接信息化时代的挑战，切实解决发展中的问题。

第一，要围绕"金税"工程三期目标，构建省局信息监控指挥系统。"金税"工程三期的建设目标是，实现所有税收的全国统一实时征收、数据统一落地北京，然后回放各地利用。2012年，国家税务总局拟在6省试行，2013年7月全国推行。对于地税部门来讲，总局的要求无疑是一大挑战，特别是它所涉及的各项制度统一、各个系统对接、各种环境融合、各类数据集中、各种资源配置、各种流程规范等，任务极其艰巨。另外，"金税"工程三期目标的实现之日，也是各地运行的大部分体外循环系统，以及信息孤岛系统，将被清除之时。为了适应这一形势，安徽省国税局抽调集中1500人，其中负责信息处理就有300多人，组建了省级信息指挥监控处理中心。由此看来，像我们这样的省级地税机关，若要搭建这么一个信息监控指挥系统，其信息工作人员至少也要增加数十人。面对这种形势，我们应该怎么办？必须认真研究，早做谋划，迎接挑战，务必把湖北省地税信息管税的大脑中枢建设好。

第二，要积极利用互联网、物联网和云计算等新技术，加快打造"电子税务局"。如果说互联网是虚的，物联网则是客观实在的，其中的每一个人、每一个物体都是真实存在的,其特性和用途是裸露的,其活动是随时随地透明的。物联网是一个巨大的网络系统,它通过各种信息传感设备,如传感器、射频识别技术、全球定位系统等,对需要实时监控、连接、互动的物体或过程,采集其物理、化学性质等各种物态信息,并与互联网结合,把物与物、物与人,以及所有的物品与网络连接起来,以达到方便识别、管理和控制的目的,实现在线监测、定位追溯、报警联动、调度指挥、预案管理、远程控制、安全防范、远程维保、在线升级、统计报表、决策支持等管理和服务功能。中国物联网正在兴起,它与电子商务的联手发展必将给纳税人的生产经营模式、物资财产管理手段、商品货物交易方式带来新的变化,对税务部门实施税源管理,以及对征收管理的方式和方法带来冲击。所以,信息管税建设必须超前应对,迎接挑战。其中重要的一招是,要将中国政务网、物联网、互联网、云平台与税务门户系统有机对接起来,打造"电子税务局",并将实体税务局的相当一部分职能交由"电子税务局"来完成。

第三,要以税源专业化管理为基础,为建立新的"大征管"模式提供强大的信息支撑。这是一项迫在眉睫的硬任务。在这方面,美国的税收征管办法值得我们借鉴。美国国内收入局是通过计算机软件对纳税人申报进行审核、比对、评估,并对结果进行风险排序的。在此基础上,他们对纳税申报情况进行分类处理,没有问题的正常缴税,有问题的进一步调查,问题大的启动稽查程序。这套程序的一个突出特点的是"风险管理+信息支撑"。国家税务总局正在大力推进的税源专业化管理改革,其方向就是构建以税源专业化管理为基础的"大征管"格局。在税源专业化改革过程中,必然会涉及税源重新分类,征管资源重新配置,机构岗位重新调整等体制机制创新问题。这将是继1994年税制改革、1997年征管改革后的又一次大的征管改革。根据总局要求,湖北省正在加快推进税源专业化管理改革,努力打造由信息管税支撑的税收征管新格局。这项工作在湖北全省不少地方都在探索,一旦省局研究确定了改革方案,信息管税所依据的业务需求也将发生重大改变,并带来一系列新的挑战,我们务必未雨绸缪。

第四,要围绕不断拓展的税收业务需求,做好信息管税的软件业务跟进与技术调整完善工作。在未来一段时间里,中央和湖北省委、省政府还可能出台许多新的经济、财政、税收政策,其中的一些政策可能引起税务机关职能的变化调整。例如,在国家层面,个人所得税政策调整、生产与消费环节征税办法调整、企业所得税及总部经济税收政策调整等;在省级层面,税务机关征收社保费扩面，以及新开征价格调节基金等。这些重大政策调整及其导致的税收征管职责与征收方法的变化，都将给信息管税带来新挑战和新任务，需要我们积极适应税收业务需求新变化，切实做好信息管税的业务跟进与技术服务工作。

第二节　信息管税建设[①]

面对新时期信息管税的新形势、新目标和新挑战，税务系统要牢固树立科学发展理念，坚定发展决心，把握发展规律，统筹协调好当前与长远、局部与整体、管理与应用、业务与技术之间的关系，优化环境，抓好保障，不断提升税务系统信息管税效率，为税收事业又好又快发展提供坚强有力的信息化保障。

信息化是当今社会经济发展的一大趋势，信息已成为贯穿税收征管领域的关键因素。实施信息管税，其目的就是充分利用现代信息技术手段，以解决征管信息不对称问题为重点，以对涉税信息的采集、分析、利用为主线，树立税收风险管理理念，完善税收信息管理机制，健全税源管理体系，加强业务与技术的融合，进而提高税收征管水平。显然，加快推行信息管税，是税收征管工作思路的重大变革。近年来，税务系统顺应时代潮流，遵循"统筹规划、统一管理、科学实施、强化应用"的原则，有力、有序、有效推进税收信息化建设，在各项工作中突出信息科学技术应用，原湖北省地税局拟定的"一年实现业务和技术标准化、两年实现省局数据集中和资源共享、三年实现网上办税和辅助决策"的预期目标已逐步实现，税收管理信息系统已初具规模，为实施"信息管税"奠定了良好基础。

但是，必须明确，信息是手段，管税才是最终目的，信息管税是以信息系统为依托，通过充分发挥涉税信息流在现代税收管理中的核心作用，建立健全信息化、专业化、立体化的税源管理体系，破解征管信息不对称这一难题，全面提高税收征管工作水平。从这个意义上讲，信息管税既是解决当前税收征管问题的有效措施，也是税务部门落实科学发展观的长远性基础工作。以此来衡量，税务部门的信息管税工作依然任重道远。主要工作短板包括：税源管理体

[①] 本节内容基于 2012 年 12 月 11 日在原湖北省地税系统信息管税工作会议上的讲话。

系建设还不够完善，信息应用尚未覆盖税收管理全领域；信息采集、传递、处理能力还有待提高，涉税信息分析利用的深度和广度还有所欠缺；税企双方信息不对称问题仍未解决，征管质量和效率仍有提升空间。所以，下一步的工作目标是，本着更加重视资源整合、更加重视整体联动、更加重视分析利用的指导思想，按照"完备平台、完善机制、完整流程、完好应用"的标准，积极探索具有湖北地方特色的信息管税路子。

一、加快整合五大综合应用平台

1. 建立全省统一的综合办税平台。依托税费征管核心系统、网上办税系统和网上国库信息处理系统（TIPS），逐步实现税费的同城通缴、全省通缴、昼夜通缴。全省所有符合条件的企业都要完成 CA 认证，并依托地方税费征管核心软件，实现"网上办税"。

2. 建立全省统一的发票综合管理平台。应抓紧开发完成纸质发票、网络发票和税控发票三位一体的发票管理系统，形成互为补充、相辅相成的发票管理新体系，将三种发票的号码查询、兑奖查询、真伪查询、行业分类、金额汇总、发票广告、发票管理等功能集于一体，及时、准确地获取发票开具信息，实现发票管理数据共享和全面监控，促进"以票控税"作用的更好发挥。

3. 建立全省统一的纳税服务综合平台。将 12366 纳税服务热线、税务网站"征纳在线"栏目、湖北全省办税服务厅视频监控系统和短信服务平台整合成一个综合应用平台，实现全方位、立体化服务。

4. 建立税收管理分析平台。整合应用征管基础信息、税收与经济信息、税种与专业管理信息、第三方涉税信息等涉税信息流，以利于应用征管数据，及时发现征管漏洞，找准税源管理方向，采取风险应对措施，并辅助领导分析决策。

5. 建立信息系统安全管理平台。整合应用呼叫中心、信息安全、运行维护、系统保障等功能，建立起由内部网络入侵检测、防火墙、防病毒、安全认证、机房监控等构成的技术支撑系统，加快建设武汉市洪山区应用灾备中心和恩施州数据灾备中心，确保信息系统安全稳定运行。

二、巩固完善"四位一体"联动机制

建立税收分析、税源监控、纳税评估、税务稽查"四位一体"的联动管理机制,是信息管税的落脚点,决定着信息管税的效能。各级税务机关要进一步明确四个环节的工作内容、部门职责和互动机制,以分析指导评估、稽查和监控,评估为稽查提供有效案源,稽查保证评估疑案的有效解决;要通过分析、评估和稽查,发现征管薄弱环节,完善税源监控措施。为此,要从以下四个方面把握工作的着力点:

一是税收分析要更加准确。全面落实《收入分析和预测考核标准》,完善分级预测体系,深入开展税源、税收预测预警、税收管理风险和政策效应等分析,定期通报各地的税收弹性系数、宏观税负、行业税负及税负预警情况,指导基层有针对性地查漏补缺。广泛借鉴有关省市的经验,加快开发税收分析预警系统。

二是税源监控要更加严密。"信息管税"的根本目的是管住税源,防止税收流失。各级税务机关要利用征管核心软件上线后的"数据大集中"优势,进一步扩大税源监控范围,将更多的行业、企业、项目纳入重点税源监控,完善税源监控体系,提高监控数据质量。同时,全面贯彻落实《地方税费征收管理保障办法》,积极扩展第三方信息比对渠道,建立公共信息共享机制,抓紧启动与国税、质监等部门联合搭建信息交换平台的工作,完善第三方信息采集与运用管理办法,切实加强纳税人的户籍管理。

三是纳税评估要更加科学。以营业税、企业所得税评估试点为突破口,针对税源实际和纳税遵从风险,重点对建筑安装、房地产、金融、交通运输等行业和大型企业集团开展纳税评估。省、市、县局都要进行试点,省局将向全系统征集纳税评估典型案例,年底进行汇编、点评,逐步建立行业综合评估模型和指标体系,完善管理办法和工作规程。学习借鉴外省市纳税评估经验与相关评估软件,加快完成纳税评估模块开发任务。

四是税务稽查要更加有力。继续完善一级稽查体制,条件成熟的地方要推行市级一级稽查,进一步整合稽查资源,提高执法层次,加大执法力度,统一执法尺度,增强执法刚性。积极试点分级分类稽查,健全特大企业省局查、中等企业市(州)局查、小型企业县局查的稽查工作格局,提高税务稽查效率,分级监控重点税源。

三、严格把握信息流程的四个关键环节

一是高标准采集信息。抓紧制定和落实地方税费征管电子信息管理办法,

完善全省统一的数据采集标准和操作规程,建立涵盖税收所有业务的涉税信息指标体系。各级税务机关要按照"统一标准、分级管理、过程控制、保障安全"的思路,严把数据入口关,重点保证征管核心系统对纳税人申报资料和财务报表数据的完整、及时、准确采集,提高基础数据质量。

二是高效率整理信息。结合数据分析和管理工作,及时做好数据修正和垃圾数据清理,确保数据的质量和时效。各级税务机关必须按照规定权限,严格执行数据修改审批制度,杜绝违规人为修改,保证征管数据的原始性和真实性。

三是高质量分析信息。全省征管数据集中后,省、市、县局都要将信息分析作为一项重要工作职责,各有侧重地开展综合信息分析和评估预警工作,形成点、线、面有机联系的梯次分析机制,实现宏观分析与区域分析、行业分析与重点企业分析相结合,为领导决策提供服务。省局作为全省征管数据集中存储、管理的首脑机关,要强化计划统计部门的职能,对数据分析实行归口管理,增设专门岗位,安排专职人员,对全省集中数据进行常态化、制度化的分析监控、比较甄别,整合海量信息,形成《数据分析报告》,定期发布通报。

四是高水平利用信息。各级税务机关要加强信息分析成果的增值利用,及时整改分析报告指出的疑点和问题,采取针对性的管理措施。各级领导干部要充分运用数据分析成果,培养"凭数据说话"的工作习惯,尽快实现从经验判断到科学决策的转变,提升税收征管决策的准确性和科学性。

四、逐步深化"六位一体"平台的应用和管理

首先,要进一步拓宽应用领域,提高数据质量。要强化六大平台在税收征管、税收执法、纳税服务、收入监控、目标考核、行政办公、廉政建设等领域的全面应用;要不断优化业务流程,完善各大平台功能,适应税源专业化管理的需要;要牢固树立信息质量是税收征管生命线的理念,清理分散在各项业务、各个环节、各个系统中的"垃圾信息",健全数据质量管理和数据质量通报考核机制,努力实现数据"零差错"。其次,要进一步完善系统功能,提高应用质效。在税收专业化改革过程中,研发与之配套的信息支撑系统,包括:

在综合办税平台运用上,要努力提高税费征管核心软件中的数据质量,加强数据深度开发利用,认真抓好总局货物运输发票系统与税费征管核心软件的接口应用,防范执法风险。

在发票综合管理平台运用上,要通过平台将发票行政审批、印制、使用、

缴销等各环节纳入全程监控，对金融、保险、邮电、电信等行业冠名发票实行统一管理，优化税控发票和网络发票系统，提高发票真伪查询的响应速度，建立和落实网络发票应急处理机制。这里要提请各市（州）局、县局的局长，一定要认真管好纸质手工发票。税务局长的第一大业务风险就是发票，今后只要发票出了问题，造成国家利益损失的，必须要对局长问责，严重的要撤职。

在纳税服务平台运用上，要发挥好对内监督、对外服务的功能，提高平台中纳税人信息的准确性，推动纳税服务标准化、专业化、信息化和集约化。

在评估分析决策系统运用上，要抓好日常运用，建立适合本地情况的指标体系和模型，高度重视国税、工商、公安、房产等第三方涉税信息的采集与分析利用，拓宽第三方数据来源渠道，为建立纳税评估分析模型提供参考依据；要在省、市、县、基层分局等四级，形成分析、评估、监控、稽查等四个环节的联动机制，做好税收的宏观分析和微观分析。

在安全运维保障平台运用上，省局将视各地的基础状况和标准化建设情况分批上线，各地要全面开展信息资产清理，按系统要求分类管理，对信息系统面临的安全威胁进行风险评估和综合分析，分别制订不同的应急预案。

在行政综合管理系统运用上，要加强综合办公信息系统、目标管理与应急处理系统、税收行政执法责任制考核系统等10个模块的应用，并根据业务实际进行优化和完善，用工作流控制行政考核流程，实现"高效、可控、节能、灵敏"的行政管理。即将上线的移动办公系统，将首先在省局进行试点应用，实现综合办税、行政管理和评估分析决策三个系统中涉及纳税人诉求、税务公告、办税事宜、第三方信息等事项的移动处理。试点成功后，将在全省范围内进行推广应用，实现移动办公的目标。

第三节　信息管税与发票综合管理平台[①]

发票综合管理平台的开发、运用实践表明，只有解放思想、更新观念，才能打破思想桎梏，摆脱发展束缚，更好地探索适应时代要求的税收管理之路。

[①] 本节内容基于在原湖北省地税系统2009年10月27日"税收发票综合管理平台试点工作会议"和2010年4月30日"网络发票和税控发票培训班"上的讲话。

时任国家税务总局局长肖捷在听取"金税"三期汇报时曾强调指出:"绝不能让新的信息系统去适应传统的观念和工作方式,而要使我们的观念和工作方式适应新的信息系统。"对税务部门来说,发票综合管理平台是一个新生事物,需要不断加深认识,更新观念,尽快熟悉和适应,全面掌握其功能,充分发挥其作用。

一、发票综合管理平台的基本功能

发票综合管理平台的功能特点,集中体现在"综合"两字上,就是整合网络发票、税控发票和定额发票管理系统,形成"三位一体"的管理平台,将三种发票的号码查询、兑奖查询、真伪查询、行业分类、汇总统计、发票管理、企业文化等功能集于一体,及时、准确地获取发票开具信息,实现发票管理数据共享和发票所载税源信息全面监控,因而具有强大的信息管税功能。

网络发票实行税务机关与纳税人在线联通,纳税人通过网络发票客户端开具网络发票,将开具信息通过网络提交到发票综合管理平台,系统对开具的每一张发票进行实时跟踪管理。

税控发票利用具备网络传输功能的税控机开具发票,通过网络传输发票开具数据,定期与税务机关在线远程抄报一次发票开具的电子记录,通过网络实现税控机票表比对与清零解锁,实现税控机及其税控卡、用户卡、税务管理卡的网络化管理。

定额发票通过征管核心系统向纳税人发售,实行印制、销售、兑奖、查询、防伪全过程的信息化跟踪管理,没有进入信息系统的定额发票不能在市场上使用。

二、发票综合管理平台的主要作用

发票综合管理平台的应用,不仅加快了信息管税的步伐,实现发票管理数据共享与税费征管核心软件对接,真正做到以票控税,还能从源头上有效遏制发票制假售假行为,降低征纳成本,提高征纳效率。其作用可以概括为"源头控假、以票控税、节约成本、提高效率"。

(一)源头控假

目前,社会上有关发票制假售假的名片、短信、网络信息随处可见,假发票俨然已成为一个"产业",从生产、运输、批发到销售,都有严密的组织、专业化的管理和分工。税务部门虽然联合有关部门进行了多次打击,但仍然屡禁不止,且有愈演愈烈之势,既给社会造成危害,又给国家税收带来损失,对税务部门的形象损害极大。长期以来,税务部门在发票管理上采取了许多办法,但大多是治标之举,而非治本之策。省局研发并推广应用发票综合管理平台,是从源头上遏制发票制假、贩假、用假行为的治本之策。发票综合管理平台提供的多重防伪功能,使发票具有唯一性和不可篡改性,纳税人、税务机关和社会公众均可通过互联网或省局纳税服务综合平台查询发票真伪,大幅度提高发票的防伪效能。

(二) 以票控税

在目前社会信用体系不够健全,市场经济尚未完全具备公平有序、依法诚信的条件下,还存在着纳税人不遵从而逃避纳税的风险。之所以产生这些现象,除了纳税人依法纳税意识淡薄以外,税务部门缺乏有效的技术手段加强税源监控,导致征纳双方信息不对称也是重要因素之一。"工欲善其事,必先利其器。"时任国家税务总局副局长宋兰在全国征管和科技工作会议上指出,信息技术是税收征管的重要生产力。要实现以票控税,就必须借助先进的信息技术手段。我们推广应用发票综合管理平台,就是强化税源监控、堵塞征管漏洞、实现以票控税的重要手段。

(三) 节约成本

发票综合管理平台的运用,能够极大地降低纳税人办税成本。例如,过去消费者到餐馆吃饭,消费金额稍大一些,就需要开具一大摞定额发票;实行税控发票后,无论多大金额,就一张票,直接降低了纳税人的购票成本。另外,税务机关可以采取按季甚至半年批量发售发票,纳税人经批准可随时调整网上开票数量,这样,将大大减少纳税人往返办税厅的次数,节约时间成本和交通费用。再有,国家对税控机具有着明确的税收优惠政策规定,纳税人购买的税控机具和CA认证的费用,可以视企业规模大小,在应缴税款中分期抵扣,降低企业用票成本。同样,对税务机关而言,通过推广应用综合管理平台,能够利用信息化手段,及时、准确地掌握纳税人的原始信息,促进税收管理的科学化、专业化、精细化,降低了征税成本。

(四) 提高效率

一方面,提高发票综合管理平台纳税人的办税效率。该平台在与省局网上办税系统链接后,可以直接导入生成纳税申报表的附列资料,自动生成相关报表,大大减少了纳税人手工台账的登记工作量;它在与省局纳税服务综合平台对接后,可以通过外网随时查询普通发票的真伪;它与 CA 证书登录系统链接后,可确保纳税人登录互联网发票服务器所开具的发票的基本信息合法、有效、不可篡改。此外,纳税人无须安装发票数据存储器,就可直接向税务机关实时报送数据,可以避免数据遗失。这些既提高了申报纳税的质量和效率,又降低了涉税运行风险。另一方面,发票综合管理平台的推广应用,同样减轻了基层税务机关的工作压力。通过规范发票领、售、存工作流程,增加了发票核查的准确性及透明度;通过对纳税人开票情况进行查询统计监控,随时与纳税人网上报税、征管信息系统数据进行比对,实现科学合理的纳税评估,税收监管将更加方便,更有效率。

三、推广应用网络税控发票的必要性

借助于发票综合管理平台,推广应用网络发票和税控发票,其意义重大、影响深远。

第一,推广应用网络发票和税控发票,是信息管税工程建设的重要内容。信息管税是现阶段乃至今后一段时期税收管理工作的指导思想和发展方向,它的主要目标是,以对涉税信息的采集、分析、利用为主线,解决征纳双方信息不对称问题。如何实施信息管税,发票至关重要。因为在现阶段,发票既是税务机关掌握和监控纳税人实际经营收入的主要手段,也是税务机关管理和监督纳税人是否足额申报纳税的一个主要依据。我们经常讲,税收管理重在管基础。所谓管基础,关键之一就是要把发票管好。

我们集中人力、集中物力研究开发发票综合管理平台,其目的是要充分利用先进的网络手段来管住发票、管好发票,更加有效地掌握税源、监控税源,解决征纳双方信息不对称问题。发票综合管理系统不是简单的开票机,它与省局数据库是实时联通的,它的功能特点集中体现在"综合"两字上,即整合过去的网络发票、税控发票和定额发票三大管理系统,将三种发票的分类、查询、统计、发票管理和企业文化等集于一体,它的前提是可咨询、可集合,核心是可管、可控、可查。纳税人每开具一张发票，税务机关都能及时、准确地获取发票开具信息，实现发票管理数据共享，并对发票所载税源信息进行全面监控，这是它最重要的功能。同时，网络发票和税控发票具有的多要素多重防伪功能，使其具有唯一性和不可篡改性，纳税人、税务机关和社会公众均可通过互联网或省局12366纳税服务综合平台，查询发票真伪，从根本上提高防伪效能。因此，推广应用网络发票和税控发票既是加强发票管理的一个重要手段，也是实施信息管税工程的一大建设项目。

第二，推广应用网络发票和税控发票，是堵塞税收征管漏洞，确保税收收入可持续增长的重要手段。长期以来，受主客观条件限制，税务机关在发票管理方面存在一定的盲区和漏洞。一方面，在税务部门外部，社会上少数不法分子制售假票、真票虚开、非法代开、大头小尾开票等违法犯罪活动猖獗，严重扰乱了税收管理秩序。另一方面，在税务部门内部，个别税务干部也在打发票的主意，甚至跟社会上不法分子勾结起来，形成假票印制、销售团伙作案、从中牟利。造成上述问题的原因，除了社会信用缺失，消费者索取和使用发票观念不强，纳税人逐笔开票制度难以落实之外，大量的手工票和定额票也是主要原因。由于税务机关难以及时、准确地获取纳税人的经营数据和开票信息，致使发票验旧售新流于形式，发票查询和票表比对无法进行，发票"闭环"管理没有形成，从而给不法分子提供了可乘之机，也给零星分散的地方税源管理留下漏洞。目前，不论是从湖北全省各地开展的税源税负调查结果看，还是从国家税务总局通报的各省市税负情况看，加强发票管理，对于保持税收收入可持续增长，有着重要意义。与全国其他省市相比，湖北的宏观税负率相对比较低，既有客观因素，也有包括发票管理在内的主观因素。推广应用网络发票和税控发票，既是堵塞税收征管漏洞的有效举措，也是确保税收收入可持续增长的重要手段。

第三，推广应用网络发票和税控发票，是净化社会风气，建设诚信社会的必然选择。人无信不立、商无信不兴、国无信不昌。自古以来，讲求诚信是一个人、一个民族、一个社会赖以生存的基石，是每一个公民理所当然的道德规范，也是市场经济社会运行、发展的基本法则。税务机关不单纯是一个业务部门，它除了组织收入、调节经济之外，还担负着某些社会方面的职责。例如，税收如果管得好，就会促进良好社会风气形成，如果管得不好，就会污染社会风气。假发票直接伤害了人与人之间的信任感，增加了经济交易成本，毒化了社会风气，影响到诚信社会的建设，间接或直接损害了国家和社会利益，已经到了非解决不可的程度。我们党和政府历来高度重视发票管理工作,各级领导经常要求加强发票管理,可以说,管不管得好一张发票,不仅是一个税收业务问题,还是一个社会问题和政治问题。从这个意义上讲,作为政府职能部门的税务机关,有义务、有责任通过加强税收管理,通过改进和创新发票管理,推动诚信社会建设,净化社会风气。

第四,推广应用网络发票和税控发票,是加强政风行风建设的现实需要。在2008年湖北全省民主评议政风行风工作中,原湖北省地税局机关和17个市、州、直管市、林区地税局均被评为优秀单位,其中省局和11个单位取得第一名的优异成绩,这是社会各界和各级领导对全省税收工作的充分肯定。评价虽然很高,但我们也要扪心自问,税收工作中还有哪些不足,还有哪些应该做好而没有做到位的工作?我记得在湖北省政府机关召开的政风行风评议大会上,有两个评委当场向我提出两个尖锐问题。其中之一就是关于假发票问题。我在评议现场代表全省税务系统向各位评议委员郑重承诺,加强发票管理,税务部门义不容辞,其治本之策,就是全面推广应用网络发票和税控发票,尽可能减少发票造假的机会和可能。各位评委对此非常满意,并给予了高分评价。所以,我们今天自豪地向社会宣布,网络发票和税控发票已经成功上线运行,就是如实兑现对全省人民的承诺,就是向人大代表、政协委员报告,全省税务系统在治理假发票和加强政风行风建设方面,已经迈出了最重要、最坚实的一步。

第五,推广应用网络发票和税控发票,是整顿和规范经济秩序、加强税务和财务管理的有力举措。

发票是税收征管的依据,也是企业和单位财务收支的法定凭证。长期以来,一些单位、企业和个人不仅利用真票假开或直接使用假票逃税骗税,而且利用这类方式虚列成本费用、侵蚀税基,或是报销套现,私设小金库,损公肥私。假发票泛滥不仅给税收征管工作带来巨大冲击,更成为滋生腐败、助长不正之风的温床,不仅破坏了财经纪律,而且干扰了正常的经济秩序。推广应用网络发票和税控发票,一方面可以防止利用假发票隐瞒经营收入,逃避缴纳税款;另一方面,还可以充分利用发票综合管理平台查询发票真伪。这样,既能从根本上遏制以票谋私现象,也有利于财政、审计部门和企业单位防范、查处假发票,或非法代开发票套取财政、企业资金的行为,为整顿和规范经济秩序提供有力支撑。

第四节　信息管税与征管资料电子化①

一、税收征管资料电子化管理的基层探索

税收征管资料，是指由纳税人的基本情况、企业财务报表、纳税申报表、税收缴款书、税务稽查报告、减免税审批报告等构成的涉税信息和档案材料的统称。作为形成于税收征纳活动的第一手材料，税收征管资料反映了纳税人生产经营的基本信息和税务机关征管工作的基本过程。长期以来，我国税收征管资料一直采取纸质形式。

从档案管理意义上说，税收征管资料电子化在全国一些基层税务单位早有探索，不能算是新生事物。从全国范围看，系统推行税收征管资料电子化管理，首先来自于部分经济发达地区，例如广州、武汉、深圳、青岛、福州等市，以及江苏省部分地区的税务机关。原武汉市地税局很早就结合本地实际，探索税收征管资料电子化管理。这个问题真正引起税务部门高度重视是在2012年。当年，国家税务总局在顺应世界税收管理发展潮流，总结我国税收征管改革实践的基础上，提出要进一步深化税收征管改革。改革的核心就是以明晰征纳双方权利和义务为前提，以风险管理为导向，以专业化管理为基础，以重点税源管理为着力点，以信息化为支撑，构建现代化税收征管体系。在这种背景下，税收征管资料在发挥档案管理基本功能的同时，如何支持和服务于税收征管改革，满足税务机关内部各项业务流转衔接、过程留痕管理的需要，满足纳税人和社会各界对纳税服务更高要求等方面，就成为摆在税务机关面前的一项现实而紧迫的问题。

推行税收征管资料电子化管理，也是被征管改革和信息管税给"逼"出来的。其中，有两个重要因素"倒逼"征管资料实行电子化管理。一个因素是，按照省局征管改革方案，纳税服务局组建后，凡依纳税人申请办理的涉税事项，除法律法规另有规定和能通过互联网、24小时自助办税服务终端受理

---

① 本节内容基于2013年5月27日在湖北省地税征管资料电子化管理系统上线工作会议上的讲话。

的之外，一律由办税服务厅受理，全面实行"窗口受理、内部流转、限时办结、窗口出件"的一站式服务。在这一过程中，征管资料如果仍然沿袭传统的纸质流转方式，其后果不堪设想。另一个"倒逼"因素是，按照征管改革"时间表"和"路线图"，省局正在全面引入国家税务总局"金税"三期业务和技术标准，打造核心征管软件"升级版"。新的核心征管系统上线后，将统一征管业务流程，统一征管业务岗责体系，统一征管信息采集标准，实现对税务部门所有涉税费事项主要环节的全覆盖。在业务流程中，通过工作任务推送、信息提醒、子流程自动触发等功能，实现工作找人、信息找人，并通过系统痕迹管理、自动提醒和时效考核机制，精确控制业务流程各节点的办理过程和办理时限，变结果监督为过程控制。那么，要实现上述功能和目标的一个基本前提是，首先实现征管各环节的信息共享，这就需要征管资料电子化管理系统的全面支撑。所以，在新的核心征管系统上线之前，全面推行征管资料电子化管理，就成为全面实施征管改革之前必须要解决的一件难事、急事和大事。可以这样讲，征管资料电子化是信息管税的一项基础工程，它直接关系到这一轮征管改革成效，甚至关系到改革成败。

基于上述背景和认识，省局在规划和设计全省税务系统征管改革方案之初，就将建设集信息采集、查询统计、分析考核、档案管理功能于一体的征管资料电子化管理系统，纳入了全局重点工作之中。在对原武汉市地税局和外省市先进经验进行分析、综合和提升的基础上，省局在较短时间内完成了全省征管资料电子化管理系统的业务需求编写和软件开发工作，并先后在原黄石市地税局、五峰县地税局进行试点。试点单位坚持理念创新与机制创新，开展了一系列改革实践探索。从试点情况看，该系统运行平稳，软件操作简便，各模块运行顺畅，各项功能较为完善，体现出较强的系统性和前瞻性，试点已取得明显成效：一是提高了征管资料和征管档案的管理质量；二是提升了基层税务机关纳税服务水平；三是初步实现了征管信息共享，提高了基层税务机关管理效率。

二、推广征管资料电子化管理的必要性

第一，夯实征管基础的内在要求。推广征管资料电子化管理系统，其首要目的是克服传统征管资料的管理弊端，减少纸质资料接受、分发等人工流程，就地、适时影像化，形成电子资料，以便全部使用电子资料来办理业务事项，实现涉税资料流转无纸化、资料档案管理电子化、资源共享便捷化等基本目标。

第二，推进信息管税的有效载体。推广征管资料电子化管理系统，可以从源头上解决数据信息失真、冗杂、利用率低下等问题，在此基础上，进一步整合、深度分析利用征纳双方和第三方数据信息，逐步实现税收征管的信息化和现代化。

第三，深化征管改革的重要支撑。推广征管资料电子化管理系统，有利于解决真实涉税信息资源的互通共享问题。在征管资料电子化管理系统中，每一项涉税（费）业务应当采集哪些资料，都有明确的界定，在系统设计上减少了少报、漏报资料的可能。有了征管资料电子化管理系统的支撑，征管改革的各项措施才能扎实推进，征管改革后的业务流程才能顺畅运转。

第四，落实两个减负的有力保证。征管资料电子化管理系统在功能上实现"一次采集，全程共享；一个部门采集，多个部门共享"，可以减少纳税人资料的重复报送，也大大减轻了基层税务部门的资料采集负担。

第五，服务决策管理的必要手段。主要表现在以下三个方面：一是该系统对于征管信息的标准化采集、征管业务的规范化流转和征管各环节的信息共享，都规定有明确要求，使涉税信息完全变成公共资源，更加公开透明了。二是推广征管资料电子化管理后，征管各项业务流转基本实现了全程控制和留痕管理，有利于征管质量、绩效评价，以及执法监督的科学规范，有利于考评考核的权威公正。三是征管资料电子化管理后，有利于涉税信息的汇集、分类和分析，能够对产业结构、行业动态、企业变化以及区域发展进行分析预测，积极主动地为各级税务机关和地方党委、政府提供决策信息。

第五节　信息管税与税收评估分析决策系统[①]

一、税收评估分析决策系统的意义

"十二五"是我国经济社会发展的关键时期，也是税务系统在新起点上推进信息管税，实行税收跨越式发展的重要时期。随着我国市场经济发展，税收在深化改革开放、服务经济发展、保障民生改善、筹集财政资金等方面的地位

---

① 本节内容基于2011年6月21日在湖北省地方税收评估分析决策系统上线动员视频会议上的讲话。

和作用更加凸显，税收管理与改革的任务也更加繁重。同时，随着纳税人数量的迅猛增长，企业组织形式、生产经营方式的多样化、复杂化和国际化，征纳信息不对称，以及反偷逃和反避税的博弈也将常态化，从而使信息管税的任务更加艰巨，风险也不断加大。

基于上述背景，原湖北省地税局党组按照科学发展观要求，坚持统筹兼顾，注重全面协调，加快了信息管税建设的步伐。2008年，抓住地方税费征管核心系统全省上线的契机，大力加强了信息管税核心平台建设，全方位规范了信息化管理的体制机制，成功实现了全省数据大集中；2009年，以TIPS系统的推广应用为契机，成功开通了网上办税系统；2010年，着眼于提升信息数据应用水平，顺利启用了12366纳税服务综合系统和发票综合管理系统。通过"三年三大步"推进信息技术应用，强化了税收征管，改善了纳税服务，为"十一五"信息管税建设画上了一个圆满句号。

为了巩固信息管税成果和强化征管数据的深度利用，省局整合了税收经济信息、征管基础信息、税种与专业管理信息、第三方涉税信息等涉税信息流，研发了评估分析决策系统，并在全省部分县（市）局试点运行。专家认为，湖北地税评估分析决策系统的设计思路新颖，整体架构合理，使用方便，可以投入实践运用。各试点单位也普遍反映，系统功能齐全，界面友好，架构合理，软件设计科学，岗位流程到位，评估结论合理，系统运行良好，期盼该系统在促进税收基础管理、改善征管工作质效、提高纳税人遵从度、优化纳税服务、防范税收执法风险等方面，发挥积极作用。

第一，税收评估分析决策系统上线，是深化信息管税建设的客观需要。信息管税的重点是要通过对涉税信息的采集、分析和利用，解决征纳双方信息不对称问题。评估分析决策软件依托税费征管核心系统、网上办税系统、12366纳税服务综合系统和发票综合管理系统的数据信息，运用智能化手段，提供了从宏观、中观到微观层面的分析应用与辅助决策，可以实现真正意义上的信息管税。如果我们把税费征管核心系统比作税收征管的控制性工程，把网上办税、12366纳税服务和发票综合管理等系统视为信息管税的助推引擎，那么税收评估分析决策系统将成为信息管税工程的一大标志性成果。

第二，税收评估分析决策系统上线，是推动征管质效提升的重要举措。组织好收入，为经济和社会发展提供充裕的财力保障，始终是税务部门工作的主要职责。近年来，快速增多的征管对象与有限征管资源之间的矛盾日益突出，税源控管能力日显不足，税收流失风险不断加大。评估分析决策系统的上线运行，无疑为强化税收征管，堵塞税收漏洞带来了新手段。通过建立科学规范的评估、分析、预警体系，能够为各级税务部门提供辅助决策手段，有针对性地出台税源监控措施，推动征管质效进一步提升，确保税收收入持续增长。

第三，税收评估分析决策系统上线，是推进税源专业化管理，建立"大征管"体系的现实选择。税收"大征管"体系的一个基本特征是专业化管理。从国际税收管理趋势和国内税源管理要求看，纳税评估很有可能成为未来税收征管的一个必经程序，成为税源专业化管理的重要节点，成为税收管理员的重要职责。纳税评估有手工评估和机器评估两种，税收评估分析决策系统依托计算机技术和网络系统收集、处理信息，开展纳税评估，全面审核纳税申报的真实性、准确性，能够为税源专业化管理提供强有力的技术支撑。

第四，税收评估分析决策系统上线，是丰富纳税服务内容，促进税收征纳和谐的有效载体。充分应用税收评估分析决策系统，能够对纳税人的生产能力、经营状况、盈利水平进行及时监控，能够迅速准确地发现和处理纳税人申报过程中的错误和异常现象，及时督促纳税人自查自纠，帮助纳税人提高申报准确率；通过纳税评估约谈，可以及时了解和掌握纳税人关注的热点问题，及时响应纳税人的个性化需求；通过行业和宏观指标分析，能够把握行业、区域税负的整体状况，为企业创造一个相对公平的竞争环境，改善税收征纳关系，促进纳税人税法遵从度的提升。

第五，税收评估分析决策系统上线，是防范税收执法风险，健全税收执法责任制体系的必要手段。近年来，税务部门在加强税收征管方面取得了明显成效，但仍然不同程度存在"疏于管理，淡化责任"的现象，行政执法缺乏有效监督，绩效考核人为因素干扰较多，影响了考核的公正性和权威性。推行税收评估分析决策系统，可以对考核重点指标予以量化和预警，规范税收执法责任制的考核评议，实现从"人管事""人管人"向"机管事""机管人"的双重转变，增强执法考核的透明度、公开性和实效性。同时，通过评估分析，能够及时发现税源管理中的问题，有针对性地建立内部风险管控机制，这对于防范执法风险，加强干部队伍管理，同样具有现实意义。

二、全力抓好税收评估分析决策系统上线工作

充分应用税收评估分析决策系统，实现信息管税在新起点上的新跨越，是省局党组根据新形势、面向"十二五"做出的重大工作部署。全省各级税务

部门一定要竭尽全力,扎扎实实抓好这项工作。

第一,要优化系统功能,夯实管理基础。税收评估分析决策系统是一个全新的事物,从前期试点反映的情况看,还需要我们在权限分配、级次设置、评估参数和预警设定等细节方面,不断加以测试、优化和改进。我们要坚持边应用、边完善的原则,在应用中不断优化系统设计;要注重全面、科学、合理地采集、清理、维护纳税人基础信息,充实基础数据源;要抓好行业纳税评估模型建设,及时制订相关业务工作规程,建立与之配套的纳税评估管理办法、税收分析预警管理办法、行业税收管理办法等;要以税收评估分析决策系统上线为契机,进一步抓好纳税人的户籍管理、行业税收管理和宏观税负分析,进一步夯实征管工作基础。

第二,要抓好过程控制,确保上线实效。各地要按照省局上线实施方案的统一部署和要求,结合实际制订具体的上线实施方案,对每一阶段的工作要分清主次,统筹安排,分步实施。在上线后,要注重观察、分析系统运行情况,及时上报省局进行修改完善。省局鼓励各地通过应用评估分析决策系统,及时发现行业税收管理的薄弱环节和宏观税负方面存在的突出问题,有针对性地提出加强税收征管的建议,从而达到"评估一个行业,规范一个行业"和"分析一个时段,预测一个时期"的目的。

第三,要抓好干部培训,保证工作质量。税收评估分析决策系统的业务规范性强、技术要求高。为确保系统的正常推广和运行质量,各地要根据实际情况,采取层级培训与业务培训相结合的方式,抓好决策层、管理层、应用层面的培训,抓好项目组工作人员和师资的培训工作,确保税务干部都知、都会、都能熟练掌握系统的功能和操作,进一步提升系统推广应用的质量。

第四,要加强组织领导,合力推进上线工作。税收评估分析决策系统上线,涉及机制、制度建设和组织、人员、技术、资金等多个层面。各单位领导要高度重视上线工作,主要领导要亲自抓,分管领导要具体抓,其他班子成员配合抓,形成一级抓一级、层层抓落实的良性工作机制;要进一步细化方案,明确责任分工,各级、各部门做到各司其职、各负其责,形成"集中力量,重点攻坚,上下呼应,整体联动"的良好工作态势;要加强对外宣传工作,争取地方党委、政府、广大纳税人及社会各界对上线工作的理解和支持。

第六节　信息管税与 OA 系统[①]

一、什么是 OA 系统

OA 是 Office Automation 的英文缩写，中文意思就是办公自动化或者自动化办公系统。大家知道，人类文明的原动力来自于解放人类自身，OA 作为计算机技术、通信技术和科学管理思想三者完美结合的产物，其目标就是把人们从繁重的劳动、枯燥的数字、纷杂的矛盾中解放出来。从技术范畴来看，OA 是计算机技术在办公事务中的有效应用。从信息范畴来看，OA 是利用通信技术，实现人与机器、机器与机器、人与人之间的沟通和交流。从管理范畴来看，OA 是科学的管理思想、理念通过计算机、网络载体进行物化，将其变成看得见、摸得着、能够操作的工具。

OA 系统功能非常强大、十分先进，突出表现在它的 9 大平台上：（1）日常办公平台。它可以用于我们处理日常办公事务，后勤、车辆、财务管理等都可以进入系统管理。（2）公文流转平台。公文传递在 OA 系统下可以通过网络进行，实现无纸化办公。（3）内部通讯平台。省局、市（州）局、县（市、区）局、分局（所）以及局内各部门之间，可以通过这一平台进行信息交流。（4）信息发布平台。今后可以通过这个平台联通政府网站，对纳税人发布税法、税收政策和各种纳税服务信息。（5）门户集成平台。OA 系统可以将各种界面和应用软件系统整合到一个平台上，统一操作界面，提高工作效率。（6）信息集成平台。OA 上线后，可以发挥信息集成的作用，进行数据的快速集中和处理，迅速传输各种管理数据和信息。（7）协同工作平台。OA 系统可以把各个层面、各个方面的管理信息，进行集中汇总，实现内外信息资源共享。（8）组织文化平台。全省税务系统作为一个组织，通过 OA 平台不仅可以交流信息，还可以进行感情和思想交流，丰富我们的组织文化生活。（9）管理支持平台。OA 上线后，各级税务机关和税务干部的管理工作，都将离不开这一平台的支持。对决策层者来讲，OA 是决策支持系统，它通过收集整理各

---

① 本节内容基于 2010 年 8 月 23 日在原湖北省地税系统 OA 上线动员视频会议上的讲话。

类信息，运用有关模型进行演算和处理，可以辅助领导决策；对中层管理者来说，OA 是信息管理系统，它可以收集各个环节的数据，形成各种有效信息，提出决策建议；对一般工作人员而言，OA 是业务处理系统和办公系统。税务机关的每一位干部，如果不懂电脑、不会用计算机、不能操作 OA，就无法在任何岗位上开展工作，甚至有可能被时代淘汰掉。

二、OA 上线的意义

实施 OA 上线是税务部门管理行为方式的一场革命。正如毛泽东同志所说，"革命不是请客吃饭"，这一次是来真的，来实打实的。OA 上线的重要意义主要有以下四个方面：

第一，OA 上线适应了信息化时代政府管理方式、管理手段变革的客观要求。20 世纪 80 年代初期，美国著名学者托夫勒出版了他的名著《第三次浪潮》，这本书预见到了滚滚而来的信息化时代。确实，当今时代，信息化浪潮席卷全球，信息技术成为推动经济和社会发展的重要力量，影响着人类的思想、文化和价值观念，改变着每个人的学习、生活和工作方式。信息化引发了当今世界的深刻变革，重新构建了世界政治、经济、社会、文化和军事发展的新格局，加速信息化发展已成为各国的共同选择。因此，党和国家把推进国民经济和社会发展的信息化放在优先位置，作为覆盖现代化建设全局的战略举措。信息化浪潮不仅带动了社会方方面面的发展，更为税收工作注入了前所未有的活力，开启了税收发展的新时代。OA 上线是税务部门顺应信息化时代潮流，落实国家税务总局、省委、省政府一系列重大战略部署的具体行为，是实践"依法治税、信息管税、服务兴税、人才强税、廉洁从税"发展战略的重要一环。

第二，OA 上线是加强税收信息化建设，实现信息管税的重要内容。近年来，全省税务系统积极转变观念，遵循"统筹规划、统一管理、科学实施、强化应用"的原则，有力、有序、有效地推进税收信息化建设，建成了三大系列的信息应用系统。一是"信息管税"系统，包括四大平台，即以"地方税费征管核心软件"为支撑的综合办税平台、发票综合管理平台、12366 纳税综合服务平台，以及税收评估分析决策平台。二是"行政办公"系统，即 OA 系统。这个系统的核心软件是国家税务总局研制开发的，目前正在全国统一推广使用。我们将在这个系统挂上"行政执法责任考评软件"和"机关目标考核与应急处理软件",将来还要根据工作需要,运用一些不同功能的辅助软件。三是"第三方信息"系统,即利用全省"电子政务"平台上的168个部门信息,以及通过其他渠道获取的信息,进行税收管理和行政管理的辅助决策。OA核心系统属于第二个信息应用系统的主要内容,也是税务部门信息化建设的重要组成部分。

第三,OA上线是提升管理水平、服务质量和工作效率的迫切需要。OA系统是省级数据集中模式下,支持总局、省局、市(州)局和县(市、区)局四级应用的税务机关综合办公平台,它把绝大部分的税收行政工作纳入了该系统的管理和监控,对信息资源进行整合和共享,对行政管理流程进行优化和重组,对行政绩效进行考核和评估,为提高行政管理效能,提供了一个好帮手。不仅如此,OA上线还将在执法理念、执法方式和办事方法上带来革命性的转变,对税务机关加强行政管理,产生巨大的综合效应:(1)可以促进我们适应信息化需要,更新工作理念,树立正确的权力观、政绩观和服务观,进一步增强责任意识、协作意识、程序意识和效率意识;(2)可以促进我们再造工作流程,对各项内部管理制度进行优化完善,使工作更加精细化、科学化和规范化;(3)可以促进我们提升业务素质,在软件的"倒逼"下,掌握必要的行政管理知识和电脑操作技能;(4)可以促进我们建立健全岗责体系,搭建绩效评估平台,为开展各项工作提供科学标准和真实有效的依据,实现各项工作的过程控制。

第四,OA上线是建设节约型机关、廉洁型税务的积极举措。一方面,OA上线后可以改变公文传递方式,不再需要层层印发纸质文件,节约办公经费。另一方面,税务机关行使各项权力,除了受党纪、政纪约束外,OA可以为之再加"一把锁",用机器、用程序、用公开进行约束。OA上线后,每一位税务干部在电脑、网上工作办事,上级领导可以监控每个人的工作情况,纪检监察部门就可以通过预警系统,监督每一位税务干部的行政行为是否符合程序和法律要求。

三、税务干部必须学会运用OA系统

OA系统目前的主要内容有十个模块。其中,国家税务总局统一应用的有八个业务模块,即:文件管理、信息服务、工作安排、信访管理、督查督办、会议管理、信息采编和宣传管理模块;省局要求上线应用的有两个模块,即:

行政执法责任考评软件、机关目标考核与应急处理软件。其中：

文件管理模块的主要功能：可以对全省税务机关文件的收发、制定、存档、应用、效应评估进行全过程的管理，既能提升文件本身的运转效率和管理水平，也能考评每个机关干部的工作效能和综合水平。今后，省、市、县三级文件的收发和制定一律从网上运行，纸质文件减印数量，仅供存档使用，提高机关办事效率，降低办公成本。

信息服务模块和信息采编模块的主要功能：可以将省、市、县三级税务机关政务信息的收发、处理、阅读等环节全部在网上进行，提高信息服务的质量与效率。

工作安排模块的主要功能：可以将全省税务机关的主要工作安排、机关干部工作状况全部纳入系统管理，既能加强机关工作的规范性和计划性，又为上下机关之间、横向部门之间、干部与干部之间开辟了一条互相学习、互相交流、互相促进的平台，有利于全省税收工作的整体推进。

督查督办模块的主要功能：可以将上级机关、本级机关确定或领导部署的重要工作全部分解、量化到每一个单位和个人，按照规定的时间进行过程问询，根据事项的结点进行网上督办，确保各项工作按时有序推进。

会议管理模块的主要功能：可以将全省税务系统各项会议的计划、内容、效果进行统一管理，把每一个机关、部门、每一位领导在不同地点、时间召开的会议精神，在不同区域、不同层级进行分享，既有利于提高会议效率和质量，也有利于控制会议数量，加强会议经费管理。

宣传管理模块的主要功能：可以将全省税务宣传工作按照行政管理的责任与程序，新闻管理的要求与方法，以及机关新闻发言人制度，实行统一管理，对重大新闻宣传与报道进行适时审核审批，有利于提高税收宣传工作的质量与影响力。

总之，OA上线后，全省各级税务机关的所有行政管理工作，都可以通过网上运行，报考文件网上发、目标网上定、信息网上传、效果网上查、责任网上究，换言之，从现在起，税务行政管理将可以实现真正意义上的网上办公。

最后，我要求全省税务机关的各级领导，尤其是一把手，务必带头学好、用好OA系统，全力抓好OA系统的上线工作。各级"一把手"和班子成员务必做到带头学，带头用，起表率和示范作用。据我所知，过去有的单位OA上线之所以失败，一个重要原因是"一把手"不重视。所以，我们税务系统的OA上线能否成功，关键取决于"一把手"的思想认识和行动决心。我再次强调,无论是我们系统的哪一级领导,都必须学、都必须会、都必须用 OA,领导只能当上线的助推者,不能当上线的旁观者,更不能当上线的"堵路者"。各级"一把手"务必对上线工作负总责,要加强领导,协调各方,全力支持上线工作,为上线工作当好坚强后盾。我相信,只要有各级领导,特别是一把手的高度重视和率先垂范,有全体干部职工的共同努力,全省税务系统的 OA 上线工作一定能够取得圆满成功。

第七节　信息管税配套建设

一、加强日常管理,提高运维水平

为了适应信息管税建设的发展与变化,各级税务机关要在省局统一规划和部署下,高度重视信息化日常管理工作,确保"网络不断、系统不停、数据不丢"。要严格执行运维管理制度,加强运维工作流和知识库系统的使用和共享,严格执行规定的流程,形成"主动运维"模式;要认真开展应急演练,不断提高信息系统应急处置能力;要加强安全意识教育,在各类培训中将信息安全知识列为必修课程,不断增强干部职工的信息安全意识;要认真落实责任制,按照"谁主管谁负责、谁运行谁负责、谁使用谁负责"和属地化管理的原则,进一步落实信息安全管理责任,加强信息安全人、财、物的投入;要加强网上办税系统、互联网网站的信息安全防护,特别是要加强纳税人端的信息安全防护,保护纳税人的涉税敏感信息,维护纳税人的信息安全合法权益,为纳税人提供安全可靠的纳税服务平台。

二、改善和优化信息管税的内部资源配置

要加强组织领导,改善信息管税的工作环境。各级税务机关要把信息管税工作纳入党组议事日程、纳入目标管理、纳入绩效考核、纳入单位工作的总体规划,从人力、财力和物力上支持信息管税工作;各级领导要高度重视信息管税工作,主要领导不仅要对信息管税工作定目标、提要求,而且要从思想上转观念、在学习上下苦功,自觉适应信息化条件下的行政管理方式,熟悉各平台

的功能和流程，不断提高系统运用能力和行政管理效率。班子成员要主动参与做表率，成为信息管税领域内的行家里手；要大力支持信息管理部门履行工作职责，理顺工作关系，促进与机关内部各部门、上下级税务机关和外部相关单位之间的沟通协调；要落实信息管理部门的机构设置和人员编制，为信息管税提供坚强的组织和人才保障；要保持本单位机构和人员岗位的相对稳定，确因工作需要变动的，必须要按照省局相关规定提前办理报批手续，防止因机构代码、人员权限变更不及时，而影响工作的正常开展。

三、改善信息管税的制度机制环境

加强制度建设，是推进信息管税的必要保证。各地要把健全信息管税制度建设放在全省"五税战略"的总体格局中通盘考虑。对涉及业务与技术融合的制度、文件和办法，要进行系统地梳理和整合，在完善和落实上下功夫；各单位研究涉及信息管税的制度办法，要考虑数据（信息）的增值利用、信息化的承受力或潜力；要认真查找工作环节不够清晰、执行标准不够明确、岗位衔接不够紧密的信息管税盲区，迅速加以完善和细化；要将信息管税的工作职责纳入岗位责任制，拟定技术与业务部门协调配合的管理制度，严格日常考核，严肃责任追究，有效解决人机结合不佳、应用质效不高、业务与技术"两张皮"等问题。

四、加强信息管税的人才队伍建设

各地要进一步解放思想，树立"人人皆可成为信息管税人才"的理念，引导全员参与信息管税工作。领导干部要善于做好信息管税的决策与指挥，成为信息管税的专家。机关干部要勤于信息管税的组织与协调，成为信息管税的骨干。基层干部要勇于信息管税的应用与实践，成为信息管税的能手。全员都要投身于信息管税的时代潮流，成为信息管税的积极分子；要进一步加强信息管税业务知识的培训，坚持急用先学、分项培训、以考促学，以奖促学；要进一步完善信息化人才库管理办法，扩大选拔范围，做到信息管税的领域延伸到哪里，人才库的选拔范围就扩展到哪里；要按照省局、市（州）局、县局三个层面，科学制订人才引进计划、评定标准和配置方案，把那些综合素质高、专业技术精、奉献精神强的干部优先选配到信息技术岗位，形成结构合理、梯次推进、各有侧重、稳定高效的信息化专业人才队伍；要强化市（州）以下信息技术部门职能，各办税服务厅要设立独立的信息技术岗位，把基层信息技术部门工作重点从单一的设备、网络技术维护拓展到信息化应用领域，利用基层信息技术队伍贴近税收管理一线、贴近纳税人的优势，强化应用系统的技术支持、数据质量管理、数据分析利用和对纳税人技术服务等职能。同时，由于信息技术管理部门的工作很多都在幕后进行，压力大、加班多，更需要各级领导能尊重、理解、关心和支持他们，既要保持技术人员相对稳定，又要加强信息技术部门与业务部门之间的人员交流，培养既懂信息技术又懂税收业务的复合型领导干部。信息技术专业干部要进一步增强服务税收中心工作、服务基层、服务纳税人的意识，不断提高统筹规划、项目管理、专业技术等方面的综合能力。

第六章
纳税服务

第一节 纳税服务工作的意义①

一、纳税服务工作面临的形势

国内外的税收理论和实践表明，税收法治和纳税服务的最终目的，是为了促进税收遵从。换言之，纳税服务之所以重要，是因为税收遵从需要纳税服务，纳税服务能够有效促进税收遵从。为此，西方发达国家近些年来不断改进纳税服务：一是更加注重服务意识，"让纳税遵从变得更容易"；二是更加注重纳税人权益保障，促进权利和义务对等；三是更加注重分析纳税服务需求，引导服务供给；四是更加注重纳税安全管理，降低纳税风险；五是更加注重服务指标考核体系，评价纳税服务绩效；六是更加注重创新个性化服务需求、信息化服务手段和专业化服务模式，降低纳税人成本。

党中央、国务院提出建设服务型政府以来，国家税务总局和地方各级税务部门高度重视并不断强化纳税服务工作。过去，由于管理理念、工作条件、外部环境等因素所限，税务部门无论是从机构设置还是在职责任务上，突出强调的是管理职能与监督职能，真正把纳税服务作为一项制度、一个系统、一项全局性的工作提出来，还是近几年的事。随着党和国家执政理念的深刻转变，坚持以人为本、构建和谐社会、打造服务型政府等科学发展理念逐渐成为各级政

---

① 本节内容基于 2009 年 4 月 15 日和 2011 年 4 月 12 日在原湖北省地税系统纳税服务工作会议上的讲话。

府部门的共识和实践，这就必然要求税务部门适应这种变化，更新治税理念，实现税收职能从监督管理型向管理服务型转变。纳税服务是一项只能加强不能削弱，只有更好没有最好的重要工作。应当清醒地看到，湖北省的纳税服务工作与当今世界发达国家相比，与国家税务总局的要求相比，与纳税人的期待相比，还有较大差距。正是从这个意义上来说，以服务为本的治税理念，对于我们深刻认识纳税服务工作的意义，做好新时期纳税服务工作，具有启蒙作用。

二、纳税服务工作的必要性

1. 纳税服务是建设服务型政府的需要。建设服务型政府，是坚持党的全心全意为人民服务宗旨的根本要求。我从延安党校学习回来后曾为机关干部讲过一次党课，其中专门讲到服务理念问题。延安精神很重要的一条是"全心全意为人民服务"，这也是我们党的宗旨。胡锦涛总书记在十七届中纪委三次全会上指出："要把群众呼声作为第一信号，把群众需要作为第一选择，把群众满意作为第一标准。"这就要求税收工作必须以"始于纳税人的需求、终于纳税人的满意"为目标，建设纳税人满意的服务型税务机关。

税务部门是政府的窗口单位，与广大人民群众特别是与纳税人联系十分密切。做好纳税服务工作，对于坚持以人为本、维护纳税人合法权益、充分展示政府形象，有着很强的示范效应。在各级税务部门，办税服务厅又是窗口之窗口，需要我们认真总结、研究窗口单位如何满足纳税人需求，如何加强办税服务厅建设，进一步改进服务的问题。如前所述，我们的办税服务要始于纳税人需求，现在，纳税人夸赞办税服务厅设施不错，但他们更希望税务部门能够提供全程、全员、全方位的纳税服务。我了解纳税人的一个普遍诉求是，现在办税程序过于复杂，审批手续过于烦琐，能不能再简化一些，让纳税人少跑路、少排队。这些问题虽然反映在前台、集中在办税服务厅，但原因却在后台，是我们的税收征管体制机制存在问题。如果不从深层次解决这个问题，就不可能真正建立起服务型税务机关。

2. 纳税服务是适应湖北跨越式发展的需要。推进跨越式发展，是湖北省"十二五"发展工作的大局，各级税务机关要把服务跨越式发展作为纳税服务的最大任务，在转方式、调结构、促发展上下功夫、见实效。税收政策要大力支持"两圈一带""一主两副""两山工程"建设，促进企业自主创新，推动产业结构调整升级；要以税法宣传、纳税咨询辅导为着力点，利用各种渠道，宣传税法，履行告知义务。纳税人学校要制度化、规范化，使纳税人及时了解国家最新税收政策；要进一步简化办税程序，减轻纳税人办税负担。有的地方实行边审边办、即审即办，需要先审后办的，也提出要限时办结，送件上门。对于税法没有明确要求的审办事项，可以实行"先办后审"；要认真落实好各项税收优惠政策，切实增强企业发展的内生动力。

3. 纳税服务是构建"大征管"格局的需要。国际货币基金组织专家将整个税收征管体比作一个"金字塔"，这个"金字塔"的塔底是纳税服务。因此，纳税服务在整个税收征管体系中居于战略性的基础地位，所有税收征管活动都是在纳税服务的基础上，围绕着如何服务好纳税人进行的。所以，纳税服务的重要性怎么强调都不为过。在税收征管改革实践中，一些试点单位反映，税源专业化管理改革如果没有专业化的纳税服务进行配套，我们的许多征管环节将无法衔接。为了解决纳税服务与专业化管理脱节的问题，这些试点单位往往同步推进纳税服务专业化改革，把税源专业化管理建立在纳税人需求导向和纳税服务的基础上，不断推进税收"大征管"格局的建设。

4. 纳税服务是促进税收遵从、共建和谐税收的需要。纳税服务工作的目标是什么？我认为就是追求"两个度"，一是提高纳税人的税法遵从度；二是提升纳税人和人民群众对税务机关的满意度。要实现"两个度"提高的目标，就对纳税服务提出了更高要求。一方面，随着时代发展和公民权利意识的觉醒，纳税人再也不愿意像过去那样，盲目接受没有权利的义务了，而是更多的要求税务机关提供对等的纳税服务。另一方面，随着我国经济快速发展，纳税人数量迅猛增长与征管力量严重不足的矛盾越来越突出，要缓解这一矛盾，优化纳税服务是有效途径之一。实践证明，没有良好的纳税服务体系作保障，没有广大纳税人的积极配合，就不可能从根本上提高征管质效，促进纳税遵从与共建和谐税收也就成为一句空话。所以，纳税遵从必须两手抓，一手抓依法治税促遵从，另一手抓纳税服务促遵从。

5. 纳税服务是促进税务机关转作风的需要。2010年，在全省民主评议政风行风活动中，全省17个市州税务局都评为优秀，其中有11个单位并列第一，对外树立了良好的税务部门形象。但是客观地讲，我们的工作在很多方面还不尽如人意，有些问题还比较突出，纳税人意见很大。例如，有的地方"一站式"服务没有做到位，纳税人办税仍需多头跑、多次找；有的办税服务厅受场地限制，纳税人排队、拥挤现象十分严重；有的税务干部态度生硬，服务不到位等。这些问题既需要我们从制度上、体制上下决心进行整改，也需要通过加强纳税服务工作来加以解决和弥补。

6. 纳税服务是实现税收事业新发展的需要。在新形势下，我国的税收事业面临着新起点上的新发展。我们省提出"五税战略"发展目标，其中一个重要目标就是通过服务兴税，建设服务型税务机关，它对加快转变服务理念和建设服务体系，提出了新的更高要求。正是在这样的背景下，省局于今年初成立了纳税服务处。应当指出，纳税服务，不仅仅是办税服务厅或纳税服务处（科）的服务，而是涉及税收工作方方面面的全方位服务。在纳税人看来，自己向政府缴了税，政府就应当提供相应的服务。按照现代市场经济的理念，纳税人和政府之间就是缴税与服务的关系，所以税收理论上就有了税收"利益交换"一说。如果从这个高度来认识，各级税务部门尤其是各级领导班子要高度重视纳税服务工作，树立大税务、大服务的理念；每一个税务干部都要深刻理解现代纳税服务的基本理念，做到入脑入心，化为自觉行动，自觉做好纳税服务工作，促进税收事业更加兴旺的向前发展。

第二节　纳税服务工作探索[①]

一、纳税服务工作的成绩

自全省纳税服务机构成立以来，系统上下前瞻性、创新性的做了大量工作，取得了有目共睹的成绩，为推进全省税收事业发展做出了突出贡献。

一是高度重视、谋划超前。省局党组从全局和战略的高度，将纳税服务作为核心业务，列入重要议事日程，并将其提高到与依法治税、信息管税、人才强税、廉洁从税同等重要的位置，率先在全国制定了"服务兴税"的发展战略，明确了实施步骤、工作重点和阶段性目标，并建立了由省局党组统一领导，纳税服务处牵头组织，相关部门密切配合，省市县局三级联动、优势互补的工作机制，掀开了全省纳税服务工作崭新的一页。同时，省局党组每年投入巨额资金，从人力、物力、资源、环境上给予大力支持，确保了纳税服务工作顺利开展。例如，为了在全省各地配置流动纳税服务车，省局就拿出了3500

[①] 本节内容基于2011年4月12日在原湖北省地税系统纳税服务工作会议上的讲话。

多万元。省局党组成员和机关各处室的同志们，也都从各自分管工作的角度，积极参与到纳税服务工作中来。全省各地税务机关也将纳税服务作为整体工作水平的突破口，以前所未有的力度，积极探索，勇于实践，创造了很多好的经验和做法。目前，全系统对纳税服务工作空前重视，纳税服务工作已逐渐融入税收征管、行政执法、基层建设等各方面，实现了从道德要求向法定职责、从附属任务向核心业务、从消极应对向主动有为的重大转变。

二是措施得力、体系超前。在国家税务总局的指导下，在省局党组的强力推动下，全省各级税务机关紧紧围绕"服务兴税"战略，从建平台、打基础、强队伍、优服务做起，以攻坚战的决心和措施，全面推进纳税服务体系建设。其主要工作成绩体现在：理论研究先行一步，机制完善纵深推进，平台建设已成体系，办税渠道日益拓展，税法宣传深入人心，纳税咨询便利快捷，权益保护初见成效，信用管理逐步完善，社会协作开始破题。

三是方式创新、行动超前。省局党组顺应时代潮流，着眼纳税人需求，高度重视各类服务资源的有效整合与科学配置，初步形成了纳税服务、税源管理、税务稽查三足鼎立的"大服务"格局。办税服务厅规范化建设全面推进，12366平台建设首开集约化服务先河，移动办税技术先进，网络税控发票为延伸纳税服务的触角创造了条件。从总体上看，全系统纳税服务工作思路越来越清晰明确，服务方式越来越现代多元，服务内容越来越人性多样。在税收征管、行政执法、行风建设、队伍建设、人才成长等方面，纳税服务发挥着越来越重要的作用，极大提升了湖北税收的影响力和公信力。

可以说，过去两年是湖北省纳税服务工作驶入快车道、服务水平显著改善的两年；是各项服务资源有效整合、服务要素加快聚集的两年；是服务平台全面构建、服务效能迅速提升的两年；是全局服务兴税目标大步推进、税务形象大幅提升的两年。这些成绩来之不易，首先得益于国家税务总局领导的高度重视和悉心指导，没有国家税务总局把纳税服务作为核心业务的战略定位，成立纳税服务司，就没有我们今天的纳税服务工作新局面。2009年7月，国家税务总局在杭州召开全国纳税服务工作会议，时任国家税务总局副局长宋兰做了一个很好的报告，为做好纳税服务工作明确了定位，指明了方向。国家税务总局总会计师汪康来湖北省调研，高屋建瓴地提出了纳税服务体系建设思路，并鼓励湖北在现代纳税服务体系建设方面进行先行先试。在南宁全国税务系统纳税服务工作会上，湖北代表做了交流发言。这些都给予我们极大鼓舞。另一方面，这些成绩也凝聚着全省广大税务干部的心血和智慧，记录着同志们克难勇进、不懈进取的奋斗历程，昭示着湖北税收蒸蒸日上、欣欣向荣的美好未来。

上述工作成绩的取得，关键在于坚持"服务科学发展，共建和谐税收"的工作主题，勇挑重担，大胆探索；关键在于牢记为国聚财、为民收税的神圣使命，依法服务，真诚服务；关键在于始终突出一切为了纳税人的工作目标，整合服务资源，提升服务质效；关键在于坚持落实和创新"两条腿"走路，积极贯彻总局的各项规章制度，全面创新各项工作；关键在于把准纳税服务这个核心业务，充分发挥其先导性和基础性作用。这些都是我省纳税服务工作积累的宝贵经验。

二、纳税服务工作的短板

在看到成绩的同时，还必须认清纳税服务工作存在的问题和不足。从宏观层面看，对照国家税务总局提出的纳税服务标准化、信息化、专业化、集约化建设要求，我们目前的工作总体上还处于发展的初级阶段，成绩与进步主要体现在前台和窗口，体现在硬件设施建设上；而在提升"软环境"，满足纳税人多元需求方面，依然存在着一些必须突破、必须解决的难题和矛盾，面临着由表层向深层、由分散向集约、由前台向后台、由征收向管理各环节转换的艰巨任务。从内部管理看，少数地方没有找准纳税服务在税收工作中的位置，尚未真正将其作为与税收征管相辅相成的核心业务来抓；对纳税服务工作缺乏战略规划和总体谋划，纳税服务的工作体系和全员参与局面尚未形成；针对纳税人需求的服务措施没有跟上，个性化服务方法不够多，专业化服务水平还不够高。从工作实践看，一是认识还不够到位。个别地方往往将纳税服务理解为优化办税环境、文明礼貌服务等表层措施，导致在服务中重表象轻实质，"为服务而服务""纳税人被服务"的现象时有发生。二是工作开展还不够平衡。全省大多数单位工作抓得积极主动、有声有色，成效显著，但是少数单位也不同程度地存在着等待观望、敷衍应付的现象。三是"服务孤岛"现象仍然突出。纳税服务部门往往"单兵作战""单兵独进"，缺乏整体联动和协同。四是服务资源仍需进一步整合。办税程序复杂、资料繁多、耗时较长、前后台脱节等问题还没有得到根本解决，减轻纳税人负担还有很大空间。五是纳税服务与税收征管缺乏有机融合，"两张皮"的现象还不同程度地存在着。

总之，随着纳税服务工作不断推进，我们的工作开始进入"深水区"，会触及很多深层次问题，越往深处走，难度越大。但是，越在非常之时，越要尽非常之责;越是纵深发展,越要有勇气、有底气、有志气。当前及今后一个时期,全省各级税务机关务必采取有力措施,着力破解制约纳税服务工作发展的突出问题,推动纳税服务工作向纵深发展。省局鼓励各地按照高标准,往深处探索。

第三节 办税服务厅建设[①]

一、办税服务厅规范化建设的意义

原湖北省地税局党组顺应时代发展要求,站在全省税收事业发展新的历史起点上,提出"依法治税、信息管税、服务兴税、人才强税、廉洁从税"的治税工作思路,这是深入落实科学发展观的创新之举,也是自我加压、奋勇争先的开拓之策。从一定意义上来说,纳税服务不但是我国税收进入现代文明阶段的"通行证",而且也是一种税收生产力。这种生产力一方面体现在纳税人方,我们可以通过规范、高效的服务,让纳税人节省更多的成本去提高更多的"效率";另一方面体现在征税人方,即税务机关以纳税人为中心,从体制内寻求自我突破的全方位革命,也必将推动税收事业在新起点上开拓新的生长点。办税服务厅在纳税服务这项核心业务中发挥着前台、窗口、枢纽的作用,推进服务兴税,其中一项重要任务就是要把办税服务厅作为一个重要载体,通过构建集约化的管理机制,运用现代化的服务手段,提供多元化的服务方式,努力开创纳税服务工作新局面。全省各级税务部门都要站在全局的高度,充分认识到,推进办税服务厅规范化建设不仅意义重大,而且影响深远,是一项打基础、管长远的全局性工作。

第一,推进办税服务厅规范化建设,是适应转变政府职能,建设服务型政府的客观需要。建设服务型机关是新时期税务部门职能转变的基本目标。当今世界,已经将"财经服务"作为衡量一国经济竞争力的四大指标之一,为纳税人提供优质高效、经济便捷的纳税服务,已成为世界税收发展的时代主题。

[①] 本节内容基于2010年4月15日在原湖北省地税系统办税服务厅规范化建设现场推进会上的讲话。

税务部门作为税收政策的执行者和纳税服务的提供者,是实现政府管理转型的前沿和窗口之一,纳税服务不到位,就属于行政不作为。从经济学上讲,纳税人依法纳税是为了享受更好的公共产品和公共服务。办税服务厅作为提供纳税服务的重要平台,直接检验税务机关的服务质量和效率,直接影响着纳税人的满意度,直接展示着政府形象。所以,推进办税服务厅规范化建设有利于进一步巩固纳税服务的前沿阵地,提升基层服务兴税的"软实力";有利于真正把纳税人的利益实现好、维护好;有利于增强政府的公信力,赢得人民群众的支持和信赖。

第二,推进办税服务厅规范化建设,是实现依法治税、信息管税、服务兴税、人才强税的重要载体。随着税收的不断改革与发展,作为基层业务工作的中枢,办税服务厅不再是一个单纯的办税场所,还是沟通征纳的桥梁、宣传税法的阵地、联结征管各环节的纽带,同时也是推进依法治税的"内动力",实现信息管税的"中转站",做好服务兴税的"发动机",实施人才强税的"冶炼炉"。所以,推进办税服务厅规范化建设,不能简单地理解为加强硬件建设、改善办税环境,必须深刻地认识到,这是对征管资源的一次大整合,是对业务流程的一次大重组,是对信息技术的一次大应用,是对干部水平的一次大检阅。

第三,推进办税服务厅规范化建设,是引领各项管理、全面推进税收工作的有效抓手。首先,从管理的视角看,规范化是实行科学化、专业化、精细化管理的必要条件,推进办税服务厅规范化建设,是克服管理随意性、无序性、粗放性的有效手段,是科学化、专业化、精细化管理理念在服务兴税实践中的一个重要运用;其次,从带队的角度看,规范化体现着岗责的明晰化、业务的流程化、操作的标准化、行为的规范化,也体现严格的组织纪律性。只有抓住办税服务厅规范化建设,才能牵住管理的"牛鼻子",带动服务水平不断提高,带动业务流程高效运转,带动信息技术全面应用,带动团队精神的凝聚与增强,带动勤政廉政建设,从而推动各项税收工作有效落实。

二、办税服务厅建设的主要经验

(一) 坚持改革创新理念,不断明晰工作思路

思路决定出路。为了进一步推进办税服务厅规范化建设,2009年3月,

原湖北省地税局印发了《关于进一步加强纳税服务工作的意见》，提出"逐步推进办税服务厅规范化建设，统一全省办税服务流程"的工作设想，确定了办税服务厅建设的总体目标，提出了"七个统一"的要求和标准，并将办税服务厅定位为涉税事项的"受理中心""流转中心""督办中心"和"信息采集中心"，明确了业务工作"两个一律"的规定。这些新理念、新要求和新举措，为全省办税服务厅建设和规范管理找准了定位，明确了方向。

（二）坚持规范管理理念，不断完善工作机制

制度是规范管理的前提和基础，"不依规矩，无以成方圆"。全省各级税务部门将制度建设作为规范管理的基础性工作抓，修订完善了办税服务厅的各项管理制度。一是基础性管理制度，例如：首问责任制度、服务承诺制度、公开办税制度、税法公告制度、办税服务厅岗位责任制度、纳税咨询制度和服务质量考评制度等；二是涉及具体业务的"一站式""预约式"服务和"限时制"等业务管理制度。原荆州区地税局一次性推出了办税服务的14项工作制度，对办税服务厅工作进行全面、系统的规范管理；原襄樊市地税局紧密结合办税服务厅工作实际，以规范办税服务为重点，研究制定了纳税提醒制、在线服务制、助残服务制、预约服务制、延时服务制等10项制度，突出了制度建设的针对性和实用性。各项管理制度的不断健全和完善，为促进办税服务厅规范化管理奠定了坚实基础。

（三）坚持系统管理理念，不断规范工作流程

优化办税服务厅工作流程，是提高办税效率，降低办税成本，促进征纳和谐的有效途径。许多单位紧密联系办税服务厅的工作实际，按照"办税前台集中、服务外部拓展、业务内部流转、质量后台控制、信息多方共享"的原则，合理设置岗位，界定岗位职责，梳理工作流程，整合服务资源，简并报表资料，简化审批环节，这些管理创新为办税服务厅各项工作的有序、协调运转，提供了坚实的保障。原黄冈市、恩施市、仙桃市地税局全面清理纳税人"找"税务机关申请办理的涉税事项，对原来由业务科室或税源管理部门受理的涉税事项，调整为由办税服务厅统一受理，较好地解决了纳税人办税多头找、多次跑的问题。原枝江市地税局整合办税服务厅窗口服务功能，变单一专业窗口为多功能窗口，实现了办税服务"一窗多能"，并制订了47项业务工作流程，标注了30余项涉税表样及填表说明。原黄石市地税局采取"梳理办

税流程图,制作工作移交单,规定业务办结时间表"等举措,打造了环环相扣、紧密衔接、协调高效的链条式工作流程。原孝感市地税局研究制订了《办税流程标准化操作示范》,明确了 52 项即办事项和 36 项限办事项,制订了 56 项服务标准,整合和规范了"一个窗口受理办税、一类岗位对外联系、一套模式强化管理"的"三大流程",进一步优化了办税流程,探索出了一条办税服务厅工作流程规范管理的新路子。

(四)坚持科学管理理念,不断优化服务方式

科学技术是生产力。在办税服务厅规范化建设过程中,各地充分利用信息化建设成果,改进纳税服务方式,增添纳税服务工作的科技含量,使办税服务更加"便利、快捷、高效"。一是充分利用征管核心软件的信息资源,对纳税人的基础信息实行一次性报送,一次性采集存储,统一受理、内部流转、信息共享,减轻了纳税人的办税负担。二是推行"同城通办""同圈通办"模式,实行"有区域管理,无区域征收",为纳税人就近选择办税服务厅,办理涉税事项提供了便利。三是充分发挥 12366 纳税服务热线、税务网站、短信服务平台等载体的作用,为纳税人提供税法宣传、政策咨询和纳税提醒等多方面的服务。四是积极推进电子办税服务厅建设,大力推广网上办税、批量扣税、银行储蓄网点申报等多元化申报纳税方式;实行财税库银联网,简化税款缴库程序,为纳税人提供方便、快捷的电子缴税服务。总之,信息技术的支撑、科技管理的实施,为创新办税服务手段、优化纳税服务插上了腾飞的翅膀。

(五)坚持品牌战略理念,不断提升社会形象

一些地方在建设规范化办税服务厅示范单位的过程中,牢固树立精品意识,多渠道、多形式、全方位的加强办税服务厅的窗口形象建设,把办税服务厅打造成和谐征纳关系的桥梁、展示地税精神风貌的视窗。一是加强办税服务厅的硬件设施建设,统一了内外标识和窗口设置。以人性化理念改善了窗口台面,合理划分了功能区域,完善了服务设施,更新了办税设备,使办税服务厅成为宽敞明亮、布局合理、功能齐备、环境友好、高效便捷的纳税服务平台。二是突出了优质服务。在完善服务制度、整合工作流程、简化办税程序、创新服务方式的同时,许多地方还开展了重点突出、特色鲜明的办税服务活动。例如,原武汉市江汉区地税局提供贴心的个性服务,针对特殊群体的需求,开展上门辅导和集中受理,将服务送到最需要的人群中间;原襄樊市地税局突出

"六个一"的重点服务;原黄石市地税局在办税服务厅设置投诉中心,建立税企QQ群,使纳税人在维权上"零距离",在咨询上"零障碍";原孝感市地税局推出了"纳税人之家""心卡"服务、礼仪服务等多项服务新举措,使纳税人感到舒心、暖心和贴心。形式多样的办税服务,营造了和谐的办税氛围,塑造了办税服务厅的内在美。三是注重了文化氛围的渲染。孝感、荆州等地在办税服务厅设置地税文化建设背景墙,展示地税文化建设成果,增添了办税服务厅的文化美。

(六)坚持考核激励理念,不断增强队伍活力

各地的办税服务厅规范化建设示范单位,把队伍建设作为关键来抓,将政治素质好、服务意识强、工作作风实、业务技能熟的同志选配到办税服务厅岗位,优化了办税服务厅的人员构成;开展政治业务知识培训,提高了办税服务的技能;建立办税服务质量实时评价、社会评价体系,促进了办税服务质量的提升;加强对办税服务厅工作人员的绩效考核,增强了税务干部的责任感和紧迫感;开展了评选"纳税服务能手""纳税服务标兵""纳税服务明星""最佳办税服务厅"等多项创优活动,激发了争先创优的热情,为办税服务厅干部队伍建设带来了蓬勃生机和奔放活力。

在总结经验的同时,也要看到工作中存在的问题,例如,在办税服务厅的制度规范、工作流程规范、服务内容规范、服务方式创新和干部管理等方面还存在着不少问题,各地办税服务厅建设还存在发展不平衡,服务质量和服务水平参差不齐等问题。对于这些问题,需要认真对待,落实举措,切实解决。

三、办税服务厅规范化建设的目标和任务

当前和今后一个时期,全省办税服务厅规范化建设的总体思路是:坚持以纳税人为中心,围绕"环境整洁优美、功能实用齐全、办税简便快捷、服务优质高效、管理统一规范"的总体目标,按照统一业务流程、统一窗口设置、统一各类标识、统一服务内容、统一岗责体系、统一服务规范、统一管理制度的要求和标准,用1—2年时间,全面完成办税服务厅规范化建设,建立起以办税服务厅为枢纽,其他业务部门紧密配合的基层业务运行方式,真正把办税服务厅建设成为涉税事项的受理中心、流转中心、督办中心和信息采集中心。

一是统一规范。办税服务厅的内外标识、窗口设置、业务流程、服务内

容、岗责体系、服务规范、管理制度必须统筹规划、统一规范。

二是因地制宜。推进办税服务厅规范化建设，在硬件建设上给予一些投入是十分必要的。但是必须强调，办税服务厅规范化建设不是搞竞赛，不是选拔冠亚军，各地要因地制宜，量力而行，切忌盲目攀比、贪大求洋。相反，工作重点要在办税质效和服务功能上出实招、求实效、见成果。同时，要结合信息化建设实际，科学预测今后网上办税、同城通办等办税模式对办税服务厅人员流量、办税业务的影响，在方便纳税人办税的同时，精简合并办税服务厅，减少办税服务厅数量，提升办税服务厅质量。

三是改革创新。经过多年努力，我们已经形成了一套比较稳定的办税服务厅运行模式和服务方式，各基层单位对此已经驾轻就熟。但是必须看到，按照建设服务型、效能型地税机关要求，在现有工作状态下，要想进一步提高工作运转效能和拓展服务方式，还需要我们以勇于开拓的进取精神，不断更新服务理念，创新服务机制，打造一批服务兴税亮点。

四是减轻负担。要按照"两个一律"的要求，即纳税人找税务机关申请办理的涉税事项，一律由办税服务厅受理或办理；税务机关找纳税人调查核实的涉税事项，一律由税收管理员完成，通过清流程、减程序；清法规、减环节；清资料、减报表；清制度、减负担，真正把办税服务厅打造成为基层税务机关的受理中心、流转中心、督办中心和信息采集中心，真正做到"两个减负"，全面开创"机关围绕基层服务、后台围绕前台服务、全局围绕纳税人服务"的全新服务模式。

四、办税服务厅建设的工作要求

(一) 更新观念，增强服务兴税意识

一是增强"纳税服务也是核心业务"的观念。在实际工作中，我们不能将纳税服务与税收征管人为地割裂开来，要把纳税服务作为税收征管的重要组成部分，以办税服务厅规范化建设为切入点，通过建立一体化的管理机制，融入征管，服务征管，不断增强服务兴税的生命力。

二是增强纳税服务没有"旁观者"的观念。每一位税务干部都有做好纳税服务工作的责任和义务，只是不同的岗位所承担的服务内容、服务要求有所不同。要牢固树立全员服务理念，并以办税服务厅、12366和税务网站为平台，建立全员参与的服务兴税工作机制。

三是增强纳税服务没有"空白点"的观念。推进办税服务厅规范化建设，不是一个部门的单项工作，而是一项涉及多个部门的综合性工作，不仅对征收环节有具体要求，对管理、稽查等环节也都有要求；不仅对办税窗口有明确要求，对各级管理部门也都有要求。要坚持以规范化服务带动全程服务，以全程服务促进规范化服务，充分挖掘和利用好各种资源，形成全员全程服务兴税的强大合力。

(二) 夯实基础，打造人性化的办税环境

按照"七个统一"的要求和标准，围绕"环境整洁优美、功能实用齐全、办税简便快捷、服务优质高效"的总体目标，全面改善办税服务厅的硬环境。国家税务总局对办税服务厅规范化建设要求非常严格，还聘请了第三方机构在全国范围内开展纳税人满意度调查，其中，办税服务厅规范化建设情况是调查的重要内容之一，列了很多硬指标。第三方调查机构随时都会进行明察暗访，调查情况还要在全国税务系统通报。因此，我们必须按照总局和省局的要求，把规范化建设抓到位，决不能掉以轻心。

1. 统一内外标识。全省所有办税服务厅的内外标识必须严格按照国家税务总局的要求进行统一。

2. 统一窗口设置。各级税务机关应当积极创造条件，由设置多类窗口改为只设置一类综合服务窗口，通过综合服务窗口统一办理各类涉税事项，实行"一窗通办"，真正让纳税人"走进一道门、来到一个窗、办完一切事"。条件暂不具备的，可设置综合服务、发票管理两类或综合服务、发票管理、申报纳税三类窗口。

3. 合理划分功能区域。将办税服务厅划分为办税服务区、咨询辅导区、自助办税区、公告宣传区、休息等候区等功能区域，不断健全、完善办税服务厅功能。

4. 完善服务设施。要按照功能区域配置必需的服务设施，确保办税服务配套设施和办公设备向办税服务厅倾斜，并优先保障、优先更新。要不断完善自助办税系统，推行情景式导税，导入叫号式受理，实行动漫式查询，推广休闲式办税，为纳税人创造一个舒适、高效的办税环境。

(三) 整合流程，提升办税服务效率

目前，推进办税服务厅规范化建设，最迫切的是整合流程，最难的也是整合流程。要按照精简、效能的原则，以信息管税为基础，从方便纳税人入手，对涉税事项实行集约化管理，提高办税效率。重点要从以下三个方面进行规范：

1. 办税在前台受理。将纳税人找税务机关的涉税事项，一律归口到办税服务厅受理，全面实施"一站式"服务，切实解决纳税人多头跑、多头找的问题。

2. 业务在内部流转。按照"最少环节、最简程序、最短时间"的原则和"窗口受理、后台复核、内部传递、限时办结、窗口出件"的要求，建立内部工作衔接制度，抓好办税服务厅各岗位之间，以及办税服务厅与其他部门之间的工作衔接与业务流转，建立文书流转衔接制度，明确各环节职责，理顺业务流转程序，畅通业务流转渠道，精简涉税资料，压缩办结时限，提升服务质效，积极响应和满足纳税人的需求。

3. 质量在后台监控。要通过建立链条式业务流程自控、上下层级管理监控和执法责任追究等三个层面的无缝控制体系，坚持做到办税服务"一站式"、内部传递"一单式"、信息采集"一次式"、电子档案"一户式"，充分发挥办税服务厅在推动服务兴税中的主阵地作用。

（四）创新手段，提供多元化的办税服务措施

一是加快推进省市县门户互联网站群建设。进一步深化网上办税、网络发票、网上咨询、投诉、举报等服务功能，推广应用网络发票管理系统，加快财税库银联网，扩大电子办税服务覆盖面，切实把省局门户互联网站群打造成"政务公开的第一平台、税收宣传的第一传媒、办税服务的第一窗口、税务管理的第一阵地"。

二是推行办税服务厅网络化建设。按照"多厅并联、无界服务"模式，加快网络化办税服务厅建设步伐，逐步实现"同城通办""同圈通办"、全省通办和昼夜通办，力争做到管理有辖区、服务无边界，方便纳税人就近办税。

三是拓展多元化办税服务方式。积极依托税费征管核心系统、网上办税系统、网上国库信息处理系统和12366纳税服务综合平台，完善和推行全天候开放的自助一机通、全地域覆盖的跨区一城通、全时空互联的网络一站通、全方位服务的热线一话通，逐步构建起"有形网点区域通办、无形网络无限延伸、自助办税全时开通、热线服务在线互动"的现代纳税服务新格局。

（五）规范管理，完善科学化的工作机制

各市州局设立的纳税服务科要切实履行职责，进一步加强对办税服务厅规范化建设工作的组织、指导和协调。要建立健全首问责任、办税公开、领导值班、服务回访、学习培训、安全保卫、轮值轮休等制度，保障办税服务厅工作协调高效运转；要建立工作考核评价和监督机制，启用电子客户评价系统，运用电子视频监控系统和12366纳税服务热线，开展纳税人满意度调查，明察暗访等多种方式，畅通服务投诉监督渠道，保持一定的监督频率和强度，不断改进和提高办税服务质量。各地办税服务厅要自觉接受监督，不得随意关闭视频监控探头或者调偏探头角度以规避监管。省局纳税服务处要安排专人负责视频监控的管理，对发现的问题要定期进行通报并督办整改。

（六）关心干部，培养高素质的服务人才

办税服务厅工作人员任务重、压力大、工作要求高，如何有效地调动其工作积极性，一直是省局党组高度重视的问题。各地要立足"人才强税"，高度重视办税服务厅工作人员的能力建设，抓好业务技能培训；要建立激励机制，对办税服务厅人员从政治上关心他们成长进步，从工作上给予支持鼓励，从生活上给予关心照顾。同时，省局规定，今后凡是新进大学生，都必须在办税服务厅锻炼。总之，要通过办税服务厅规范化建设，把办税服务厅打造成人才强税的"冶炼炉"，不断扩大服务兴税效应。

第四节　纳税服务规范[①]

一、纳税服务的类型

开展纳税服务工作，打造服务型税务机关，仅有目标是不够的，还必须有实实在在的服务内容或服务项目。纳税服务内容也不是简单的端茶倒水，不仅

[①] 本节内容基于2014年9月10日在原湖北省地税系统《全国县级税务机关纳税服务规范》推进会上的讲话。

仅是为纳税人提供舒适的办税环境，而是要将纳税服务理解为一种义务，一种工作职责或工作本分。因此，需要不断拓宽服务的内涵和外延，努力为纳税人提供全方位、深层次、高质量的服务，实现纳税服务内容的新突破。学术界一般将纳税服务分为三种类型，即职能性服务、权益性服务和程序性服务。

职能性服务，这是纳税服务的根本。我们知道，税收有三大基本职能，即组织收入、调节经济和监督管理。组织收入固然重要，但收入必须服从政策。税务机关除了组织税收收入外，还必须在依法征税、依法办事的前提下，不折不扣地将国家的各项税收政策落实到位。职能性服务也可以说是政策性服务，税务部门要在职能范围内，为纳税人提供公平公正的执法服务、主动到位的政策服务、促进发展的信息服务。一个好的税收职能服务，需要做到统一政策、公平税负、公正执法、规范管理，建立公正、公平的税收环境，这也是纳税人最根本、最需要的服务。

权益性服务，这是纳税服务的重点。权益性服务要求税务部门严格依法行政，认真履行程序，维护和保障纳税人的合法权益，具体包括尊重和保护纳税人的知情权、减免退税请求权、行政诉讼权、国家赔偿权，以及控告权和检举权等。例如，定税不合理，纳税人就应该有申诉权利。目前，权益性服务还是纳税服务工作的薄弱环节，需要将税收征管法规定的税务机关义务履行到位，实现好、维护好和发展好纳税人的合法权益，为纳税人创造良好的纳税环境，建立和谐的税收征纳关系。

程序性服务，这是纳税服务的基础。程序性服务的重点是坚持以方便纳税人办税为原则，要求下放税收审批权限、优化办税流程、简化办税程序、降低办税成本、提高办税效率，切实减轻纳税人负担。具体包括从税务登记、纳税申报、税款征收、税务检查等各个环节，为纳税人提供合法、规范、优质的办税服务；要求以征管核心软件为业务处理平台，积极推行"一站式"服务、"一窗式"受理、一次性办结的管理与服务模式；要求在服务的标准化、快捷化和人性化上下功夫，为纳税人提供税法宣传、纳税提醒、查前约谈等服务措施。

二、《全国县级税务机关纳税服务规范》及其意义

国家税务总局提出到2020年基本实现税收现代化的目标，其中，优质便捷的服务体系作为税收现代化的重要目标之一，被摆到突出位置。在党的群众

路线教育实践活动中，总局提出以服务税户为主要内容的"三个服务"，即为纳税人服好务，为社会公众服好务，为经济社会发展大局服好务，并推出以便民、惠民、利民为主要目标的"便民办税春风行动"。各地税务机关快速响应，创新推出许多纳税服务方式和手段，出台了诸多版本的纳税服务规范，形成"千帆竞发"的喜人态势。但是也带来一个问题，即各地服务标准的频繁升级与一地一标准的差异使区内固定业户被动适应，跨区移动业户难以适从，更使企业集团总部税务管理复杂化，颇有"车不同辙""书不同文"的困惑。为此，总局借鉴国际纳税服务经验，参考我国服务行业规范标准，以我国现行税收法律法规为依据，系统总结了"十二五"以来我国纳税服务的实践创新，制定了《全国县级税务机关纳税服务规范》（以下简称《规范》）。《规范》作为税务系统党的群众路线教育活动的重要整改举措、"便民办税春风行动"制度化、系统化的重要集合，是我国税收治理和税收现代化建设的一项重要制度建设成果。通过优化集成和统一规范的纳税服务举措，可以将纳税人的办税负担减下去，把税务机关的服务水平提上来，进一步推动税收工作从管理向治理转变、从刚性向柔性转变、从管控向服务转变，最大限度的便利纳税人、规范税务人，切实提升纳税人的满意度和税法遵从度。所以，各级税务机关一定要从讲政治、讲大局的高度，着眼全局，面向未来，充分认识《规范》落地的重要意义。

1. 落实《规范》是税务机关提高税收治理能力，推进税收现代化建设的重大举措。党的十八届三中全会指出，全面深化改革的总目标是推进国家治理体系和治理能力现代化。纳税服务与税收征管是税收治理现代化的两个轮子、两个核心业务，其中优质便捷的纳税服务体系是税收现代化的重要组成部分。《规范》借鉴国际上以服务纳税人为中心、提升纳税人满意度和遵从度的新理念，在继承前期纳税服务建设成果的基础上，明确了9大类、72项、212个县级税务机关前台服务事项的处理流程和处理方式，制定了1120条服务规范。这是对我国纳税服务理念与实践的集萃和升华，是指导税收工作的重大制度规范。自2014年10月1日起，全国将有近4000个县级税务机关全面试运行《规范》，执行统一、标准的办税业务流程，超过3000万户纳税人将享受同样的基本纳税服务。从此，我国的纳税服务工作将一举结束"战国时代"，跨入文明规范、便捷高效的税收现代化进程，这必将有力促进我国税收治理能力现代化的进程。

2. 落实《规范》是税务机关推动职能转变，加快简政放权改革的重要路径。《规范》紧扣纳税服务基本业务,以降低征纳成本为目标,努力减少涉税审批事项和受理申报前的调查、认定等制度安排,使纳税人成为自主遵从税法的主体。它在不放松控管的基础上,事前简化办理,事后加强管理,改变传统的"保姆式"服务模式,寓服务于征管业务之中。据测算,《规范》试运行后,纳税人报送资料平均减少39%,办税环节平均压缩62%,办税时限平均缩短56%,县级税务机关的前台即办事项增加50%以上。《规范》还对96个服务事项,新增了398条服务规范,解决了困扰基层已久的服务内容不清晰、流程要求不统一等实际问题。总之,国家税务总局首次直接对县级税务机关的前台服务工作制度进行顶层设计,就为各级税务机关进一步转变职能、简政放权,开启了思路,指明了路径,明确了落实办法。

3. 落实《规范》是促进基本纳税服务均等化,保障纳税人合法权益的具体措施。基本公共服务均等化是以人为本理念在公共服务领域的体现,旨在让全体社会成员享受水平大致均等的基本公共服务,保障每一位社会成员的基本权益,保证社会公平公正。为基本公共服务设定规范,可以有效减少乃至消除服务缺位、服务越位,以及不服务、被服务等现象。纳税服务是基本公共服务的重要内容,作为公共服务产品,公平化、规范化是纳税服务的应有之义。落实《纳税服务规范》,从全国层面统一县级税务机关的基本服务标准,设定纳税服务基准水平,可以使不同区域、不同群体的纳税人都能够享受到制度保障下的基本一致的纳税服务。只有为纳税服务订立统一规范,才能一把尺子对待所有纳税人,一个标准服务广大纳税人,才能真正实现最大限度的便利纳税人,最大限度规范税务人,保障纳税人的合法权益。

4. 落实《规范》是税务机关践行党的群众路线,内改作风、外树形象的有力抓手。党的群众路线教育实践活动的主要目的是加强党的作风建设。作风建设永远在路上,没有休止符,必须抓常、抓细、抓长,持续努力,久久为功。在全省税务系统"为民务实清廉"为主题的群众路线教育活动中,省局提出了转职能、改作风、优形象的践行目标和措施。《规范》将服务纳税人的理念贯穿始终,要求"服务理念更新、服务环节更简、办税流程更优、办理时限更短、服务渠道更宽、报送资料更少、内容集成更广",它符合群众所需,呼应群众所盼。全省税务系统要把落实《规范》,作为践行群众路线、持续改进作风的一项常态化、长期性工程,抓紧抓好。要通过推广和落实《规范》,有效减少乃至消除纳税人诟病的服务缺位、服务越位以及不服务、被服务等现象,使规范化服务成为税务部门的一种工作常态、行为习惯和行业风尚，在服务中彰显税务人员的专业素养和服务精神，树立税务行业良好的社会形象。

三、落实《全国县级税务机关纳税服务规范》需要注意的问题

《规范》是一部指导性、应用性、实践性极强的纳税服务操作指南。围绕《规范》加快落地问题，全省税务系统结合税收征管改革，做了大量行之有效的工作，包括重组了服务资源，理顺了纳税服务工作职责，组建了高配一级的纳税服务机构；全面推行了同城通办、"一站式"服务；推广了"先办后审"，简化了办税环节，减轻了纳税人负担；加大了办税服务厅标准化建设力度，累计对252个办税服务厅进行了规范化改造，确保服务硬件达标。尤其是通过征管核心系统（升级版）上线工作，全省税务系统进一步优化了征管流程，精简整合了流程节点，使更多的"先办后审"、同城通办、免填单事项和精简报送资料等优化服务措施得以实现，为落实《规范》创造了有利条件，打下了坚实基础。国家税务总局王军局长在视察黄冈市税务局时提出："要将黄冈打造成体现规范服务、文明服务、现代服务水平的全国纳税服务示范市。"作为全国《规范》试点单位，黄冈市税务局积极落实王军局长的指示要求，按照"基于规范、高于规范、优于规范"的原则，积极试行市级《规范》，取得较好成效，并在全国税务系统党的群众路线教育活动推进整改视频会议上，做了经验交流。

如何进一步落实好《规范》，需要重视和解决以下四个方面的问题：

1. 切实转变服务理念。思想是行动的先导。《规范》要落地实施，取得实效，关键是理念要来一次革命性的转变，需要我们的税务干部以新的服务理念，去保障规范、标准的纳税服务质量体系得以落实。《规范》以"最大限度便利纳税人、最大限度规范税务人"为出发点，从管理制度到业务流程，从服务模式到技术标准，从办税环境到工作用语，都制定了统一的工作流程和服务规范，充分体现了规范、现代、文明纳税服务体系建设的要求。全省各级税务部门要从税务机关新的角色定位、新的历史使命的高度，深刻认识《规范》的重要意义，牢固树立以纳税人为中心，视纳税人为客户的思想理念，把最大限度的便利纳税人，作为纳税服务的行为准则；把最大限度的规范征税人，作为行使职权的约束红线。每一个税务干部要把《规范》当作纳税服务的基本法来遵守，自我加压，自我约束，内化于心，外化于行，从思想上和行动上真

正落实《规范》。

2. 前后台服务需要有序对接。《规范》定位于前台服务，着眼于依申请业务，而对于依职权行为的后台业务，只是对少数服务事项进行了规范和说明。根据服务的定义，税务机关的前台服务，是指直接面向公众受理、办理，以满足公众需要的涉税事项服务活动，后台服务则是指涉税事项在税务机关内部的运转、审批、办理等业务的统称。《规范》虽然规范的是前台，但不是说后台不重要，或者不需要规范。恰恰相反，如果没有后台的规范管理和支撑作用，高效优质的前台服务就无从谈起。从各地纳税服务局运转的情况来看，有一个突出的矛盾是，很多前台本应当场办结的事项，但前台没法办结，主要原因是后台的数据采集不全面、不完整，导致前台工作流程中断、无法延续。对此，不仅纳税人不理解，同时也严重违背了税收征管改革的初衷。这里，我要强调的是，《规范》是前台、后台必须共同遵守的业务标准，各地纳税服务局和税源管理局、前台和后台都必须严格按照分工配合的要求，既要合理划分业务边界，又要加强协调配合，切实做到前台、后台流程无缝对接、平滑过渡，确保运转有序，而绝不允许相互"踢皮球"，搞"两张皮"。

3. 征管核心系统必须与《规范》实现有机耦合。落实《规范》，征管信息系统一定要与之相适应、相配套。围绕征管改革和软件上线问题，省局重新修订了《涉税费事项工作规程》（以下简称《规程》），并以此作为新软件研发的业务基础。《规范》下发后，我们又按照新的业务需求进行了及时调整和修改，可以说，新软件已实现了对《规范》全部涉税事项及其主要环节的全覆盖，从而为《规范》落地推广提供了强大的技术支持。因此，各地在实施《规范》的过程中，要按照"执行统一流程不走样，前后台衔接不断裂，实施时限标准不放宽"的原则，依托新软件，对照新《规程》，确保《规范》的各项内容，建立在《规程》确立的涉税费事项流程，以及新软件各业务模块和运行流程的基础之上；要以落实《规程》带动《规范》落地，以新软件支撑《规范》落地，并以《规范》落地，推动纳税服务水平产生质的飞跃；要依据《规程》和依托新软件，结合各地实际，积极探索更加优化的纳税服务措施，提出实践可行的升级需求，不断优化《规范》的内容。

4. 升级规范和个性规范都需要落实到位。目前阶段，依托征管核心软件（升级版），《规范》所涉及的全部基本规范和部分升级规范都已经落地，后期将要面临的任务是，对剩余的升级规范和省局个性规范进行持续落实。另外，国家税务总局也将陆续推出《规范》的2.0或3.0升级版本。所以，各地要根据总局和省局的工作要求，准确把握上级的工作思路和时间节点，严格按照《规范》的内容和落地标准实施落实，把基本规范作为基础性的要求，不折不扣的落实到位；把升级规范作为优化服务质量、提升服务水平的有效手段，逐步推进到位。各单位要将目前已实现与将要实现的升级规范进行对照，制订时间表，绘好路线图，把好责任关，细化方案，强化督导，确保各项规范按规定时限落实完成。

四、如何落实好《全国县级税务机关纳税服务规范》

从现在起，全省税务系统要把落实《规范》，作为当前一项全局性重点工作来抓。各地要以强化组织领导为关键，以机制体制建设为核心，扎实做好落实《规范》每个阶段、每个环节的工作，既要确保《规范》如期落地，又要确保《规范》运行经得起实践和纳税人的检验。

第一，压实责任，强化组织领导。各级税务机关要持续加强《规范》推进工作的领导，建立起一级抓一级、层层压实的领导责任机制。市级税务机关要做好承上启下、布置落实工作；县区级税务机关和市属各分局要做好做细做实动员、培训、运行、宣传、应急处理等各项工作；各级纳税服务部门要切实发挥牵头职责，搞好组织协调；各相关部门要加强沟通，相互配合，形成合力。同时，要主动与国税部门加强协调沟通，促进《规范》在国地税之间的整体推进。总之，各地要逐条对照实施方案的要求，不折不扣完成省局的安排部署，确保无死角、无遗漏。如果哪个单位出了问题，造成不良影响，省局将严格追责，绝不姑息。

第二，分级辅导，强化全员培训。《规范》可供征纳双方使用，既能够为纳税人提供清晰详细的办税指南，又可作为税务干部开展纳税服务工作的工具书和操作手册。围绕《规范》落地，全省税务系统要迅速建立人员分级分类的持续培训机制。省局已经组织了第一期《规范》师资培训，各单位要把这批师资力量当成种子，自行组织《规范》的培训工作，充分发挥这批同志的骨干带头作用，通过传、帮、带，再组建一批政治素质高、业务水平强、服务态度好的第二代师资队伍，既能对税务干部培训，又能对纳税人进行辅导宣讲。需要指出的是，培训不是应景工作，必须注重内容学习与业务演练的结合。今后，各地的业务培训要将《规范》作为必修内容，让每一名前台人员甚至每一位税务干部都能全面掌握和熟练操作各项具体服务业务。

第三，严格责任，强化考核问责。落地实施《规范》，必须建立在科学管理和绩效考评的基础上。参照总局做法，省局已将各地落地实施情况纳入年度绩效考核。各地要根据省局考核指标，进一步细化各层级、各部门的职责，尤其是要加强对转办业务各环节的跟踪督办和绩效记录，根据业务运转情况实施考核，促进《规范》顺利实施。各地要以《规范》落地为契机，对原有的各项服务措施进行梳理，结合实际进一步完善各项服务制度，建立起配套的督查、评估、考核和奖惩机制，确保《规范》运行取得实效。

第五节 服务兴税

为纳税人提供优质、高效、便捷的纳税服务，是税务部门的重要职责。所谓服务兴税，就是在征纳双方法律地位平等理念的指引下，全面优化纳税服务，及时满足纳税人合理需求，切实维护纳税人合法权益，持续提高纳税人的满意度和税法遵从度。近年来，税务部门适应形势要求，牢固树立"尊重纳税人、服务纳税人、保护纳税人"的理念，以纳税人的需求为重点，以纳税人满意为目标，不断创新服务方式，丰富服务内容，整合服务资源，完善服务机制，提升服务质效，纳税服务工作与时俱进，成效明显。但是，服务无止境，纳税服务没有最好，只有更好。在看到成绩的同时，我们还必须认清纳税服务工作存在的差距和不足。为此，我们在实施"服务兴税"战略中，要按照国家税务总局关于纳税服务工作的总体要求，按照"一体化"的工作思路，通过构建集约化的管理机制，运用现代化的服务手段，提供多元化的服务方式，加快形成符合时代要求的纳税服务新格局。建立这一格局的出发点是"始于纳税人需求，基于纳税人满意，终于纳税人遵从"，基础平台是办税服务厅、税务网站和纳税服务热线，主要任务包括税法宣传、纳税咨询、办税服务、权益保护、信用管理、社会协作，保障措施是健全组织、完善制度、优化平台、提高能力、强化考核，最终目标是持续提高纳税人的满意度和税法遵从度。

为确保"服务兴税"目标的顺利实现，税务部门要重点抓好以下工作：

一、加强对纳税服务工作的领导

全省各级税务机关要高度重视纳税服务工作,切实强化以纳税人为中心的服务理念,想纳税人之所想,急纳税人之所急,解纳税人之所难,积极开展全程服务和全员服务,坚持把纳税人满意不满意,作为衡量税收工作好坏的重要标准。各单位一把手要把纳税服务作为核心业务,切实加强领导,自觉当好全员服务的指挥员和排头兵。各级分管领导要重点抓好落实,推动工作创新。其他班子成员要根据工作分工,全面抓好职责范围内的相关工作。我对分管领导的要求是研究业务、精通业务,成为业务专家。纳税人在政风行风评议中最关注的问题是纳税服务,我们启动执法责任制建设的重要目标之一,也是为了规范和优化纳税服务。目前,各级税务机关要结合深入学习实践科学发展观,采取有效举措,努力提高纳税服务工作水平。

二、建立健全一体化的管理机制

一是建立专门的纳税服务工作机构。为了加强对全系统纳税服务工作的组织、指导、协调、监督和考核,实现纳税服务工作的归口管理,省局在全省机构改革之前率先组建了纳税服务处。各市州局要比照省局成立纳税服务工作专门机构;各县(市、区)地税局要结合省局关于基层机构改革方案的总体要求,明确负责纳税服务工作的具体职能部门;各级税务机关的办税服务厅和负责税源管理、税务检查、法律救济等事项的部门,要指定专门人员分管纳税服务工作。二是统一纳税服务管理制度。按照统一、规范的标准和优化纳税服务职能的要求,进一步完善税法宣传、纳税咨询、办税服务、权益保护、信用管理、社会协作等纳税服务制度,制定全省各级税务机关和税务人员的纳税服务行为规范,健全纳税服务质量考核评价制度,建立由社会各界共同参与的纳税服务监督评估机制和纳税人投诉处理机制,引导、激励税务干部不断改进服务质量,提高服务效率。

三、充分应用集约化的服务平台

按照整体规划、功能全面、标准统一、实用高效、信息共享、省级集中的总体原则,加快打造全国一流的12366纳税服务综合平台,运用多种方式为纳税人提供纳税咨询、税法宣传、办税指南、预警提示、举报投诉等涉税服务。要大力推广应用"网上办税"系统,发挥网上办税服务厅的作用,真正实现办税足不出户,最终形成以网上办税为主体,电话报税、邮寄报税等方式为补充的多元化办税服务体系,降低纳税成本,减轻纳税人负担。

四、加快建设规范化的办税服务场所

围绕"环境整洁优美,功能实用齐全,办税简便快捷,服务优质高效,管理统一规范"的总体目标,按照"七个统一"(统一业务流程、窗口设置、各类标识、办税指南、服务内容、岗责体系、管理制度)的要求,全面推进全省办税服务厅规范化建设。

五、不断拓宽征纳互动渠道

一是加强"面对面"互动。深入开展税收管理员与纳税人面对面税法宣传活动,总结经验和不足,注重增强税法宣传的有效性,在摸清纳税人个性化需求的基础上开展有针对性的分类宣传,提供纳税人急需的纳税辅导,避免宣传泛泛而谈、华而不实。同时,落实局长接待日、领导干部定期走访纳税人、纳税人座谈会等制度,为征纳双方提供更多的面对面交流沟通机会。二是实行"线连线"互动。充分发挥12366纳税服务热线、政风行风热线、电话报税热线等的功能,倾听纳税人呼声,了解纳税人需求,解答纳税人咨询,受理纳税人投诉。三是推进"网联网"互动。以各级税务互联网站群为载体,通过互动栏目、互动邮箱,以及在线交流、征纳QQ留言等载体和形式,开展局长、专家网上讲税法,税管员与纳税人实时在线交流等活动,增强互动的趣味性和实效性。

六、全力构建"大服务"体系

纳税服务是税收业务工作的"牛鼻子",是统揽"服务兴税"的核心所在。各级税务机关要主动适应构建"大服务"格局的要求,把纳税服务工作放在税收工作全局中来考虑。要深刻认识到,纳税服务不是一个部门的事情,

不是独唱、独舞，而是一首交响乐，是全系统每一名干部的事情。在税务机关内部，可以说，纳税服务人人有责，事事有份，处处有为，而且大有作为。纳税服务部门要善于组织谋划，勇于统筹协调，敢于督促检查，不断推动纳税服务工作在制度建设和业务建设，在服务内容和服务手段等方面取得新突破。要认真学习，向国内先进经验学习，按照国际先进标准来做；征管、税政、法规、稽查、信息管理等业务部门要围绕纳税服务，齐心协力地做好配合工作；办公室、计统、财装、人事、监察考评等综合部门要立足本部门职责，把纳税服务与队伍建设、行风建设、人才建设、基层建设等工作一起抓，做到相互融合，相互促进；办税服务厅、12366热线、基层分局要不折不扣地贯彻落实纳税服务规章制度，积极回应、及时反馈，着力解决纳税人最关心、最直接、最现实的纳税服务问题，积极为纳税人提供优、快、省、好的纳税服务；全体税务干部都要把纳税服务作为神圣职责，在"服务兴税"的热潮中有一番新作为。要建立、健全和完善各尽其职、支撑有力的后台服务体系，汇聚资源，形成合力，促进纳税服务工作真正实现全员、全程、全方位，真正把纳税服务贯彻到税收工作的各个环节。

七、切实提高纳税服务质效

纳税服务不同于其他商业服务，带有税务机关"垄断"的性质。换言之，无论我们服务态度好坏、质量高低，纳税人都必须面对和接受，没有选择的余地。因此，要做好纳税服务工作，必须以监督和考核来督促税务干部改进工作作风，提高服务质量。首先要建立规范、科学、实用的督促机制和考核评价机制。要将纳税服务工作列入年度目标责任考核，作为落实干部考核和党风廉政建设责任制的重要内容；要明确系统内各部门、各环节纳税服务的职责和标准，细化服务事项，落实工作分工，确保责任到人、措施到位；要通过明察暗访、问卷调查、质量回访、第三方评估等活动，综合运用组织、行政、考核等手段，全面检查纳税服务工作的实际效果，逐步建立起科学、客观、公正的纳税服务评价机制；要重视考评结果运用，加大问题曝光力度，强化行政问责，坚决杜绝侵害纳税人合法权益的行为，促进纳税服务工作更好地开展。2014年是创先争优年，税务部门是窗口单位，对纳税服务的要求很高，如果有谁砸了税务的牌子，省局党组就要挪他的"位子"。

八、努力打造纳税服务品牌

近几年，从总局到省局、市局，都出台了很多规章制度和管理办法，制定了很多好的工作举措，为推进全系统纳税服务工作起到了积极作用。但是，问题在于落实不够，影响了服务效率，纳税人对此也颇有微词。胡锦涛总书记视察湖北讲话中提出的一个重要问题是如何抓落实。今后，要牢固树立在落实中创新、在落实中发展的工作理念，切实找准纳税服务工作的突破点，着力做好落实和创新两篇文章，坚持以落实推动工作，以落实谋求工作突破，以落实焕发纳税服务工作的活力。在狠抓工作落实的同时，我们也要在完成省局"规定动作"的基础上，立足湖北，放眼全国乃至全球，认真研究"自选动作"，坚持项目推动，积极创建纳税服务品牌，不断推动全系统纳税服务工作在理论、制度、业务、平台和机制上的创新，进一步做精、做好、做大、做强纳税服务工作。

九、建设专业化的纳税服务队伍

要在全系统大力提倡勇于担当、敢于负责的精神，抓好责任与能力建设，将责任与能力建设贯穿于纳税服务工作的始终，坚决纠正"服务无用论""服务边缘化"的思想。要认识到，纳税服务不是可抓可不抓、抓多少算多少的事情，不是软指标，而是一项必须抓好、常抓常新的硬要求。所有税务机关都是服务机关，所有岗位、所有人员都肩负着纳税服务的使命；各部门、各单位都要支持配合纳税服务部门的工作，如果支持配合不好，纳税人不满意，那可不是对某个纳税服务机构不满意，而是对整个税务系统不满意。为此，需要配优、配强纳税服务队伍，将最合适的人选放在最合适的岗位，从事最合适的工作，不断强化纳税服务工作的人力资源保障。同时，要在经费、环境方面提供保障，要从政治上、经济上建立一种激励机制。我再次重申，今后，凡是新招录公务员必须先到办税服务厅工作，而不能因为照顾关系，就网开一面。办税服务厅一线锻炼有利于干部的成长，是我们培养人才的一个必不可少的环节。同时，还可以考虑选拔一批有培养前途的干部到办税服务厅、12366服务岗位工作，成绩突出的要给予提拔重用。各地在选拔干部时也应该向办税服务厅、12366等艰苦岗位倾斜，把办税服务厅、12366等纳税服务专业岗位打造成为培养人才、锻炼人才、发现人才的摇篮和"孵化器"。

第七章
社保征收

第一节 社保费税务征收工作的实践与经验[①]

一、历史性成就

2011年，是原湖北省地方税务局承接社会保险费征收工作10周年。"十年经风雨，弹指一挥间"，回顾我们征收社会保险费所经历的10年，它既是汗水、艰辛、奋斗的10年，也是探索、改革、发展的10年。10年来的工作成就和经验，记录着原湖北地税人的开拓与创造，也承载着他们的骄傲和荣誉。

1. 社保费收入稳步增长。原湖北省地税局历届党组站在保稳定、促发展、构建和谐社会的高度，始终把征收社保费作为税务部门的政治责任，创新理念，克难攻坚，卓有成效地开展工作，实现了社保费收入的持续稳步增长。2001年7月至2011年6月，全省累计征收入库社会保险费2690.25亿元，其中，基本养老保险费1981.41亿元，基本医疗保险费569.69亿元，失业保险费102.56亿元，工伤保险费21.61亿元，女工生育保险费14.98亿元。2010年，全省地税系统征收社保费收入515.25亿元，是2001年社保费收入64.62亿元的8倍，年均增幅超过20%。全省社保费收入规模在全国已经实行税务征收社会保险费体制的24个省（市）中居第四位，社保费收入占地税总收入的比重已接近一半。社保费收入的稳定增长，大大缓解了社保基金支付的压

[①] 本节内容基于2011年11月24日在原湖北省地税系统社会保险费征管工作会议上的讲话。

力，为保障基本养老金等各项待遇及时足额发放，提供了坚强有力的财力支撑，为社会保险制度的顺利运行，提供了坚实的资金保障，为湖北经济发展和社会稳定做出了重要贡献。

2. 征缴体制逐步完善。税务部门征收的社会保险费，直接通过国库归集，实行财政专户管理，真正实现了社会保险基金收支分开运行，社会保险基金由收支一体化管理转变为收支两条线管理。各级税务机关加强与人社、财政等部门的协作与配合，积极推动构建政府主导下的"地税征收、财政管理、社保发放、审计监督"四位一体的基金管理体制，促进有关部门各负其责，发挥优势，相互制衡，实现了社会保障资金收、支、管、用运行过程的有序化和规范化，确保了社保基金的安全运行。近年来，先后又将城镇居民医疗保险、村主职干部养老保险、失地农民养老保险等纳入征收范围，社会保险费征管秩序进一步理顺，征缴体制进一步完善。

3. 扩面征缴稳步推进。税务系统熟悉企业生产经营、资金运行情况，利用自己掌握的企业纳税登记、企业职工人数、工资薪金发放等信息资源，充分发挥地方税收征管体系的既有优势，积极支持、配合人社部门开展扩面工作，取得了显著成效。以养老保险和医疗保险为例，2001年，原地税机关接手征收社会保险费时，全省养老、医疗保险参保人数分别为474万人和257万人。到了2010年，全省养老、医疗保险（含城镇居民）参保人数各已达到1039万人和1860万人，分别增长了119%和624%，实实在在的增加了565万人和1603万人。

4. 征管水平显著提升。税务系统按照税费一体化管理思路，积极借鉴税收征管中行之有效的经验，大力推行社保费税式管理，提高了社保费的征管水平，全省社保费征缴率始终保持在95%以上。一是坚持税费同征、同管、同查、同考核。各地税务机关将社保费征管纳入工作目标，统一规划，统一部署，统一考核。同时，要求税务管理员在深入企业时，税费政策一起宣传，税费收入一起催缴，社保费与税收收入一样直接缴入国库。二是加强费源监控。将社会保险费一同纳入税源监控范围，依托税费核心征管软件，建立起了所有参保单位的资料数据库，开发了社保费征管软件，实现税费信息共享。税务部门对社保费收入进度、入库考核、征管质量、重点费源也实现了全方位监控，有效带动了社保费征管的科学化、精细化。三是实施分类管理。各地按照《社会保险费分类管理办法》的要求，开展费源普查，区分存量费源和增量费源，正常缴费户和非正常缴费户，有针对性地采取相应管理措施，建立了重点费源监控机制,开展了费源的动态分析和预测,促进了社保费的均衡入库。四是开展社会保险费检查。将社会保险费纳入税务检查的范围,查税必查费,将社保费管理向核定环节延伸,对核定不实的,及时向相关部门反馈,建议重新核定。这样,既有利于欠费的催缴入库,也保证了收入增长。五是实行五费同征。大力推行"五险一票、五费同征"办法,有效杜绝了选择性缴费,促进了失业保险、工伤保险、生育保险的征收工作,维护了职工合法权益。

5. 缴费服务进一步优化。税务部门始终坚持"服务、规范、效率、安全"的原则,将缴费服务融入社保费征管的全过程。各地从减少环节、简化程序、创新方式入手,增加服务项目,提高服务水平,实现了由被动服务向主动服务、由单一型服务向全方位服务的转变,拉近了税务部门与缴费人之间的距离。为了方便缴费人缴费,各地依托税费核心征管软件,积极推进与财政、人社、银行等部门的社会保险费数据联网工作,提高信息化应用水平,实现征管数据传递及时、信息资料共享,并以此为契机,对各种缴费方式加以规范,初步形成了"大厅征收,同城通缴""网上缴费,直达金库""税银协作,就近缴纳""单位归集,汇总入库"等多元化的缴费方式。此外,还将征收窗口由办税服务厅延伸至各银行网点,分流征收压力,提高了征缴效率,受到了老百姓的欢迎。目前,省局正积极规划社会保险费个人多元化缴费平台,实施与人社部门的横向联网,充分利用银行营业网点资源,依托银行卡支付工具和国库信息处理系统(TIPS),建立以 TIPS 银行端缴费为主,自助终端缴费、网上缴费等为辅的多元化缴费模式,搭建信息传输渠道,实现信息资源共享,实现费款直达金库。该平台建成后,缴费人就能足不出户,随时随地缴费,从而为缴费人带来更大便利。

6. 社保基金收支两条线管理更加完善。经过 10 年的努力,湖北社保管理工作逐步规范化,建立起了"地税征收、劳动支付、财政管理、审计监督"的收支两条线管理模式。回想当年,湖北省委、省政府之所以改革社保费征收体制,将养老保险交由税务征收,其决策是何等英明。湖北省是一个国有企业较多的老工业基地,基本养老保险历史包袱沉重,社保基金支付压力巨大,"刚性"支付与"软性"征收矛盾突出。只有将养老保险交由税务部门征收,才是解决上述矛盾的根本之举。实践证明,我们没有辜负省委、省政府的重托,全省税务系统充分发挥自身优势,建立了一整套严格的征收管理制度,采取了一系列得力措施,加大征收力度,一举扭转了全省社保费征收弱化的被动局面,确保了社保基金的安全,以优良的作风和出色的业绩,展示了税务系统的崭新风貌。

二、基本经验

原湖北省地税部门自2001年7月1日接手养老保险费征收工作以来，社会保险费收入年均增幅保持在20%以上，核定征缴率年年超过95%。在原地税部门组织征收的税费收入总额中，社会保险费所占比重不断提高，目前全省已经达到42.9%，接近税收收入规模，在部分市、县，社会保险费收入已经超过税收收入。湖北省社会保险费征管实行税费"同征、同管、同查、同考核"的做法，得到国家税务总局的充分肯定。我们的工作成效是湖北省社会保险费征收体制改革的重要成果，它为完善社会保障体系和创建"和谐湖北"提供了有力的财力支撑，也为今后社会保险费的税式征管体制改革积累了初步经验。

（一）坚持社保费征收主体地位不动摇

这是做好社保费征收工作的首要原则，也是我们多年来积累的一条最宝贵的经验。2001年，湖北省调整社会保险费征管主体，是省委、省政府适应经济体制改革需要，完善社会保障体系建设的重大举措。回想当年，全省地税系统广大干部职工，站在讲政治、讲大局的高度，克服情况不熟、资料不全、时间紧、任务重、阻力大等困难，发扬地税人特别能吃苦、特别能战斗的光荣传统，边移交、边学习、边探索，较快掌握了国家社会保险政策，摸清了参保单位的基本情况，熟悉了社会保险费征缴程序，确保了征收主体的平稳过渡和征收工作的平稳起步。全省各地始终以组织收入为中心，较好地完成了省政府确定的征缴率和征收总量指标；各地深入调查，加强督导，对征收职责错位、缺位问题及时纠正，对征管秩序混乱现象进行及时整顿，巩固和维护了原地税部门征收社会保险费的主体地位，为全省社会保险费的征收工作打下了良好的基础，为地税事业发展拓展了广阔空间。所有这些，实属不易。我们要继续发扬老一辈税务人特别能吃苦、特别能战斗的精神，要从维护征管秩序的大局出发，克服盲目乐观、自我陶醉和畏难情绪等不良倾向，切实增强主体意识，牢牢把握工作的主动权，做到社会保险扩面到哪里，税务部门的征收管理就要延伸到哪里。各级税务机关特别是县级税务部门，要认真开展自查自纠，看看有没有放弃或变相放弃社保费征收主体权限的情况。凡是涉及新增险种，哪怕是处于试点阶段，各级税务部门都要积极争取，提前介入，坚决维护社保费的税务征收体制。

（二）重视社保费征收的基础管理

社保费征管流程虽与税收不完全相同，但提高征管质量同样依赖于基础管理。这些年来，全省税务系统坚持社保费与税收同征、同管、同查、同考核的"四同"管理，从抓基础工作入手，不断加强社保费征收管理。一是推行户籍式管理，普遍建立了征管信息资料库。通过开展费源普查，建立了参保单位的数据资料档案和征管台账，形成了科学、严密的社保资料档案化管理体系。二是实行分类管理。它是社保费基础管理的核心内容，是向缴费人"收清楚费"、向政府"交明白账"的基础。各地通过费源清核、死户排查，以及利用税收征管资料开展核查分析，掌握了现实费源情况，促进了依法核定、依法缴费和依法管理，实现了从自然无为的被动状态向自主有为的主动征管的转变。三是社保费管理走向科学化、精细化。实施了以精细化管理为主线的社保费管理工程，社保费管理做到了情况清楚、资料完备、职责明确、制度完善、流程规范，极大地提高了征管质量和效能。四是社保费信息化管理水平得到提升。依托税收征管信息系统，自主开发了社会保险费征管软件，使社保费征管工作彻底告别了手工操作。

（三）坚持税费"同征、同管、同查、同考核"

坚持税费"四同"原则，有利于消除社会上担心税务部门重税轻费、以税挤费的顾虑。各地在全省地方税费征管核心软件上线运行和机构改革的基础上，充分利用所掌握的税务征管信息和相关数据，充实完善社保费户籍档案，强化社保费基础管理；借助个人所得税的全员全额申报，做好税费信息的比对分析，监督参保单位依法足额申报参保人数和缴费基数；发挥税务稽查作用，做到查税必查社会保险费，强化征收社保费的税式征收刚性。此外，还制定了社保费征管考核办法，对登记率、申报率、入库率、错票率、处罚率、清欠率、征缴率等七大指标进行百分制考核，增强了干部职工的责任感，对完成征收任务和实现征缴率目标，起到了积极推动作用。

（四）坚持"以人为本、服务缴费人"的理念不动摇

在社会保险费征缴上，全省税务系统积极倡导优质服务理念，努力做到让

缴费人方便、快捷、安全地缴费。一是推广个人缴费征收模式。针对个人缴费往返于劳动、地税、银行之间，程序复杂、缴费不便的实际，探索出了以"银税协作、方便缴费、定期结转、直达国库"的征收模式，极大地方便了个人缴费，受到国家税务总局的肯定。二是推行刷卡缴费模式。缴费人可将银行卡与社保号、身份证号进行绑定，实行刷卡缴费，它在保证社保基金安全的同时，又减轻了缴费人负担。三是推行人性化服务。主要措施包括：减少办事环节，简化办事程序，推行办事公示制、服务承诺制、首问责任制、限时办结制、全程服务制等，把优质缴费服务落实到每一个具体的工作环节。

完善社保费征缴方式，不仅要重视操作层面，还应当从制度层面，以更宽阔的视野研究如何进一步优化缴费服务的问题。现在每到缴费高峰期，有些地方出现缴费人拥挤排队的问题，征收大厅扩容也只能是权宜之计，而不能从根本上解决问题。如果全民参保缴费，今后的压力会更大。因此，我们要利用现代化的征缴方式，借助社会力量和科技手段，来解决便利缴费的问题；要把"缴费人满意不满意"作为评判社保费征收工作好坏的重要标准，转换思路，创新缴费服务方式，拓宽服务领域，提高服务水平；要通过税收管理员、大厅工作人员优质高效的服务，在地税机关与服务对象之间形成相互理解、良性互动的和谐关系，促进工作作风的转变，树立良好的税务部门形象。

（五）坚持部门配合不推诿

社会保障体系是一项复杂的系统工程，税务机关只是社保基金管理体制中的一个环节，社保费征收工作需要多个部门协调配合才能完成。事实证明，只有加强与各部门的沟通联系和相互支持，才能及时研究、解决社保费征收过程中的问题，并得到缴费人的理解。各级税务部门要继续保持"谦虚、务实、协调"的工作作风，发扬团结协作、并肩作战的精神，多层次、宽领域、全方位地开展与有关部门的沟通协调，做到信息共享、优势互补，对在工作中出现的问题，及时沟通和研究解决办法，确保社保费征管工作顺利进行。在日常工作中要做到职责分明，有效消除因职责不明确，造成权责不清、办事程序交叉重复等问题，使税务部门和各相关部门真正做到各负其责，逐步形成一种相互理解、彼此尊重，相互支持、鼎力协作的良好工作局面。

（六）牢牢守住社保资金安全的"红线"

社保资金安全是头等大事，是"红线"和"高压线"，绝不可掉以轻心，不能有丝毫懈怠，必须年年讲、月月讲、天天讲。随着社保费的规模越来越大，社保资金的安全管理也变得越来越重要。社保资金的安全有两层含义：一是由于社保资金征缴方式日趋多样化，有现金缴费、刷卡缴费，也有代收费等，情况越来越复杂。要确保资金安全入库，需要我们在制度上进行严密设计；二是由于受方方面面因素影响，有些社保资金还只能先入专户，而不能直接划转国库，这又增加了一道风险，同时，对税务干部的职业道德也是一个考验。因此，加强资金安全防范一刻也不能动摇。对社会保险费要严守不准减免，不准超越权限批准缓缴，不准坐支提退，不准截留挪用，不准设置过渡账户，不准建账外账等"六不准"纪律；要进一步加大社保资金安全的监督检查力度，定期组织开展交叉检查和抽查，确保老百姓"养命钱"的绝对安全；要进一步加强社保费征管纪律教育，要重申省局的规定，凡是涉及社保费违规违纪的，发现一起处理一起，分管领导和"一把手"都要负连带责任。

（七）不断创新征管方式

在多年来的社保费征收实践中，全省税务部门以科学发展观为指导，解放思想，实事求是，围绕壮大收入规模和提高征缴率的目标，不断创新管理机制。一是建立了重点费源监控机制。实行省、市、县三级重点费源监控制度，全省纳入控管体系的重点费源户已占到费源总量的60%左右，增强了征收工作的主动性和预见性。二是积极探索五险合一、五费一单、一票征收等新的缴费机制，做到各险种收入均衡入库。三是统一规范了国营农场社保费的征管办法。

第二节 社保费征收工作的形势和任务[①]

一、社保费征收工作面临的挑战

2011年是社保费征收的关键之年，也是困难最多、形势最为严峻的一年。2001年以来，社保费收入虽然以每年20%以上的幅度增长，但随着社保费总

---

① 本节内容基于2011年11月24日在原湖北省地税系统社会保险费征管工作会议的讲话。

量增长和征管难度增加，尤其是在全球性金融危机的背景下，要想将这种高增长势头保持下去，必定会有巨大的困难。当前，社保费征收工作主要面临三大压力。

一是日益加深的金融危机对社保费征收带来的压力。金融危机对整个经济的影响日益加深，很多企业采取降薪、裁员措施应对危机，城镇新增就业人数大幅下滑，失业率明显上升。为了帮助企业渡过难关，国家制定了一系列减轻企业负担、支持企业发展的政策，包括社会保险费缓缴政策，允许困难企业在一定期限内缓缴社保费，并且规定可以阶段性降低四项社保费费率。这将直接导致有缴费能力的正常户减少，没有缴费能力的非正常户增多，核定的有效费源减少，给征收工作带来很大的压力。对此，我们既要有充分预判，但又不能消极悲观，而且要敢于面对危机，积极谋划，迅速拿出应对之策。

二是养老保险实行省级统筹对社保费征收带来的压力。市场经济体制下，劳动力要流动，就业保障、医疗、养老保险等必须跟着转移，否则市场就活不起来。从这个意义上讲，社保统筹的意义重大。此外，由于全国各地发展不均衡，中央准备先推行省级统筹，再实现全国统筹。目前省级统筹有两种思路：一种是一步统筹，即由省级财政统收统支，这种体制在区域面积小、财力雄厚的地区比较适宜；另一种是逐步统筹，湖北将要采取的就是这种模式，即每年从各地征收的社保费收入总额中，先按5%的比例上划到省级财政，建立社保调节基金，用于应对不可抗因素形成的支付风险，增加省对市县基金的调节能力，缓解部分地区养老保险基金调度困难。实行省级统筹后，将给社保费征收工作带来巨大压力。一方面，缴费基数逐步提高到全省在岗职工平均工资，即原来低的调高，高的降低，有可能使一部分支撑全省社保费收入规模的地区大户，例如省直、武汉、宜昌、十堰等地缴费基数出现下降情况，这将对收入带来直接影响。另一方面，各地政府对组织社保费收入的支持力度会发生变化。过去，地方社保费收入有缺口，党政领导十分重视，会主动要求税务部门加大征收力度。实行省级统筹后，地方如果出现支付缺口，可以向省里申请转移支付，这就会导致多年来地方政府重视和支持社保费征收的局面慢慢发生变化，从而增加税务征收工作的难度。

三是由于参保人员增多、征收难度加大所带来的工作压力。近年来，国家加快了社会保障制度改革的步伐，社会保险扩面征收提速。继2010年全面启动城镇居民基本医疗保险后，湖北省今年又把村主职干部基本养老保险纳入进来；国务院对农村养老保险政策也在研究制定中，并要求各地选择10%的县市先行试点，湖北农村基本养老保险改革试点工作也在积极展开，宜都、钟祥、团风3个县（市）已经开始征收。随着社会保障体制的不断完善，各个层面的新参保人群将被纳入征收对象，税务机关的工作面将遍及城市和乡村，工作对象将涉及千家万户。这些变化对征收工作提出了更高要求，各级税务机关必须认真研究，提前应对，把困难想得多一点，把对策想得全一点，把工作准备得更早一点。

二、做好社保费征收工作需要重视的问题

面对社保费征收工作面临的困难，首要的是增强信心，在这个前提下进一步完善制度，多想办法。要做好新形势下的社保费征收工作，除了抓好基础管理之外，还必须正确处理好以下三个方面的关系。

一是要正确处理税与费的关系。如前所述，征收社保费拓展了税务部门的职能，壮大了地方税费收入规模，社保费与各种地方税收及其他规费一起，共同构成了税务部门征管工作的全部任务，不存在孰轻孰重的问题。因此，各级税务部门必须准确把握税费关系的这一定位，不能厚此薄彼、重税轻费，要坚持税费两手抓、两手都要硬，任何一个方面都不能有丝毫放松。

二是要正确处理税务机构改革与社保费征管体制改革的关系。目前，省局正在推进县（市）局机构改革，改革有利于进一步整合征管资源、优化纳税缴费服务、降低征纳成本、提高工作效率。此外，国家社会保障制度改革的步伐也在加快，社会保险的覆盖面越来越宽，新型农村基本养老保险改革也在推进。在机构改革过程中，我们一定要统筹考虑，未雨绸缪，认真研究如何进一步加强而不是削弱社保费征管，特别是进一步加强农村社保费征管，优化缴费服务的问题。

为什么讲这个问题？因为我们刚刚进行了市（州）、县局机构改革，按照扁平化原则，县（市）一级撤销了社保股，并按照税费同征、同管、同查的原则，建立了税费服务科和税费管理科。实际上，这些科室都是一线征管机构，社保费征管就是这些机构的职责。撤销社保科（股），并不是轻视社保工作，削弱社保费的征收管理，而是要充分发挥税务部门的综合优势，把社保费提到税收的高度，与税收融为一体，更好地促进税费同征、同管、同查、同考核。当然，机构改革起步不久，有一个磨合、适应和完善的过程。在这个过程中，新老交替、职能分解、业务衔接、工作落实等因素都会对社保费的征管产

生影响。各地要根据机构设置的现状和特点，尽快明确县一级的工作职责，积极做好社保费征管职能的科学分解，合理调配社保费征管人员；要把政治素质好、业务水平高、责任心强的人员安排到社保费管理岗位上；要明确各业务科室在社保工作中的职责，加强相互配合，共同做好社保费征收管理工作。

三是要加快 TIPS 个人高速缴费平台建设。经过几年的努力，省局税费征管核心软件已经上线运行，不仅实现了大厅征收、同城通缴，还实现了网上缴费、全省通缴、昼夜通缴，大大方便了缴费人，社保费征收管理对信息化的依赖程度越来越高。现在面临的一个突出矛盾是个人缴费难的问题。新型农村养老保险开征后，全省大约要增加 2000 万—3000 万缴费人，这么庞大的缴费人群，没有多元化的缴费方式是不行的。这就需要借用社会资源，充分发挥银行网点分布广的优势，搭建高效便捷的缴费平台。目前试点的有两种模式，一个是局域网模式，另一个是互联网模式，两种模式各有利弊。宜昌和阳新是局域网模式。实行这种模式，数据比较安全，但投入比较大，而且信息化程度比较低，且不可能把所有的银行都链接起来，费款也不能直达金库。黄石大冶市采用的是互联网模式，优点是投入比较少，但只是与一家银行相连，且数据存在一定的安全隐患。除上述两种模式之外，省局还在荆州市试点，建立以 TIPS 为基础的高速缴费平台，即充分利用全省各大金融机构的营业网点资源，建立以 TIPS 银行端缴费为主，自助终端缴费、网上缴费、手机缴费等方式为辅的多元化缴费模式，实施与劳动部门的横向联网，实现信息资源共享，费款直达金库。省局技术管理处论证这一目标是可以实现的。所以，我们准备在做好荆州试点工作的基础上，再逐步完善和推广应用。

第三节　城乡居民养老保险和基本医疗保险征收工作[①]

一、做好"两保"征收工作的意义

改革开放 30 多年来，中国经济持续高速增长，居民收入不断提高，人均

[①] 本节内容基于在原湖北省地税系统 2009 年 6 月 30 日城乡居民基本养老保险征管工作会议和 2009 年 12 月 29 日城镇居民基本医疗保险征管工作会议上的讲话。

收入突破 3000 美元，经济总量位居世界第二。人均国民收入 3000—10000 美元，是一个国家经济和社会发生剧烈变化的时期。这一时期，如不能顺利实现经济发展方式的转变，将出现经济增长动力不足的问题，最终可能经济停滞和社会不稳定，理论界将这种状态称为"中等收入陷阱"。在这一时期，社会经济结构变化主要体现在三个方面：一是产业结构变化，农业在国民经济中的比重越来越小，第三产业比重迅速上升。二是城乡结构巨变，农村人口占总人口的比例不断下降，农民转化为市民，流动性大。三是财富分配不均日益加剧，地区、城乡、行业、群体之间的收入差距加大，分配格局失衡导致部分社会财富向少数人集中，两极分化问题突出，成为经济发展、社会进步的主要障碍。学者们认为，中国要跨越"中等收入陷阱"，必须彻底转变经济发展方式，要从低水平、低质量、不可持续的发展转向高水平、高质量、可持续的发展；必须缩小贫富差距，构建稳定和谐的社会环境。党中央、国务院审时度势，适时提出把保障和改善民生作为加快转变经济发展方式的出发点和落脚点，民生问题由此提上重要议事日程。在就业、教育、医疗、养老四大民生问题中，社保就占了两项。因此，完善社会保障制度，促进社会公平公正，就成为促进经济社会持续健康发展的重大问题。

　　从世界范围来看，规费收入在各国地方政府财政收入中的比重都不低，有的还超过税收收入。与此相对应，世界上很多国家的税务机关都是税费同收的。在我国财政收入的构成中，同样也是税费并存。所以，税务部门收费，决非临时性的权宜之计，而是一种制度性安排。今后，税务部门在组织税收收入的同时，将越来越多地承担各种政府性规费的征收任务。因此，规费的征收工作与税收征管同等重要，绝不能再有厚此薄彼、重税轻费的观念。从现实情况看，目前，仍有少数干部存在着重税轻费的错误观念，这是不对的，必须尽快纠正过来。我们要看到，社会保险费是全社会关注的焦点，其征收成效如何，不仅关系到社保费的财政"兜底"，更关系到每个老百姓的切身利益，关系到社会的稳定，关系到"和谐湖北"的建设。从这个意义上讲，做好社会保险费的征收工作是一项政治任务。

　　我们要结合这样的大背景，充分认识征收城乡居民养老保险费（以下简称城居保）和城镇居民基本医疗保险（以下简称城医保）的重要意义，进一步增强做好"两保"征收工作的积极性和主动性。具体的：

　　一是贯彻落实科学发展观的根本要求。科学发展观的核心是以人为本。加快推进城居保和城医保，目的是提高城乡居民生活水平，解决广大群众最关心、最直接、最现实的利益问题，让每个群众都能通过社会保障制度实现老有所养、病有所医，这是党和政府的又一重大惠民政策，是逐步实现基本公共服务均等化，促进社会公平正义的一个重大步骤，是执政为民、以人为本的根本要求。

二是让城乡群众共享改革发展成果的具体体现。改革开放以来，我国在逐步建立公共财政体制，扩大基本公共服务方面不断迈出新的步伐，初步建立了以养老、医疗、失业、工伤、生育等五项保险为主的社会保障体系，对保障民生、构建和谐、促进发展发挥了积极作用。但是，由于多种原因，社会保障体系从政策层面上还没有实现全覆盖，在实际运行中覆盖率、保障水平也比较低，城乡差别较大。仍有部分城乡居民处于养老保障的"真空地带"，他们急切盼望通过社会保障制度来解决养老和医疗问题。群众的所需所盼就是政府工作的目标和方向。将那些游离于社会养老保障制度之外的城乡居民纳入覆盖范围，充分体现了发展为了人民、发展依靠人民，让人民群众共享改革发展成果的执政理念。

三是促进社会文明和谐的有效途径。要建设和谐社会、保持社会安定，最根本的就是使群众生活有基本保障、无后顾之忧。随着工业化、城镇化的加速推进，大批农村青壮年向城镇转移，导致农村人口出现迁移性的结构失衡，传统家庭养老、医疗保障功能逐渐弱化，老年人的生活压力和年轻人的赡养压力都在不断加大，由此也引发了一系列的社会问题。城乡居民社会养老保险和医疗保险可以增强老年人经济自立能力，减轻子女赡养的经济负担，有利于在整个社会形成尊老爱幼的风气和更为和谐的家庭关系。同时，也可以有效解决当前一些影响社会稳定的突出问题，对促进城乡协调发展，统筹兼顾不同群体利益、兼顾经济与社会发展、兼顾城市与农村发展，维护社会稳定，必将产生积极的作用。

二、城居保征收工作

税务系统征收城居保，是实现全部社保费由税务统一征收的重要一步，关键之役，只能成功，不许失败。从湖北情况看，社保费收入占全省地税收入的比重虽已接近一半，但社保费的征收潜力仍然比较大。积极争取社保费征收责权是拓展税收职能的一个重要渠道，我们必须牢牢把握征收主体地位，尽早实现社保费统一征收。

第一，加强领导，迅速落实精神。各地税务部门要广泛宣传城居保征收的重要意义，统一思想，提高认识，调整工作思路，明确工作重点，采取得力措施，积极开展工作。要及时向地方政府做好工作汇报，研究制定贯彻意见，狠抓措施落实。

第二，充分动员，抓好征收工作。城居保的缴费人分散，征收金额少，工作难度大。各地要不等不靠，全力以赴。要集中人力，深入社区，一户一户地宣传，搞好服务工作，方便居民个人缴费。

第三，夯实基础，建立征管资料库。完善基础资料是做好社保费征收的前提，既可以为日后社保费个人高速缴费平台上线做好准备，更是为今后税务部门统一征收社保费奠定基础。因此，我们从现在开始，就要把缴费人的信息资料库建立起来。

第四，强化责任，把握征收主导权。对社保费征收，绝不能搞任何形式的委托代征。过去曾发生过"缴枪投降"事件，省局给予了相应惩处，我们要引以为戒。今天再次重申一条铁的纪律，在社保费征收主导权上，任何地方都不能搞变通，否则将对我们征收工作造成极为不利的影响。

三、城医保征收工作

城医保实行自愿参保原则，参保人群复杂，涉及面广，征收难度较大，这对全省税务系统来说，是一项新的艰巨任务。在城医保税务征收试点过程中，原武汉、孝感、荆门三市地税部门联合劳动部门，下社区、进学校，逐户逐人宣传政策，耐心细致做工作，付出了艰辛努力。从税收效率角度看，城医保收入少，征收成本高，似乎不经济、不划算。但是，我们不能只算经济账，更要算社会账、政治账。全省各级税务部门必须不讲条件，不辱使命，在总结湖北省社会保险费征管经验的基础上，继续努力创新，把城医保征收工作做得更好。

第一，要高度重视城医保征收工作。各级税务部门一定要站在讲政治的高度，认识城医保征收工作的重要性，在思想上不能有丝毫懈怠。从加强税务部门执行力建设的角度看，省委、省政府把征收城医保这项艰巨任务交给税务部门，是对我们执行力的重大考验。所以，我们要迅速统一思想，增强大局意识和责任意识，认真履行职责，把城医保征收工作摆到突出位置，加强整体部署，因地制宜的研究征收方案，层层负责，层层落实，扎扎实实地执行到位。

第二，要进一步加强征收基础管理。城医保征收工作的难点之一，就是征管基础薄弱，一切要从零开始。各级税务部门要深入学校、社区搞好调查，与劳动部门和学校、社区紧密配合，做好信息的传递、对接工作，掌握参保人的基本信息资料，建立征管信息数据库；要充分借鉴税收管理经验，继续按照精细化、科学化的要求，强化基础管理；要认真总结过去成功的做法，形成管理办法和制度；要认真做好费源管理，切实做到费源清晰、数据准确、更新及时；要善于发现新情况，解决新问题，做到把握规律性、富有创造性地把基础管理工作做实、做细。

第三，要加强部门协调配合。征收城医保是一项难度较大的复杂工作，单靠税务一个部门单打独斗是难以完成的。我们要像过去征收养老保险费与劳动部门配合、征收土地使用税与国土部门配合、征收排污费与环保部门配合一样，加强与医保相关部门的配合与协调。各地要在当地党委政府的支持下，加强与劳动、财政、银行以及学校、社区等有关部门和单位的协调，建立积极有效的合作机制，形成部门整体合力，顺利推进城医保征收工作。

第四，加强征管信息化建设。城医保征收工作涉及财政、劳动、人行、学校、社区等多个部门和单位，信息的传递和对接非常重要。省局核心征管软件已计划增加城镇居民基本医疗保险这一项，但新软件需要一段时间才能在市（州）局上线运行。所以，目前我们不能消极等靠，要积极利用税务部门现有的网络系统，尽快对接、尽快运转、逐步完善。

第五，要进一步加强城医保的资金安全管理。社保基金是"养命钱"，社保基金安全是"高压线"，"六不准"是铁的征管纪律，任何人、任何单位都不能碰。随着社会保险费的规模越来越大，各级地税机关都要把基金安全作为工作的重中之重，加大力度，防患于未然，不得有任何的闪失。凡是在这方面出问题的，必须严肃处理，从严追究相关人员的责任。

第六，要加强城医保征收工作的督导检查。各级税务部门要按照省局的要求，迅速行动，积极落实，确保政令畅通，不出差错。城医保虽然征收困难大、收入少、成本高，但不论再大的投入、再累的工作，我们都要责无旁贷、毫不犹豫地把担子挑起来，先把工作做好。征收中如有什么问题，要及时报告省局。上级税务部门要加强督导检查，对于好的经验和做法要及时总结推广；对于工作拖拉，不按政策执行到位，甚至放弃征收主体职责的，必须坚决处理。

第四节　社保费征管体制改革[①]

一、现行社保费征管体制及其弊端

我国现行社会保障体系由基本养老保险、基本医疗保险、失业保险、工伤保险和生育保险五大险种构成。其中，基本养老保险又分为企业职工基本养老保险、机关事业单位基本养老保险和城乡居民养老保险三大类；基本医疗保险分为职工基本医疗保险和城乡居民基本医疗保险两大类。由于历史的原因，上述八类险种分别由政府不同部门，如税务、财政、社保、卫生、计生、工会等进行征收，换言之，我国实行的是"多龙治水"的社保费征管体制。

这种体制的突出弊端表现在以下三方面：一是税务以外的征管部门往往把征收社保费视作"副业"，在指导思想上不重视社保费征收工作；二是由于这些部门不是专业征收部门，不具备专业的征管组织、征管队伍、征管技术、征管信息、征管手段和征管能力，难以保证社保费依法、足额、及时的征缴入库。三是社保费征管体制实行"多龙治水"，必然产生地区之间、企业之间、缴费人之间的政策不统一、征管力度不统一、社保费负担不统一，不仅导致该收的收不起来，而且会扭曲全国统一的社保费政策效应。上述三个方面的弊端使我国社保费征缴制度长期陷于"高费率—窄费基—松征管—低收入"的恶性循环，养老保险收支的缺口越来越大，"穿底"地区越来越多，严重威胁着我国社保基金运行安全。

在湖北省，自2001年养老保险费交由原地税部门征收以来，全省税务系统充分发挥规范、高效的征管优势，大力实施科学化、专业化、精细化管理，社会保险费收入持续快速增长，为保发展、保民生、保稳定做出了积极贡献。此外，因社会保险费征管体制不顺而累积的矛盾日趋严重，严重制约了社会保险筹资机制的作用。全国社保资金审计报告曾指出，湖北社保费征管存在多头管理，造成社保费征管秩序紊乱的问题，并提出了加大社会保险征缴力度，确保应保尽保、应征尽征，以及社保资金全部由地税部门征收的审计建议。

[①] 本节内容基于《湖北省社保费征管体制改革调研报告》，原湖北省地方税务局，2013年。

二、社保费的统一征收与全责征收

如何建立科学的社保费征管体系,从中央到地方,都经历了一个认识逐步深化的过程。以前,社保费都是由劳动等部门自收自支,自行管理。2008年后,中央有关部门提出"税务征收、劳动发放、财政管理、审计监督"四位一体的社保基金管理体制。目前,全国人大正在进行《中华人民共和国社会保险法》(以下简称《社会保险法》)的修订工作,但对社会保险费未来的征管体制还没有完全形成统一的思路。如何改革和完善湖北的社会保险费征收模式,我的想法是,将所有的社会保障筹资险种一律交由税务部门征管,一是统一征收,二是全责征收。

按照统一征收的原则,所有的社会保险都应该由税务部门征收。目前,我们对企业单位职工的五项保险实现了统一征收,但居民个人的一些险种还没有实现统一征收。新型农村合作医疗保险由卫生部门征收;新型农村养老保险费在我省只有8个县(市)试点由税务部门征收。这些险种虽然面广金额小、涉及人员多、征管难度大,但从对事业负责、从规范社会保险费征收体制来讲,应当由税务部门来征收。所以,各地要积极向地方党委政府汇报,争取他们的支持。

所谓全责征收,就是要将社会保险费从登记、核定、征收到日常管理等都交由税务部门负责,真正实现社会保险费与税收同征、同管、同查、同考核。我们现在实行的是核征分离体制,简而言之,现行体制是社保部门核、税务部门征,即税务部门没有社保费费基的核定权,只征不管,其弊端越来越突出。今后,社保费征管体制改革的方向一定是由税务部门全责征收。对此,大家要有清醒的认识和必胜的信念。所以,省局鼓励各地积极争取、先行先试。

不论是理论分析、国际惯例,还是从现实的国情需要看,社保费由税务机关统一征收和全责征收都是改革之势,发展之需,我们必须始终坚持社保费由税务机关统一征收、全责征收的改革发展方向不动摇。

第一,由税务部门统一征收、全责征收社保费是世界上大多数国家的通常做法。在已建立社会保障制度的170多个国家中,大多数国家开征了社会保障税。在欧美国家,政府的第一大收入来源是个人所得税,第二大收入来源就是社保税(费)。社保税(费)主要由税务部门统一征收。

第二,由税务部门统一、全责征收社保费有利于发挥税务征管优势。当今世界已进入信息社会,"人海战""手提肩扛"式的征收方式已不能适应时代要求。税务机关专司征收职责,拥有先进的信息系统,征管网络健全,执法刚性强,征收力度大。由税务部门统一征收社会保险费,可以有效发挥专业优势,实行税费"同征、同管、同查、同考核",加大征收力度,提高征缴效率,降低征收成本。

第三,由税务部门统一征收、全责征收社保费,将为缴费人提供极大便利。为了解决居民个人缴费难的问题,各地税务部门积极探索多元化的缴费方式,努力搭建个人高速缴费平台,已经形成了一整套成熟的"大厅征收,同城通缴""网上缴费,直达金库""税银协作,就近缴纳""单位缴费,汇总入库"等多元化的缴费体系。一些地市还实现了刷卡缴费、电话缴费、网上缴费。这样,缴费人无论在哪里,都可实现足不出户缴费,有效解决了异地缴费难的问题。

第四,由税务部门统一征收、全责征收社保费,是社保费征收管理体制的要求。目前,人力资源和社会保障部、财政部、国家税务总局认可的社保费的征收管理体制是"税务征收,劳动发放,财政管理,审计监督"。这种四位一体的社保基金征管体制,有利于各部门各负其责、相互监督、相互制约,符合收支两条线管理原则。反之,如果由多个部门征收,不可避免地要设置过渡账户,有可能发生挤占社保费,危及社保资金安全的问题,同时也给政府监管带来极大困难。

第五,积极争取由税务部门统一征收、全责征收社保费,是税收事业进一步发展的需要。1994年实行的分税制改革后,中央政府的财力和宏观调控能力增强了。此外,国地税分设体制也带来了一系列的问题,特别是国家对国地税征管范围的进一步调整及税制改革,地税部门征收的范围越来越小,生存空间受到挑战。据了解,增值税扩围已是大势所趋,中央已经开始选择试点。如果营业税的征税范围划到增值税,企业所得税又按照主体税种划分征管范围,那么,地税部门征收的主税种在哪里,主要职责在哪里,地税机关在政府职能中的地位在哪里? 有为才有位,我们要居安思危、未雨绸缪。

三、全国社保费"税式征管"体制运行情况

为了进一步促进湖北社会保险事业可持续发展,完善社会保险费征缴体制,我们通过实地调研和函调等方式,对浙江、福建、广东、海南、厦门等全国社会保险费实行"税式征管"省市进行了调研。

截至 2012 年，在全国 31 个省、自治区、直辖市以及新疆建设兵团、5 个计划单列市共 37 个征缴地区中，已有河北、内蒙古、辽宁、黑龙江、江苏、浙江、安徽、福建、湖北、湖南、广东、海南、重庆、云南、陕西、甘肃、青海、宁夏 18 个省、自治区、直辖市，以及大连、宁波、厦门 3 个计划单列市共 21 个地区地方税务机关负责征收全部或部分的社保费（除此之外的其他地区，仍然采取由社保经办机构负责社保费征缴所有环节的工作，包括登记、审核、征缴、追欠、划拨、记账等）。

从征收险种的范围看，大多数地区税务机关只负责企业、单位社保费的征收工作，而个人缴纳的社保费由于征收困难，仍由人力资源和社会保障部门负责，各地的具体情况又有差别，大致分为五种情况：一是税务机关负责本辖区全部社保费的征收工作，例如厦门市、宁夏回族自治区。二是税务机关原则上负责所有险种的征收工作，但其中又混杂着社保经办机构征收部分地区或部分行业的某些险种，例如陕西省、黑龙江省。三是部分地区养老和失业保险全部由税务机关征收，而医疗、工伤、生育保险由社保经办机构征收，例如河北省。四是税务机关只征收部分企业或行业的养老保险，例如湖南省税务机关只征收外商投资企业的养老保险。五是随着近年来城镇居民基本医疗保险、新型农村合作医疗、城乡居民基本养老保险等制度的逐步建立，在全国部分地区，除了税务机关和社保经办机构外，还出现了财政、卫生等其他征收主体，形成了新的多元征收主体格局，例如湖北省、重庆市。

从税务机关的征收方式看，主要有核征分离和企业自行申报两种模式。所谓核征分离，即由社保经办机构核定、税务部门征收的模式。在由税务部门征收的省（市）中，除浙江省、福建省、厦门市、广东省外，其他省（市）均实行核征分离的征收模式。所谓自行申报模式，是由企业按规定的费率自行向税务机关申报缴纳社会保险费。实行这一模式的省市，起先都实行过核征分离模式，随后才转向自行申报模式。在两种模式过渡阶段，各地改革做法不尽相同，因而各具特色。

原浙江省地税局于 1997 年开始代征企业职工基本养老保险费，2004 年实现了五费统征，2005 年，浙江省政府发布《浙江省社会保险费征缴办法》，实行企业向税务部门自行申报模式。浙江省社保费征缴模式主要特点有：一是建立了企业自行申报缴费制度。缴费单位自行计算应缴费额，向税务部门申报缴纳社会保险费，并对申报事项的真实性负责。二是对缴费单位和职工个人实行双基数，即个人缴费部分的应征数由社保部门核定产生。对统筹部分，不论职工个人是否参保缴费，一律按企业实际发放的工资总额计算应缴纳社会保险。三是实行了五费合征。企业在申报社会保险费时，只需输入工资总额就自动生成五项保险的申报信息，有效避免了选择性缴费。四是信息化程度高。税务、劳动部门实现了联网，缴费人在办理参保登记和缴费登记后，就可以在网上完成申报、缴费、记账工作。五是税费同征、同管、同查。省政府令赋予税务部门征收、检查、处罚权限，税务部门按照税式管理的要求，开展年度结算、缴费评估、社保费检查等工作，将社会保险费征管与企业所得税、个人所得税相关联，使税费征管相互促进，相得益彰。

原福建省地税局自2001年1月1日起承担企业职工基本养老保险和失业保险的征收工作，目前实现了两项保险向税务部门自行申报。其征缴模式的主要特点有：一是建立了缴费人自主申报制度，由企业向主管税务机关申报缴纳社会保险费。二是实行单一缴费基数，即企业的缴费基数是职工缴费工资总和。三是赋予了税务部门在参保登记、缴费申报审核、费款征收、稽核检查，以及违章处罚等方面的一系列职责权限。四是信息化水平较高，人力资源和社会保障部门、税务部门联网，实现了数据的网上交换。五是开发人机结合的收入预警管理模式，加强对收入的监控指导。六是对职工医疗保险、工伤保险、生育保险虽然实行了税务征收，但社保申报审核、检查处罚等权限仍属社保经办机构。

原厦门市地税局自2001年7月起承担社会保险费的征收工作，实行劳动核定、税务征收的模式。但由于该模式存在着参保登记不到位、社保规模做不大的弊端，厦门市政府于2004年4月决定将社会保险的登记、申报、征缴、监督、检查和处罚等工作权限移交税务部门，建立起"税务征收、人社发放、财政监管"的征缴模式。其征缴模式的主要特点有：一是实现了税务全责征收，即社会保险的登记、申报、征缴、监督、检查和处罚等工作全部交由税务部门负责。二是实现了统一征收，城镇职工社会保险、城乡居民社会养老保险、城镇居民医疗保险、农村居民医疗保险全部由地税部门征收。三是建立了涵盖所有人群的参保登记、缴费信息的大型数据库，极大提升了社保费征收信息的处理能力。四是实行了单一缴费基数，即职工以上年度个人平均工资为缴费基数，企业以职工个人缴费基数之和作为缴费基数。五是实行税费同征、同管，将社保费征管与企业所得税、个人所得税的管理相结合，加强信息比对，达到了"以税促费、以费促税"的双赢效果。

原广东省地税局自2001年起正式接手社会保险费征收工作，实行劳动核定、税务征收的模式。2008年，广东省政府决定将养老保险省级调剂金解缴比例从5%提高到9%，但遇到了各级地方政府的阻力。为了保障省级调剂金落实到位，省政府决定由地方税务机关全面负责社会保险费征缴环节中的缴费登记、申报、审核（核定）、征收、追欠、查处、划解财政专户等相关工作。目前，广东省除深圳市、东莞市之外，其他地市社会保险费均由税务全责征收。其征管模式的特点：一是三种模式并存。即深圳市由人社部门全责征收；东莞市实行人力资源和社会保障部门核定、税务部门征收；其他地区实行税务部门全责征收模式。二是赋予了税务部门包括缴费登记、申报、核定、征收、划解、追欠、查处等职责权限。三是推行"一员两责"制度，即税收管理员既负责税务管理，也负责社保费管理，实行税费同征、同管、同查、同服务、同考核。四是搭建了统一的社保费征管信息平台。

海南省社会保险费自2000年11月起改由税务部门负责征收，采取了集征、管、查于一体的全责征收模式。税务部门负责办理缴费登记、接受缴费申报、确定缴费基数、确认缴费人数、征收社会保险费、按统筹级次入库、提供单位和个人缴费明细、催报催缴、监督检查等权限。但令人遗憾的是，不知该省出于何种考虑，自2012年元月起，又将社保费由税务全责征收模式改回到社保经办机构核定、税务部门征收的模式。

在上述各种征收模式中，尤为值得称道的是浙江省、广东省、厦门市等地实行的自行申报征收模式，它能够充分体现税务部门征收社会保险费的强大优势。

一是促进了扩面征缴，保护了职工合法权益。采用由企业自行申报缴纳社会保险费的方式，有利于确立用人单位缴费主体意识，明晰如实申报责任。税务机关作为征收机构，通过税务登记与单位缴费登记同步进行，统一缴费登记流程，形成企业扩面的倒逼机制，可以推动用人单位参保和社会保险企业全覆盖。原浙江省地税局通过个人缴费与单位缴费基数相分离，改变了以前以参保职工缴费工资之和作为企业缴费基数的做法，杜绝了企业职工参保人数越少，企业负担越轻，导致企业千方百计不让职工参保的情况发生，形成了企业积极鼓励职工参保的良性机制。2012年，广东省全省参加养老保险人数达3648万人，是全国参保人数最多的省份。

二是促进了收入增长，增强了基金支付能力。由于企业缴费与职工个人缴费相分离，就改变了过去统筹部分的基金收入要受制于参保人数的状况，税务机关可以通过信息比对，督促企业如实申报社会保险费，从而增强筹资能力和支付能力。此外，由于社保覆盖面扩大，可以进一步降低赡养率和社保支付风险，促进养老保险事业的可持续发展。浙江省实行自主申报缴费后，社会保险费一直保持着强劲增长态势，由 1999 年的 20.48 亿元，增长到 2012 年的 1412.44 亿元，年均环比增长 38.49%，社保基金支付能力由不足 10 个月，提高到 30 个月以上，人均退休金水平也稳定在全国各省区前列。福建省、广东省、海南省、厦门市等地的社保费收入也都保持了 20% 以上的增幅。

三是降低了费率，有利于企业公平竞争。在新的社保费征缴体制下，企业不论大小强弱，一律按工资总额的一定比率缴纳社保费，有利于经济资源在不同地区间的合理流动，促进区域经济的协调发展。随着基金积累增加和支付能力增强，浙江省、广东省等地下调了养老保险缴费比率，降低了企业负担，提高了企业竞争能力，也促进了社会资源向本地流动，增强了经济活力。从 2008 年起，浙江省、厦门市逐年降低用人单位养老保险的缴费比率，目前执行的是 14% 费率，远低于全国多数地方 20% 的水平。广东省养老保险缴费比率在 13%—15%。

四、社保费实行税式征管体制的必要性

从社保费税务征收的范围看，全国大多数地区税务机关只负责企业单位社保费的征收。目前，湖北税务机关则承担了城镇职工及居民所有社保费的征收工作，只有农村居民的城乡居民养老保险及新农合不在税务征收之列，在全国属于征收范围最广的地区之一，因此，我们还要继续按照《社会保险法》的要求，进一步推进社保费的统一征收工作。

从征缴体制看，湖北一直实行"社保核定、税务征收"的模式，这种核征分离体制已不能适应社保事业可持续发展的需要，迫切需要进行改革。浙江省、厦门市等地的实践，显示了自主申报模式的优势，为我们完善社会保险费征收体制提供了借鉴。我们认为，湖北应当积极推行企业自行申报的社保费征收模式，即以企业自行申报、个人自主择档、税务统一征收为基础，构建税务征收、财政管理、社保发放、审计监督四位一体的管理模式。在具体的操作中，实行企业按实发工资总额自行申报，职工个人缴费由企业代扣代缴。

国外已有经验和国内先进地区的实践表明，推行自行申报征收模式是全面落实《社会保险法》，完善社保费征缴体制的需要，它代表着社保费征收体制改革的方向。《社会保险法》第五十九条明确提出，社会保险费实行统一征收；第六十条规定，用人单位应当自行申报，按时足额缴纳社会保险费。这些

规定构成了自行申报征收模式的法律基础,也是完善我国社会保险费征缴体制的法律依据。

第一,有利于社保扩面征缴。过去,以参保职工缴费基数之和作为参保单位的缴费基数。企业为少缴社保费,就竞相少报参保职工,压低职工的缴费基数,导致职工参保率低,企业名义负担高,实际负担低。2011年,湖北省城镇就业人员1288万人,城镇职工基本养老保险参保人数为772.3万人,参保率为59.96%,远低于浙江90%的参保率。湖北人均缴费占社会平均工资的比率为18.8%,远低于规定的28%(企业缴费比例20%,个人缴费比例8%)。实行自行申报征收模式后,企业按所得税前工资支出作为缴费基数自主申报缴纳,职工个人缴费经社保经办机构核定后由企业代扣代缴。不论职工是否参保,企业均需履行社会责任,缴纳社会保险费,就能从根本上改变过去企业职工参保人数越少,负担越轻,因而企业千方百计不让职工参保的状况,形成企业积极鼓励职工参保的良性机制,推动社会保险全覆盖,切实保障职工的合法权益。

第二,有利于避免企业选择性缴费。2011年,湖北省城镇职工(不含退休职工)的社会保险参保情况是:养老保险771.7万人,医疗保险649.2万元,失业保险497.5万人,工伤保险480.98万人,生育保险420.9万人。这些数据反映出社会保险费选择性缴费问题非常突出,即对职工现实利益影响大的养老保险和医疗保险,其缴费情况较好,而对于其他险种,企业能不缴则不缴。实行自行申报征收模式后,税务机关将实行五费同征,可以有效避免企业选择性缴费,充分发挥各项保险的功能,共同织就社会保障网,不断完善社会保险体系。

第三,有利于企业足额缴纳社会保险费。由于税务机关专司征收之职,征管网络健全,执法刚性强,征收力度大,熟悉企业生产经营和资金运行情况,特别是可以利用企业纳税登记信息和企业所得税年度汇算清缴、个人所得税全员全额明细申报工作中掌握的企业职工人数、工资薪金等有效信息资源,清楚掌握真实费源,一旦实行自行申报征收模式,就能够最大限度地做到应收尽收,防止费源流失。社会保险费的单位缴费是企业所得税税前扣除项目,个人缴费是个人所得税的税前扣除项目,实行统一征收、全责征收,有利于发挥税务部门税费同征、同管、同查、同考核的优势,通过加强税费信息比对,有效堵塞社会保险费费源核定的漏洞,促进社会保险费收入的增长。

第四,有利于促进企业公平竞争。在核征分离体制下,企业如果按规定的基数、比率缴纳"五险",则负担重;如果企业只缴纳部分险种,甚至不参保,则负担低或零负担。由于社保扩面不到位,以及部分企业的选择性缴费,直接导致地区之间、企业之间的负担不公平。2011 年,湖北省人均缴费占社会平均工资的比率为 18.8%,高于全国的平均水平 17.41%,远高于浙江省的 10.96%,福建省的 13.26%,广东省的 10.18%。就中部地区而言,湖北省企业的平均社会保险负担水平也高于安徽、福建、江西、湖南。湖北各市州的负担率也不尽相同,社保结余多的地方,倾向于"放水养鱼",而在收不抵支的地方,则加大扩面征缴的力度,尽量多核多收。这种情况导致社会资源向着社保负担低的地方流动,不利于企业的公平竞争,也不利于区域经济的协调发展。实行自行申报征收模式后,企业不论大小强弱,一律按规定比率缴纳社会保险费,有利于均衡企业负担,促进经济资源在不同地区间的合理流动。

第五,有利于促进养老保险可持续发展。2010 年以前,湖北省城镇职工基本养老保险一直处于收支困难状态,2011 年累计结余可支付月数为 14.63 月,低于全国平均数(18.33 月),远低于广东(48.79 月)、浙江(33.58 月)。从赡养率(退休职工占参保职工的比率)来看,湖北养老负担较重。2011 年,城镇职工养老保险赡养率为 43.3%,高于全国的平均水平(31.7%),更高于广东(10.87%)、浙江(15.21%)、福建(20.49%)。要扭转这一被动局面,必须努力促进扩面征缴。从湖北省参保现状来看,社保扩面征缴还有较大的空间。实行自行申报征收模式后,可以改变过去统筹部分的基金收入受制于参保人数的状况,增强了筹资能力与支付能力。同时,由于社保覆盖面扩大,有利于降低赡养率,进而降低风险,促进养老保险事业的可持续发展。

第六,有利于推进城镇化建设。2011 年年末,湖北城镇常住人口 2984 万人,占总人口的 51.83%,城镇人口首次超出乡村人口,标志着湖北城镇化开始步入高速增长期。但是,由于社保扩面不到位,大量的城镇就业者只是参加了城乡居民社会养老保险,而未能纳入城镇职工社会保险。此外,由于城乡居民社会养老保险待遇远低于城镇居民社会养老保险,一部分城镇就业者退休后的收入不能满足城镇生活的需要,可能陷入贫困状态。通过建立自行申报征收体制,可以将更多的城镇就业人员纳入社会保险的范围之内,使广大城镇职工老有所养、病有所医,享受国民待遇,并通过社会保障体系的不断完善,实现基本公共服务均等化。

五、社保费征缴体制改革的思路与建议

(一) 改革思路

湖北与浙江、厦门等地面临的问题和改革的背景虽然不尽相同,但他们的经验值得我们借鉴。改革、完善湖北社会保险费征缴体制,需要以省政府为主导,部门分工负责,实行统筹兼顾、分步推进。其中,以省政府为主导,有利于打破部门利益壁垒,减少改革阻力。实行各部门分工负责,就是要在政府统一领导下,建立"税务征收、财政管理、社保发放、审计监督"四位一体的社会保险基金管理体制。人社部门作为社会保险的管理机构,行使行政管理职能,负责政策、制度、标准的制定工作。社保经办机构负责社会保险登记、个人账户管理、享受待遇资格的认定,以及社会化发放工作。财政部门负责编制社会保险预算,确保社会保险基金的安全和完整,负责社会保险资金的管理、拨付,并承担对社会保险资金的征收及支出使用的监管职能。税务部门负责社会保险费的征收、检查、处罚,确保收入及时足额入库。审计部门负责定期对社会保险资金的征收、使用、管理情况进行审计和检查。所谓统筹兼顾,指税务部门需要对税费予以统筹考虑。改革初期,小微企业的社会保险负担势必增加,因此,地税机关要把加强社会保险费征收与促进小微企业发展的有关税收政策综合起来考虑,达到既促进企业发展,又加强社会保险费征收的目的。

社保费征缴体制改革涉及多方利益关系,对税务部门现有征管系统提出了更高的要求,需要我们分步推进,稳步实施,确保改革达到预期目的。为此,一是要建立人力资源和社会保障部门、税务信息共享平台,实现双方数据实时传输,方便缴费人缴费。同时,税务部门要逐步建立缴费个人信息数据库,并与社保经办机构个人账户记账系统对接,实现实时记账,提高工作效率。二是在建立信息共享平台的基础上,税务部门要对税收征管信息和社保费核定信息进行比对,并将比对差异及时传递到社保经办机构,由社保经办机构进行补充核定,不断扩面征缴,提高社会保险覆盖率。三是在前两步工作的基础上,逐步建立起企业自主申报、个人自主择档的缴费体制。社保费的统筹部分由企业自主向主管税务机关申报缴纳,职工个人缴费部分由社保经办机构核定后由企业代扣代缴,灵活就业人员自主择档缴纳,并通过信息共享平台,实时传递到社保经办机构记账。

(二) 推行自行申报征收模式的建议

1. 必须在政府主导下改革。《社会保险法》虽然明确社会保险费实行统一征收，但没有明确征收主体，有关政府部门都在积极争取主体地位。此外，2011年以前，湖北养老保险一直收不抵支，主要依靠由人力资源和社会保障部门负责的中央转移支付弥补基金缺口。海南省在实行税务全责征收之后，又退回到人力资源和社会保障部门核定、税务征收的旧体制，其中必有内在的体制原因，教训极为深刻。所以，是努力增强自身造血功能，促进养老保险可持续发展，还是继续依赖外部输血，在低水平上维持社保发放，这是一个需要政府决策考虑的重大问题。

2. 必须得到相关部门有效配合。社保费征缴涉及多个部门，关系到方方面面的利益，因此，改革需要达成共识，单靠税务部门单打独斗，往往造成工作被动。从已经实行企业自行申报体制的省市实践看，只有在党委政府的统一领导下，各相关部门达成共识，形成合力，改革才能有序推进。

3. 必须建立完善的信息系统。社保费征缴涉及个人账户记账，税务、人力资源和社会保障两部门之间必然产生大量的数据传递。如果仅靠人工传递征缴信息，一方面时间滞后，影响缴费人及时享受待遇；另一方面，人力资源和社会保障部门由于工作量依旧，也会形成改革的阻力。因此，必须加强信息化建设，搭建两部门联网的信息平台，不断提高数据处理能力，实现数据的实时传递，只有这样，才能大幅度提高社保费的征缴效率。

4. 必须配备有必要的机构和人员。机构扁平化改革后，全省县级税务局均不再单设社保科（股），相应的职能归并在税费征管（服务）部门。这一改革在有利于税费同征同管的同时，社保费的征收管理工作在客观上也有所弱化。推行自行申报征收模式，由于社保费征管业务量将大大增加，因此需要加强相应的组织机构和人员配备，确保改革顺利进行。

第八章
税制改革

第一节 地方税体系改革[①]

一、1994 年税制改革的成效、经验与缺憾

中国现行地方税体系是在 1994 年税制改革和推行分税制财政体制中建立起来的。20 年前那场全面、系统、深刻的财税制度改革,按照"统一税法、公平税负、简化税制、合理分权、理顺分配关系、规范分配方式、保障财政收入"的原则,不仅建立和完善了我国以商品劳务税、所得税双主体的税制结构,还创新性地引入市场经济国家普遍推行的分税制体制,按照税种划分中央和地方的财政收入,初步建立了以营业税为主体的省以下地方税架构体系(地方税各税种收入构成见表 8-1)。

表 8-1 地方税收入结构

年份	指标值(亿元)	地方税各税种占地方税税收收入比重									
		营业税(%)	城镇土地使用税(%)	房产税(%)	资源税(%)	耕地占用税(%)	印花税(%)	土地增值税(%)	车船税(%)	契税(%)	烟叶税(%)	城市维护建设(%)
1994	1067.89	63.70	3.05	5.64	4.26	0.00	5.79	0.00	1.06	0.00	0.00	16.51

---

① 本节内容基于国家税务总局"改革完善地方税体系研讨会"论文,2014 年 10 月。

续表

年份	指标值（亿元）	营业税（%）	城镇土地使用税（%）	房产税（%）	资源税（%）	耕地占用税（%）	印花税（%）	土地增值税（%）	车船税（%）	契税（%）	烟叶税（%）	城市维护建设（%）
				地方税各税种占地方税税收入比重								
2001	3202.91	65.09	2.07	7.14	2.10	0.00	10.52	0.32	0.77	0.00	0.00	12.00
2012	31358.60	50.23	4.91	4.38	2.88	5.05	3.15	8.67	1.25	9.09	0.42	9.97

资料来源：1994年至2011年数据均来源于各年度《全国税务统计》，2012年数据来源于《税收月度快报》。

关于1994年财税体制改革成效，我的评价是成就巨大、经验可鉴、影响深远。

改革成就主要有三个方面。一是新财税体制促进了统一、规范、公平的社会主义市场经济体制形成与发展。没有市场经济，就不可能设想中国经济随后20年的持续、快速增长。二是新税制极大地强化了税收筹集财政收入职能。1994—2012年税收收入由5071亿元增长到110764亿元，年均增长18.7%。因为有了强大的财力基础，才能为改善民生、呵护公平、维护稳定提供较为充分的预算保障。三是分税制采取市场经济条件下的通行规则，初步规范了中央与地方之间的财政、税收分配关系。改革不仅一举扭转了包干体制下中央财政长期困难局面，而且调动了地方政府当家理财、强化地方小税种征管的积极性。1994—2012年，11个地方税种收入增长了28.4倍。

改革基本经验有两条：一是1994年改革在战略上精心谋划、重视顶层设计、配套改革和稳步实施。整个综合改革方案不仅考虑了税收体系与市场经济规则相适应，考虑了税制体系与分税制体制相匹配，还在税种配置、转移支付设计上注重兼顾中央和地方的利益关系。二是1994年改革立足国情借鉴国外经验。例如，在税制模式设计上，没有照搬发达国家的所得税主体税制，而是选择了商品劳务税、所得税双主体模式；在增值税改革问题上，实行的是以销售货物为对象的"收入型"增值税，而没有将增值税范围扩大到难征、难管、难规范的劳务服务领域；在分税制设计问题上，改革没有套用"财政联邦主义"，而是按照"单一体制、合理分权"的原则，推出了一套基本适合中国国情的分税制财政体制。

1994年改革不仅成效巨大、经验弥足珍贵，而且对我国随后的经济发展与其他方面改革已经产生或还将产生重大影响。

当然，充分肯定1994年改革的成效与经验，不是说20年前的改革就没有缺憾和不足，更不是说1994年改革形成的现行财税体制就不存在妨碍经济与社会发展的矛盾和问题。相反，一些缺憾、矛盾和问题不仅存在，有的甚至还累积、加剧到影响国家治理体系和治理能力现代化建设的程度。其中一个突出的缺憾，就是未能高度重视地方税制体系建设，如地方税种配置杂乱、功能重复，收入规模过小，以及地方税管理分权不够等，进而引发地方政府财力困难，过度依赖"土地财政"、依赖乱收费乱罚款、依赖中央专项转移支付等一系列问题。

二、为什么要重构地方税体系

应当说，呼吁重视和加快地方税体系改革是一个老问题，而非新问题。近年来，尤其是十八届三中全会《中共中央关于全面深化改革若干重大问题的决定》（以下简称《决定》）提出，"加快改革财税体制……构建地方税体系，形成有利于结构优化、社会公平的税收制度"以来，学术界、各级政府部门重提地方税改革，积极研究地方税改革方案，首先是贯彻落实中央《决定》，全面构建和完善地方税体系，解决地方税制不完善这支"短腿"的需要。

我国地方税体系薄弱，应当说是1994年改革尚未来得及解决的一个"历史遗留问题"。由于1994年改革涉及面广、目标多、任务繁重，有些改革如推行分税制体制、建立地方税体系等又处在探索过程之中，决策部门在当时不可能一蹴而就、一步到位地解决结构优化、科学合理的地方税体系构建问题。正因如此，现行地方税体系如同一个"早产儿"，存在如前所述的诸多先天不足。具体表现在：一是地方税种配置不科学，功能杂乱、重复。例如，一个新建房地产项目从征地、建设到销售，涉及缴纳的税种有耕地占用税、营业税、土地增值税、契税、印花税，这其中不包括企业还要随营业税附征的城建税、教育附加，以及企业所得税等。二是地方税收入规模过小。据统计，地方税收收入占地方财政收入的比例，2007年为49.58%，2011年为43.62%，不仅比重低且呈逐年下降之势。如果将中央转移支付因素考虑进来，一并分析地方税收收入占地方可用财力的比例，地方税收入规模就显得更加"寒酸"，在有些困难县区，这一比例可能10%都不到。三是一些地方税种在制度设计上不能适应经济与社会发展的需要，难以体现地方税的政策功能。如对土地、房屋仍然按照土地面积、房产原值，分别征收土地使用税和房产税；资源税尚未将水资源纳入征税范围等。四是中央赋予的地方税收管理权限过小，不利于地方政府因地制宜的开辟税源、落实政策和强化管理。以上所述，大多属于制度层面的问题，因此需要通过全面构建和完善地方税体系来通盘解决。

加快构建地方税体系还有一个现实的原因，那就是2012年始于上海试点的营改增开始动摇现行地方税体系和分税制体制基础，以及由此引发的一系列问题的复杂性、严重性和紧迫性密不可分。

众所周知，营业税是一个遍及世界各国的传统流转税。经过1984年和1994年两轮税制改革，我国形成了由增值税、消费税、营业税构成的商品劳务税体系。其中，增值税对应税货物在销售环节征收，属于中央地方共享税；营业税对应税劳务、服务征税，划为地方税。营业税的原征税项目包括：交通运输、建筑安装、金融保险、邮电通信、文化体育、娱乐业、服务业、转让无形资产和销售不动产。经过两轮营改增，截至2013年，营业税原征税项目中已有交通运输（含铁路运输）、服务业中的研发和技术服务、信息技术服务、文化创意服务、物流辅助服务、有形动产租赁服务、鉴证咨询服务六大类现代服务业，以及邮电通信中的邮政服务被先后纳入征收增值税，涉及收入规模约为地方税收入的10%左右。

在现行分税制体制下，营业税是地方税体系中的主体税、"当家税"，是地方政府最为重要、稳定和可持续增长的财政收入来源。2012年，全国营业税收入15751亿元，占全部税收收入的14.22%，占全部地方税收收入的50.23%。如果营业税全部实行营改增，按增值税75∶25的分成比例计算，地方财政的体制性减收将高达11813亿元。目前，两轮营改增对地方财政影响还较为有限，尚在地方财力可承受范围之内，中央财政可以通过各种微调方式弥补地方收入缺口。如果继续扩大营改增范围，必然导致两大后果：一是影响企业负担与政府收入的稳定；二是影响中央和地方财力格局总体稳定。显然，营改增涉及的不仅仅只是税制改革问题，还是分税制财政体制问题。由营改增引发的中央与地方之间财政关系失衡，需要通过构建地方税体系和完善分税制体制进行调整。

三、地方主体税种选择引发的两种改革思路

税收体系通常由主体税和辅助税种组成。如何构建中国未来地方税体系，与地方主体税种选择密切相关，这是一个由营改增引发的关键问题、前提问

题。按照是推行"全面营改增"还是"有限营改增",主体税种可以有不同选择,改革完善现行地方税体系就有"小改"和"大改"两种思路。

(一)"小改"思路

"小改"思路即实行"有限营改增"政策。有两层含义:待第一、第二轮营改增到位后,应当暂缓进行下一轮营改增扩围试点。推进增值税改革工作的重点应当放在实事求是地总结营改增试点经验、研究解决改革中的突出问题,以及全面完善增值税运行制度等方面。二是在今后一段时期,继续维持增值税和营业税"两税"并征格局,继续维持营业税的地方主体税地位。

主张推行"有限营改增"政策的主要理由是:

1. 应当客观公正、实事求是地评判营业税与现代服务业发展的关系。一国现代服务业的发展水平如何,取决于多种因素。其中既有产业发展的内在规律,又有体制机制等多种制约。营业税的部分重复征税问题只是其中的一个因素,它对现代服务业发展有影响,但这种影响是有限的。统计资料表明,在1994—2012年未推行营改增的18年间,全国GDP年均增幅为14.1%,其中,第二产业年均增速为13.9%,第三产业年均增速为15.9%,结果导致第二产业比重由46.6%下降为45.3%,第三产业比重由33.6%上升为44.6%。应当说,这一时期中国的服务产业发展是相当快的。例如,在世界计算机软件强国印度,增值税由各邦(省)负责征收,征税范围限于产品销售,服务业依然征收的是传统营业税。

2. 两轮营改增实施到位,就能够基本解决围绕制造业、文化产业、现代物流产业等提供技术性、知识性服务的业务中存在的重复征税矛盾,有利于现代服务业发展,有利于经济结构升级转型,有利于服务贸易国际化和上海自贸区试点与复制。因此,营改增已经基本实现了改革所要达到的目标,继续扩大营改增范围已无经济上和改革上的必要。

3. 从试点情况看,过渡性财政扶持政策在基层难以到位,企业税负上升问题未能有效解决。除部分服务业小规模纳税人直接降率减负效果明显外,一般纳税人特别是交通运输、物流、设计、有形动产租赁、广播影视制作等行业税负不降反升的问题,已给企业正常经营带来压力。目前,个别地方已出现直接税收返还现象。

4. 营改增后的增值税税率档次过多,已近回归到第二步"利改税"前的产品税或营业税。经过两轮营改增,目前的增值税税率已达六档之多(3%、

5％、6％、11％、13％、17％）。如果营改增继续扩大到其他服务行业，税率档次还将继续增加。过于复杂的税率制度既不符合增值税的内在规律，也与简化税率、稳定税负的要求相悖。

5. 对于目前仍然保留征收营业税的部分行业，如果继续推行营改增，必须考虑如何从税收管理上有效解决以下问题：金融保险业如何征收增值税，是欧共体国家至今未能解决好的头疼问题；建筑安装行业层层转包、管理无序仍然是地税部门强化征管的重点行业。如果改征增值税，其征管难度几乎难以想象；娱乐业、餐饮、旅店等服务业的小微企业数量巨大、财务管理水平低下，如何征收增值税？如果对近95％的小型业户都采用与营业税完全相同的定率简易征收办法，那么对这类行业实行营改增又有什么意义？转让无形资产和销售不动产如果改征增值税，进项纳入抵扣范围，若要保证财政不至大幅度减收，势必需要较大幅度提高现行增值税税率的平均水平。显然，这与党的十八届三中全会《决定》中"稳定税负"的要求不相吻合。

综上所述，主张推行"有限营改增"的观点认为，应当在坚持营业税地方主体税的前提下，将下一步税制改革的重心由营改增转向加快推进房地产税制改革、完善个人所得税制、扩大资源税征税范围、切实推动环境费改税，以及城建税、教育费附加、契税、印花税、耕地占用税等地方税种整合与完善。这些是要比营改增更为重要、更加迫切的税制改革问题。

（二）"大改"思路

"大改"思路即实行"全面营改增"，就是根据现行的主流思路，取消营业税，将所有的营业税行业全部改为征收增值税。由于"大改"思路涉及现行地方税体系和分税制体制"伤筋动骨"，因此，需要在假定继续坚持分税制体制原则不变的前提下，重构地方主体税种，再造地方税体系。

实行"全面营改增"后，选择什么样的税种取代或部分取代营业税的主体税种地位，主要有两种方案：一种是取消零售环节增值税，整合现行消费税等其他税种，创设零售销售税，划归地方；另一种是消费税，即通过适当扩大征税范围，调整税率和征税环节等方式，将现行消费税改造成为地方税主体税。

1. 销售税方案。销售税，也称一般销售税，作为地方税尤其是作为省（州）一级的主体税，在美国等一些没有实行增值税的国家应当说是一个好税种。如税源普遍、鼓励消费、便于征管等。但是，在中国现行的经济、税制结构下，销售税的改革思路存在以下问题：一是如何划分产制、批发环节销售与商品零售，将成为征税部门一个十分复杂和头疼的问题，若处理不好将埋下大量的逃税隐患。二是零售销售税有可能破坏增值税链条的完整性。比如，当零售环节消费品再次进入生产加工环节时，增值税税款如何抵扣将成为另一大难题。三是规范的销售税是价外税，如果开征销售税并采取价外税方式征收，容易引起社会大众的误解和抵触情绪，政治风险比较大。

2. 消费税方案。应当肯定消费税作为地方主体税的积极意义。一是消费税属于商品劳务税，依据商品价格在产制或销售环节征收，有利于保证地方收入。这一点在我们这样一个民众非理性化程度高、纳税遵从度低的国度，显得尤为重要。二是将消费作为地方财政的主要税基之一，有利于拉动国内消费需求，强化绿色发展理念，合理引导地方政府行为。三是从理论上算账，如果将包括烟、酒、油三大项收入在内的全部消费税划为地方税，是可以弥补地方政府因营改增留下的大部分收入缺口的。如果再辅之以其他税种或转移支付体制调整，就可以基本保证中央和地方财力格局的总体稳定。但是，消费税改革思路不是没有问题。要想将理想的目标转化为现实的可行，尚需要解决许多困难，疏通一系列"瓶颈"问题。

从征税范围看，我国现行的消费税不同于美国等一些国家对所有消费品在零售环节普遍征收的销售税或消费税。我国的消费税属于特别销售税，它是在增值税普遍征收的基础上，对少数、特定消费品课征的，其主要功能在于特殊的财政需要、调节特定的消费行为，以体现政府的产业政策和消费政策。从这个意义上讲，消费税的税基不是宽而是窄。在中国，消费税更宜于作为中央税而不太适合由地方管理。

从征税环节看，科学、合理地确定消费税征税环节，尤其是占国内消费税收入88%以上的烟、酒、油等三大品目的征税环节，是一个事关地区间税收利益分配和重点税源控管的重大问题（见表8-2）。一方面，在中国目前阶段，烟、酒、油消费税不宜改在零售环节征收，否则，必然造成税收收入大量流失；另一方面，作为地方税，烟、酒、油消费税也不宜放置在工业产制环节征收。否则，近期会引致地区间税收利益分配的严重失衡；从长远看，全国各地小烟厂、小酒厂、小油厂将死灰复燃、遍地开花。面对上述"两难"矛盾，解决难题的一个办法是，将烟、酒、油消费税继续确定在产制环节征收，其收入继续划归中央。做出这种选择将会导致的新问题是，烟、酒、油消费税收入是转移还是不转移支付给地方。如果不给地方，仅将其他品目的消费税划为地方税,这对于 11813 亿元的营改增收入缺口无异于杯水车薪,没有多大财政意义和地方税制建设意义。反之,如果转移支付给地方,那么税款分配的依据和标准又该如何确定?

表 8-2　　　　　　　　2013 年国内消费税收入结构

项目	合计	酒及酒精	烟	成品油	小汽车	摩托车	汽车轮胎	化妆品	贵重首饰	鞭炮焰火	游艇、高档手表、一次性木筷、实木地板、高尔夫球具
税额（亿元）	8294	289.2	4300	2729.3	883.3	11	5.1	5	59.1	8.9	1.86
比重（%）	100	3.48	51.84	32.90	10.65	0.13	0.06	0.06	0.71	0.11	0.02

总之,就主体税种选择而论,"小改"有小改的难处,"大改"有大改的难处,但利弊相权,则是"小改"小难,"大改"大难。

四、构建地方税体系的目标和原则

研究如何构建地方税体系,最为关键的是要对此轮改革的目标与原则有一个清晰明确的把握。因为只有明确了为什么改、改什么,才能解决好如何改、怎样改的问题。

实事求是地说,由于国情不同,世界各国的地方税体系虽然有些共同点,如大多以不动产税为主体、基于受益原则课征、方便地方政府管理等,但在具体税种配置上差别较大。如果按照中国"地方"的同一口径,而将联邦制国家州一级税收配置的因素考虑进来,各国地方税体系的差别就更大。所以,改革、完善中国地方税体系不可能有既定的成功模式可循,改革的基本指导思想应当是:遵循地方税收配置规律,基于中国国情税情,体现了党的十八届三中全会要求,有利于地方政府治理能力建设。

根据这样的指导思想,改革、完善中国现行地方税体系的总体目标是:以保持分税制体制和税收分配格局总体稳定为前提,以优化地方税制结构、增强地方税收实力为重点,构建起能够保障地方支出责任基本需要、有利于加强地方税源管控、合理引导地方政府行为、维护市场统一、促进社会公平的地方税体系。

具体地，新一轮地方税体系改革应当遵循以下原则：

第一，保持"两个稳定"原则。党的十八届三中全会要求，财税体制改革应当保持企业负担与政府收入的基本稳定，保持中央和地方财力格局的总体稳定。这是党中央、国务院着眼于我国目前阶段经济、财政、社会、政治大局做出的重大决断。在构建地方税体系问题上，对作为地方主体税种的营业税是实行"大改"的"全面营改增"，还是实行"小改"的"有限营改增"，不仅关系地方主体税的"顶层设计"，还直接关系"两个稳定"。我们认为，推进营改增应以"两个稳定"为前提，尤其是在两轮营改增已基本解决不利于现代服务业发展的重复征税矛盾的情况下，没有必要以对现行分税制体制和商品劳务税制"大动干戈"，没有必要冒着影响"两个稳定"的潜在风险，而继续扩大营改增的范围，追求那种完全欧式、理想化的"消费型增值税"。显然，这种政策选择在战略上是弊大于利，甚至是得不偿失的。

第二，分级分税原则。分税制是通行于世界各国并与现代市场经济体制配套的政府间财政体制。分税制的精髓之一，是要在各级政府的事权与支出责任相适应的基础上，再根据各自支出责任的大小，配置相应的税种、收入和税权，以保障各级政府履行各自支出责任的基本税收需要。现行分税制体制存在的突出问题之一是，中央与省（市）之间的分税体制不稳定、不规范，缺乏有效的法律约束；地方各级之间的分税体制不到位、不合理，县（市）级税源虚弱。新一轮地方税改革及分税制体制调整不仅需要进一步规范中央与地方之间分税体制的法律约束，更需要在总结省管县改革试点的基础上按照分税制原则规范省以下财政体制，实现各地方税种在省与县（市）之间科学、合理的体制配置。

第三，受益对称原则。地方政府征收地方税的实质性正义在于，地方政府为本辖区居民提供了地方性公共产品，如土地、住宅、道路、桥梁、供水、供电、供气，以及自然资源等，纳税人从中受益，因此纳税人就应当根据各自享受利益的程度向地方政府缴纳法定的地方税费，中央政府也应当遵循受益原则进行分税制体制设计，并且在涉税利益体制调整过程中不能因为某种财政需要而违背受益对称原则，损害地方利益。就我国目前税种的体制配置分析，除了已经划归地方的房产、土地、车船、自然资源等非流动性、收益性的税种之外，现由国税局征收且收入划归中央的车辆购置税，也应当根据其地方税属性，在此轮改革中调整为地方税种。

第四，简化优化税制原则。一个简约、合理、高效的地方税体系，不仅有利于减轻和稳定纳税人负担，还有利于提高征管效率，便利于纳税人遵从。新中国成立以来的地方税体系基本上是沿着历史惯性逐步演变而来的，实事求是地看，1994年税制改革并未进行科学的"顶层设计"，随后的20年中，也未进行认真的优化完善。因此，现行地方税体系存在着如前所述的税种杂乱、制度陈旧、税基不实、税源重征等一系列问题。对于这些问题，在构建地方税体系的此次改革中，都应当按照现代地方税收理念和已经变化了的地方经济社会发展需要，该停征的税种要停征，该归并的税种要归并，该简化的办法要简化，该调整的税基要调整，该开征的新税要开征，以此实现整个地方税体系简化、优化、合理、高效的改革目标。

第五，科学引导地方政府行为原则。毋庸讳言，因责任所致，各级地方政府也是"利益主体"，有着对自身税收利益的追求。因此，在地方税体系和分税制体制设计过程中，地方政府征什么税、如何征税，以及哪些属于地方税、哪些税在中央、省（区）、县（市）之间如何共享分成等制度性安排，无一不是引导地方政府行为的"方向标"和"指挥棒"。目前，一些地方政府行为表现出的种种扭曲现象，既与体制、与不正确的政绩考核办法密切相关，也与现行地方税和分税制体制的某些缺陷不无关联。例如，饱受诟病的"土地财政"就与地方税比重低、现代房地产税制不健全有关；不重视资源节约和污染治理，就与地方收费混乱、"绿色税收"缺位有关。凡此种种，都需要遵循科学发展观的要求，重新审视、调整、充实、完善现行地方税体系和分税制办法，科学引导地方政府行为，使之做其该做的事。

第六，税费联动改革原则。不论是在中国还是外国，税收与规费（含基金）都是地方两级政府的主要财政收入来源。在大多数发达国家，税、费平均比例，高的7∶3，低的6∶4。其中，规费征收的特点是立法确定、准税性质、直缴国库、预算管理。中国的情况则要特殊得多、复杂得多、混乱得多，地方政府对各类规费的管理不仅远未达到预算法治化程度，收费甚至成为部门用于养人、买车、盖楼、滥发津补贴的牟利手段。最为典型的如已经实现费改税的交通部门公路养路费，以及目前仍由环保部门收取的排污费、水利部门收取的水资源费、城建部门对房地产业收取的规费等。这些收费名目繁多、理由光面，但实际效果是，不仅败坏政府法纪、加重人民负担、恶化社会风气，影响国家长治久安，而且肢解政府预算，造成公共预算收入大量流失。所以，此轮地方税体系改革应当认真总结、推广燃油税改革的成功经验，大胆破除部门利益藩篱，对于凡是能够实行费改税的收费项目，坚决实行费改税联动配套改革。这是一场自我革命性质的硬仗，考验着各级政府的国家治理能力。

五、改革完善地方税体系的建议

不论是在联邦制还是在单一制国家，只要实行分税制体制，地方税都应当是一个具有相对独立性的有机体系。换言之，作为一个相对独立的体系，它不仅有自己的主体税和辅助税种，还应当有着自身相对独立或与联邦（中央）共享的税类体系，如地方的商品劳务税、所得税、财产税、资源环境税等。以下针对我国现行地方税体系存在的问题，以及构建地方税体系的目标和原则，就如何改革、完善各大类地方税种，提出初步政策建议。

（一）商品劳务税改革

在中国目前的财政、经济、社会及纳税遵从状况的条件下，商品劳务税必须作为省及其以下地方政府的主体税或主体税种之一。对此，务必保持清醒的认识，否则我们将会犯极大的错误。改革、完善地方商品劳务税，主要涉及主体税种选择和城市维护建设税的整合、完善两个问题。

如前所述，关于地方商品劳务税的选择有三种思路：（1）营业税思路，对于目前尚未实行营改增的大部分营业税项目继续征收营业税，暂时保留增值税和营业税"两税"并征格局，继续维持营业税的地方主体税地位；（2）销售税思路，取消零售环节增值税，整合现行消费税等其他税种，创设零售销售税；（3）消费税思路，即通过适当扩大征税范围，调整税率和征税环节等方式，将现行消费税改造成为地方税主体税。我们的观点是，营业税为上策，销售税为中策，消费税为下策。至于三种改革思路的利弊得失，前面已作分析，故不再赘述。

这里需要提出的是，关于商品劳务税三种不同选择所引致的地方税主体税结构两个抉择问题。我们的观点是：如果继续选择营业税或创设销售税的思路，就可以将营业税或销售税，加上房地产税分别作为省（区）、县（市）两级的主体税种；如果选择不含烟、酒、油三项的消费税改革思路，就应当将消费税、所得税和房地产税作为省（区）、县（市）两级的主体税种。

城市维护建设税改革主要有三项内容：一是按照"立税清费"的原则，对"教育费附加"和"地方教育费附加"实行费改税，并入城建税。二是将现行城建税依据增、消、营三税税额附征，改为按照纳税人的销售收入（或营业收入）为依据独立征收。三是将城市维护建设税更名为"城市建设发展税"。

（二）所得税改革

现行分税制下，企业所得税和个人所得税属于中央地方共享税。其中，不同企业的企业所得税分别由国税、地税实行分征分管；个人所得税由地税局征管。

企业所得税在技术层面虽然存在需要进一步完善的制度和政策问题，但尚无大改大动的必要。这里之所以提出企业所得税的改革问题，是因为如果假定全面推行营改增，并用消费税取代营业税作为地方主体税之一，那么，我们就建议，对现行企业所得税的部分制度设计和征管办法进行必要调整，使之作为地方共享主体税种之一，以弥补营改增后留下的地方收入缺口。主要设想是，按照"同源分征"模式，改革现行企业所得税，使企业所得税收入成为地方政府另一个主要收入来源。

"同源分征"有两种具体办法：一种是实行"同源分类分征"，即对跨地经营、统一核算、总机构设在北京的公司、企业，其所得税由国税部门征收，收入划归中央财政；其他企业的所得税则由地税部门征收，收入划归地方财政。另一种是实行"同源分率分征"，即对所有企业的所得税，按照体制确定的分征税率，由各级国税部门和地税部门分别征收，分别入中央和地方各级金库。为了避免多头管理矛盾，也可以按照有利于税源控管和服务企业的原则，实行企业所得税由国税或由地税部门代征的办法。例如，瑞士联邦公司所得税在伯尔尼州就是由州地方税务局代征的。

个人所得税是一个发展潜力巨大的税种。随着我国经济发展和社会成功转型，个人所得税收入还将进一步大幅度增长，个人所得税的主要功能也将由目前的调节分配转向普遍征收和筹集财政收入。因此，个人所得税改革的目标一定要避免落入不断提高免征额的"恶性循环"，而是要将改革的重心聚焦于以下三个方面：一是要加快建设个人收入和财产登记信息系统，以利于征税机关全面、切实地掌握个人收入来源信息。二是要改革、完善目前的年收入12万元纳税申报办法，将需要履行申报义务的条件范围扩大到拥有独立别墅、高档小轿车和游艇、当年私费出国旅游，以及当年购买贵重首饰和高档手表的居民个人。三是逐步建立综合与分类相结合的个人所得税制，加大对高收入阶层的税收调节力度。

(三) 财产税制改革

借鉴世界各国地方税制设计的经验，我国财产税将主要配置在县（市）一级，作为地方主要税收来源。财产税改革的目标是，建立起在购置、保有、转让交易等各环节，地方政府对房屋、土地、车船和无形资产统一征收的财产税体系。

1. 房地产税制改革。停止上海、重庆两地具有临时性、权宜性和不规范、不科学的房产税改革试点，按照"积极、稳妥、规范、有效"的指导思想，坚决推行以"房地合一、评估征税"为特点的房地产税制改革。改革的基本思路是：房地合一、评估征税、信息联网、先易后难、逐步推开。其中，"先易后难"是指在实施步骤可以采取先企业后个人；先豪宅后普宅；先增量后存量；先城市后农村的办法，以便最大限度地减少房地产税制改革过程中的阻力和负面效应。

特别需要指出的是，在新的房地产税制设计过程中，需要全面清理各部门面向房地产行业收取的各类基金和规费，全面梳理房地产项目从征地、建设到销售各环节所涉及缴纳的耕地占用税、营业税、土地增值税、契税、印花税，以及企业随营业税附征的城建税、教育附加等税收。在此基础上，按照费改税和简化税制的要求，对不合理的税费项目该废的废、该停的停、该并的并、该完善的完善，切实减轻纳税企业和购房者税费负担，确保政府税收收入。

2. 车船税制改革。车船税具有筹集地方收入、促进节能减排、调节财富分配的作用。改革完善车船税主要有两方面的建议：一是为了充分发挥车船税节能减排、调节分配的双重作用，应将目前按照排气量征收的定额税调整为"按排量征收"和"按价值征收"相结合的复合税基制度。二是目前划入中央收入的车辆购置税，在税种属性上属于购置环节的财产税，应当划归地方收入，改由地税局征收。同时，建议将购置游艇、赛艇、摩托艇等纳入征收范围，形成由购置环节的"车船购置税"和保有环节的"车船税"共同构成的地方车船税体系。

3. 契税和印花税改革。契税和印花税是两个古老的税种，为了使这两个老税"焕发青春"，充分发挥其职能作用，以适应时代发展要求，需要对现行征税制度做必要改革。一是要适当扩大契税征税范围。现行契税除了继续对购置和有偿转让土地、房屋征收之外，建议将目前征收营业税的转让无形资产项目调整纳入契税征收范围；二是除了对证券交易项目继续征收印花税外，对其他产权凭证改为征收契税，并同时停征印花税，以解决印花税与契税的部分税基重复征税问题。

（四）资源环境税制改革

珍惜自然资源、保护生态环境，建立资源节约型、环境友好型社会，是我国的一项基本国策。党的十八届三中全会对改革完善资源环境税制度提出了明确目标和很高要求。指出，要加快资源税改革，推动环境费改税；要坚持使用资源付费和谁污染环境、谁破坏生态谁付费原则，逐步将资源税扩展到占用各种自然生态空间。

1. 资源税改革。一是扩大征税范围，逐步将水、耕地、森林等资源纳入征收资源税。其中，重要的是按照费改税思路，将水利部门收取的水资源费改为由地税部门统一征收水资源税。二是停征耕地占用税，将耕地纳入资源税项目一并征收。三是完善计税方法，根据不同特点的资源项目，采取从量计征和从价计征两种方式。

2. 环境税改革。对现行环保部门征收的排污费实行费改税，先行开征环境税。征税对象包括企业、单位和个人排放的各种废气、废水和固体废物，以及难以降解和回收利用的包装物。今后条件具备时，再行开征碳税。环境税征收可以参照湖北省办法，实行"环保核定、地税征收"的征管模式。

第二节 个人所得税改革[①]

党的十八届三中全会《决定》提出，要"逐步提高直接税比重"，"加快完善个人所得税征管配套措施，逐步建立健全综合与分类相结合的个人所得税制度"。在中国现阶段税收环境和征管条件下，借鉴国外成功经验，改革现行个人所得税制及其纳税申报、征收管理办法，充分发挥其在筹集财政收入和调节财富分配方面的积极作用，显得尤为重要和迫切。为了适应我国收入分配和经济税源结构的深刻变化，个人所得税改革应当以建立橄榄型社会分配模式为目标，以量能负担和普及公民纳税观念为宗旨，以加强高收入调节为重点，以

---

① 本节内容基于亚洲开发银行技术援助项目《中国个人所得税改革研究报告》，2018年10月。

强化信息管税为手段，实施普遍征收、突出重点调节、优化税率结构、扩大民生扣除、注重申报管理、完善信息共享，逐步建立健全面向未来、适合国情、综合与分类相结合的个人所得税制度。

一、分类综合、逐步过渡

我国现行个人所得税实行的是分类所得税制。由于我国目前阶段尚不具备全面实行综合税制的条件，因此，要实现《决定》提出的个税改革目标，在战略上应当采取总体设计、分步推进的思路，即建立以综合为主、分类为辅的个人所得税制。

分类所得税制的主要优点是方法简便、易于操作，对个人取得的各项所得，在按性质进行简单分类的基础上，就可以分项直接确定扣除额和适用税率，能够较好地体现横向公平。分类税制在实际征收运行中，主要由支付单位采取源泉扣缴方式。但是，由于分类税制无法综合个人的全部所得，不能总体考虑纳税人的负担能力，并按照统一的累进税率，实行量能负担，因而难以全面体现税收纵向公平。

综合所得税制是将个人不同来源的所有收入，全部综合在一起计征的税制模式。在费用扣除方面，它充分考虑个人的家庭负担和综合经济能力，符合"量能负担"原则，能够全面、完整地体现纳税人的真实纳税能力，更加公平合理，从而有效发挥个人所得税的分配调节作用。从世界范围来看，发达国家多采用综合所得税制，它也代表着国际税制的发展方向。

从我国目前情况看，实施综合所得税制的条件尚不充分。原因主要有：第一，综合税制所需的征税成本高，对税务机关的征管水平和税收信息化要求甚严。此外，在我国税制结构中，个人所得税比重不大，还不是主体税种，如果实施综合税制，难以达到预期效果。第二，综合税制对个人申报的要求非常严格，几乎要求"全民申报"，但我国全民纳税意识尚未普及，较难达到这种要求。第三，是综合税制必须以全发达的信息网络和全面可靠的原始资料为支撑，这些条件在我国目前阶段也不具备。实际上，除了美国等少数发达国家早期就采用综合所得税之外，其他多数国家大都经历了从分类综合税制向综合税制的发展过程。因此，实行综合税制只是我国未来一个较长时期的改革目标，在现阶段，采取分类综合的个人所得税制度是符合我国现实情况的。采取这一方式，有利于为目前的分类税制向综合税制过渡奠定基础。在今后法制环境、征管条件、社会基础等各方面条件成熟时，再考虑将个人的全部所得予以综合，科学设计全面综合的税制体系。

分类综合所得税制，综合了前分类、综合两类税制的优点，既坚持了"量能负担"原则，对纳税人不同来源的收入实行综合计税，对全部所得按累进税率征税，又坚持了对不同性质所得区别对待的原则，对所列举的特定项目按特定办法征税。所以，我们建议采取"大分类（总体分类），小综合（主体综合）"的模式，即对个人所有的劳动所得（包括工资、薪金所得；劳务报酬所得；稿酬所得）和经营所得（包括个体工商户的生产、经营所得；个人独资企业和合伙企业投资者经营所得；对企事业单位的承包经营、承租经营所得），以"综合所得"的方式计征，而对资本所得（包括特许权使用费所得；利息、股息、红利所得；财产租赁所得；财产转让所得）和其他所得（包括偶然所得；其他所得）则仍然采用分类计征的方式。

二、普遍征收、重点调节

（一）普遍征收

我国目前面临着经济结构转型和国民收入分配结构调整，个人收入占GDP比重还将持续增大。长期以来，我国采用以流转税为主体的税制结构，过高过重的流转税，抑制消费、累退性大。在这种情况下，人们在取得收入的环节税负比较轻，而对于劳务及消费的税收负担比较重，居民储蓄额一直在上升，消费动力不足，这对以内需拉动为主要动力源的经济增长，是有一定阻碍作用的。发达国家税收发展规律表明，随着经济增长和结构变化，当一个国家人均GDP达到700美元时，其税制结构开始由流转税主体转换成流转税和所得税双主体。个人所得税也要经历一个由小到大、逐步成为主体税种的过程。

所以，在这样的经济结构背景下，建议改变过去个人所得税的"富人税"定位，确立"国民税"的普遍征收原则，将纳税人在一定时期内通过劳动、生产经营、投资、财产转移及其他途径获得的一切能够用货币来计量的收入或所得，全部纳入课税范围，同时对予以免税的项目详细列出。对未列入免税收入的都应纳入征税范围，适当扩大征税覆盖面，充分发挥个税筹集财政收入的重要作用，使之成为中国税收未来新的、重要增长极。在税基设计方面，要适当控制扣除额的提高幅度和频率，可参考一定时期内的物价、收入等指数做适当调整，但不宜完全挂钩，而造成频繁调整的局面。

（二）重点调节

目前，我国个人收入分配呈现多元化、多层次性趋势，由于收入分配制度不健全，居民收入货币化程度低，收入分配差距在不断扩大，自2003年以来，每年的基尼系数虽然有升有降，但都超过了0.4的国际警戒线。从个人所得税分项目统计看，工资薪金所得税占比最大，平均达到60%，而资本所得项目占比相对较小。此外，就我国目前的个人收入结构来看，工薪收入属劳动所得，工薪阶层在全社会属于中低收入水平。个人所得税具有筹集财政收入和调节收入分配的双重职能，二者应当并重，尤其是目前，我国的社会保障制度、财产税体系和个人收入综合调节制度尚未健全，个人所得税承担了调节收入分配的重要任务。因此，在个税制设计中，需要考虑对部分收益较高的资本所得和偶然所得，适当加大税收调节力度。

所以，建议在普遍征收基础上，对以资本所得、偶然所得为主要收入来源的高收入阶层，要强化申报管理，切实发挥个人所得税的调节作用。首先，对资本所得和偶然所得采取有限级次的超额累进税率，适当提高边际税负水平；其次，对劳动（劳务、经营）所得，合并实行统一的综合税制；最后，强化对高收入阶层收入与支出的监控、申报和源泉扣缴管理。

三、结构减税、鼓励民富

发挥个税调节收入功能，谋求中低收入群体的结构性减税，实现税负公平、藏富于民和共同富裕，是税制改革的重要目标之一。为此需要：（1）适当降低边际税率，减少级距档次，扩大税率级距，建议按照3%—35%（或40%），设计五级超额累进税率。(2)根据纳税人的不同申报身份，规定不同的级距，同一级距内适用相同的税率。例如，家庭申报的基本费用扣除标准和税率级距金额，应当是个人申报的2倍。同时，要增加家庭申报的专项扣除。(3)适度加大资本所得的调节力度。建议资本所得适用15%—35%三级超额累进税率。(4)避免双重征税。企业税后利润分配的股息，用于国内再投资的部分可以全部（实业投资）或部分（非实业投资）扣除利润承担的企业所得税。(5)个体工商户达不到增值税、营业税起征点的，对纳税人暂不征收个人所得税。

提出上述政策建议的主要理由是：

第一，纳税主体和税收来源主要是工薪阶层。2013 年，湖北省共征收个人所得税 144.30 亿元，其中约 60% 来自工资薪金，适用 3% 和 10% 两档税率的人群占 40.70%；适用 15%—25% 税率的占 43.31%；适用 30% 以上税率的占 15.59%。因此，按照遵循"量能负担"的原则，在税率及其级距设计上，要考虑不同收入群体的税收负担能力问题。

第二，现行税率种类多，分段过细。工资薪金所得项目适用 3%—45% 七级超额累进税率；经营所得适用 5%—35% 五级超额累进税率；劳务报酬适用 20%—40% 三级超额累进税率；其他所得一律适用 20% 比例税率，加大了征收成本，不利于加强统一征管。因此，需要减少税率级次，扩大税率级距，调节高收入阶层，提高经营所得起征点，减轻纳税人负担。

第三，世界税制改革的主要特征是降低税率，特别是降低最高边际税率。我国 45% 的边际税率是很高的，现时各国不多见，OECD 国家目前的平均水平也仅在 43% 左右。税率越高，逃税动机越强。降低边际税率，有利于吸引投资，留住人才，增强国家竞争力，促进经济发展。

第四，资本所得是拉大收入差距的一个重要方面，应当成为个税调控的对象。目前，对个人取得的资本所得无论多少，都一律适用 20% 的比例税率，既不考虑各种资本所得的税收负担水平，也难以体现对高收入者调控的力度。另一方面，对资本所得的股息征收个税，意味着对投资取得的资本回报，分别征收了企业所得税和个人所得税，即对一种所得进行了双重征税，不利于鼓励纳税人将税后利润用于再投资，也不利于引导国际资本留在我国境内扩大投资。

四、关切民生、合理扣除

要适应经济社会发展需要，合理设计税前费用扣除，满足居民基本生活支出，减轻中低收入者负担。因此，建议适当增加税前扣除项目，包括：(1) 基本扣除，包括个人基本生活消费支出和基本社会保险支出等；(2) 专项扣除，包括捐赠扣除、家庭附加扣除（赡养老人支出、子女教育支出、医疗保险支出、住房按揭贷款利息支出等）；(3) 其他扣除。国家规定要增加的扣除项目。制定上述扣除办法的主要理由是：

第一，税前扣除标准调整，要考虑纳税人的负担能力。在发达国家的个人所得税中，一般都会针对纳税人的负担情况，规定相应的扣除标准。我国个人所得税在费用扣除上，由于税基不宽，导致扣除范围也很窄，扣除时采取"一刀切"的方式，而且只考虑了个人基本扣除，没有充分考虑纳税人的婚姻状况、负担人口，以及赡养儿童、老人、残疾人等情况。这样难免造成收入相同的纳税人由于家庭支出不同而导致的税负不公。尤其在家庭人员负担差异很大时，税收负担的差异表现得尤为明显，税收的不公平问题就表现得更加突出。

第二，费用扣除标准的调整，需要考虑财政承受力。过高的税前扣除标准不仅会增加财政负担，而且不利于推进个税改革。据测算，2011年将扣除费用标准提高到3500元以后，湖北省工薪阶层纳税人减幅达到55%，税基大幅缩减。反观发达国家，个人所得税之所以能够成为主体税种，一个重要原因在于税基较宽。如果大幅提高个人所得税税前扣除标准，将造成个人所得税收入大幅下降，财政支出压力骤增。所以，提高费用扣除标准需要慎重。

第三，优化税前扣除项目。在经济发达国家的税制体系中，个人所得税大多是主体税种，既是财政收入的主要来源，又是政府调节收入分配的主要手段。但是，我国目前仍以流转税为主体税种，增值税、消费税、营业税三项占税收收入的比重超过60%，个税收入规模小，占比不到6%，这在一定程度上限制了个税调节分配的效力。因此，做大个人所得税的一个重要因素在于拓宽税基。如果税前扣除项目太多太细，将大大增加征税成本和纳税人奉行成本。

第四，费用扣除"内外有别"，有悖于税收公平原则。目前，我国对在中国境内工作的外籍人员，每月税前扣除额为4800元，较我国居民纳税人多了1300元的附加扣除费用。这种"内外有别"的扣除费用在世界其他国家是没有的。

第五，费用扣除标准未考虑通胀因素。由于个税费用扣除方法以绝对额作为费用扣除标准，纳税人的基本生活费不能随着物价上涨而相应增加，这显然不尽合理。因此，费用扣除标准确定后，在一定期间要考虑通胀因素，进行必要、适当的调整。

五、体现公平、兼顾效率

从我国实际出发，个人所得税改革应更加注重纵向公平，兼顾效率，在确保财政收入职能的同时，充分发挥个人所得税的收入分配调节作用，努力实现社会福利最大化。

（一）基于公平原则的建议

1. 适当扩大税基。我国现行的个人所得税采取分类税制，存在着收入分类难以穷尽所有应税项目，相同数额的收入，负担可能不一样，无法实现横向公平的问题。适当扩大税基，可以广泛覆盖过去未能纳入征税的项目，在一定程度上缓解征税公平的矛盾。

2. 引入综合计税办法。在分类税制下，个人如果收入来源多，费用扣除也多；相反，收入来源单一的个人，费用扣除较少，承担的税收负担也相对要重一些。如果采用综合计税方法，就能够根据不同纳税人经济负担情况，统一和均衡不同纳税人的税前扣除标准，使个人所得税的总体负担，能够真实反映纳税人的纳税能力情况。

3. 清理、规范减免税项目。现行个税有部分减免税项目不够合理，弱化了调节分配和组织收入的功能。例如，需要清理内、外籍个人减免税项目的范围及标准不统一问题，进一步体现税收公平原则。

（二）基于效率原则的建议

1. 降低边际效率，提高经济效益。过高的边际税率，既不利于纳税人税后福利的提高和工作积极性的激励，也不利于政府收入的增加。可通过降低最高边际税率，增加纳税人特别是高收入者纳税积极性，增加个人所得税税收，提高经济效益，利于资源的有效配置和经济体制的有效运行，促进社会经济良性发展。

2. 监控收入来源，降低征收成本。我国个税的征管效率不高，针对收入多元化的监控手段缺乏，信息共享不健全，难以实施有效征管，大大增加了税收成本。所以，需要强化征管措施，建立监控机制，实施信息共享，有效监控收入来源，降低征收成本，减小税收成本与税收收入的差距，努力做到应收尽收。

六、鼓励申报、促进遵从

科学严密的征管制度是推进个税改革的重要保证，而个人申报制度则是个税征管制度的核心和基础。结合我国国情，借鉴国际经验，首先需要明确的是，个人（包括居民和非居民、代扣代缴义务人、家庭）应当作为个税申报主体，完善自行申报制度。同时，着眼于培养和提升纳税人主动申报纳税意识，需要进一步完善代扣代缴，建立健全纳税人自愿遵从的激励约束机制。因此建议：

1. 完善代扣代缴明细申报制度。将其作为推进个人所得税全员全额管理的切入点和突破口。代扣代缴单位申报缴税时，不仅要申报单位纳税的总体情况，同时必须申报代扣代缴每一个人的收入情况、扣缴税款明细信息，以及其他相关涉税信息。

2. 扩大自行申报主体范围。除了继续明确年收入 12 万元以上、境内两处及以上工薪所得、取得境外收入，以及没有扣缴义务人而取得应税所得者必须自行申报外，按照先进"笼子"后规范的原则，逐步扩大自行申报的主体范围，可以规定除农民、城市低保人群以外，其他居民个人都应该自行个税申报。

3. 完善双向申报制度。代扣代缴单位进行综合和明细申报后，纳税人再进行年终汇总时，还需要进行第二次申报。双向申报并非增加纳税人的负担，而是减轻纳税人负担，鼓励纳税人综合申报后享受专项扣除和其他扣除，平常多缴的还可退税。

4. 健全高收入控管制度。拓宽现行 12 万元以上高收入的规定，借鉴国外经验，将个人大额消费支出作为必须申报的客观标准。例如：拥有两套及以上住房的个人，一次性购买家庭贵重资产的个人，当年出国旅游的个人等。

5. 引入家庭申报制度。允许纳税人自行选择个人单独申报或者家庭联合申报。鉴于家庭概念的不确定性，建议在采用家庭申报时，应以夫妻联合申报方式，并允许增加家庭附加扣除费用。

6. 完善税务代理申报制度。上述建议的实施基础是，加快建立和完善相关配套制度：一是建立健全纳税人识别号制度。二是建立纳税人申报激励制度，增加代扣代缴奖励制度。借鉴国外经验，对主动诚信申报纳税人给予相应税款抵扣、按比例提取保险基金等措施，即当纳税人一定时期纳税额超过一定数额，超出部分按照一定比例进入个人社保账户，使个人缴纳的部分税款成为其可以享受的社会福利，同时对准确完整进行代扣代缴明细申报单位除给予 2% 手续费外，增加奖励措施。三是建立个人所得税退税制度。四是建立离境清税制度。五是建立健全个人所得税违法处罚机制，对申报不实或者逃避缴纳税款的，要增加惩罚力度。六是优化纳税服务机制，提供可供纳税人选择的网上申报、邮寄申报等多元化申报方式，降低纳税人自行申报成本。

七、地区差异、分权调控

随着我国改革开放的深入，经济发展多元化特征凸显，再加上地区间受历史原因、经济基础、地理和资源条件等方面因素的影响，经济发展水平不平衡，导致我国各地区的收入水平存在较大差距。因此，建议在建立分类综合税制下，针对地区间个人收入水平、消费水平和财政收入状况等的差异性，采取以下措施，进一步完善个人所得税制度。

1. 费用扣除可以在不同地区上下浮动。税前扣除标准是保障居民基本生活需要的费用支出，由于各地区基本生计支出存在差异，同一的费用扣除标准就不够合理。因此，可以规定一个统一的基本扣除标准，各省市可根据本地区经济发展情况，在此基础10%以内上下浮动，确定自己的扣除标准；对于东、中、西部地区的费用扣除标准，要有上限规定，各省市可在区域范围内选择适合本地区的扣除标准，使费用扣除额的确定与选择更具有合理性。

2. 明确纳税地点，推进全国税务联网机制建设。由于各地区经济发展水平不一，以及收入的多元化，个人在2处以上取得收入的情形较为普遍，容易造成收入来源地与税收征收地不一致，特别是对资本所得项目。例如，转让限售股的个人所得税以证券机构所在地为纳税地点。如果个人可选择在财政返还高的新疆、西藏等地开户转让限售股，不仅减少了税收收入，也未起到加强高收入控管的目的。因此，个税的纳税地点可参考企业所得税的设定办法，即以自然人识别号登记注册地为纳税地点。如果自然人识别号登记注册地为主要所得来源地，或者是户籍所在地，特别是在2处以上取得所得的个人，需选择一处作为自然人识别号登记注册地，进行申报纳税。同时，要建立和完善全国联网机制，有效监控个人的国内收入来源及缴税信息。

3. 实行中央国库退税制度。在综合分类税制下，个人在办理汇算清缴时，需要对预扣时多缴的部分予以退税。由于纳税人的流动性以及收入来源的多元化，必然存在预征申报地和汇算清缴地不一致的情形。考虑到当前财力与事权匹配的实际，建议由中央国库统一退税，合理负担财政支出。

4. 赋予地方必要的个人所得税征管权限。既有利于公平对待不同地区的纳税人，又可根据不同情况采取最优征管措施，降低征收成本。例如，根据本地居民纳税人和非居民纳税人的人数、缴税等情况，省级人民政府有权制定不同的征管办法，分别管理两类纳税人；对个体工商户应税所得的确定，各地可根据个体工商户实际情况，做出一些具体规定，以便于加强征管。

八、信息共享、税源可控

推行分类与综合个税改革，需要归集纳税人各类收入与相关支出，对涉税信息提取要求比较高。个税征管的难点之一，是对个人收入支出信息的有效监控，个税征管基础也在于个人涉税信息。现阶段，我国个税征管信息渠道不畅，主要根源在于部门和地方的行政分割。要解决这一问题，需要以全国统一的纳税人识别号为信息归集点，加快推进政府部门、地区之间和税务部门内部的个人涉税信息集中度和共享程度。在此过程中，同步推进自然人税收信息标准化建设，建立符合国家标准，具有普遍性和实用性的个税信息标准集，尽快推动征管法修订颁布，规定政府各部门、金融部门和支付单位向税务部门报告信息的责任义务。与此同时，税务部门自身也要加快推进个税征管信息化建设，借助信息管理系统，完成个税从登记、申报、税额确认、税务检查、法律救济等各个环节的工作，对个税征收管理全过程进行全方位的监控，形成个税信息从交换采集、交叉稽核到可供决策分析的税源监控网络。为此，建议在国家层面尽快建立健全六大信息系统。

1. 个人税收征收系统。以个人所得税、社会保险费业务为主体，以涉及纳税人的其他相关业务为补充，包含登记、优惠、认定、证明、申报、确认、征收等的流程业务。个人税收征管系统要与征管核心系统融合起来，形成全国集中的个人税收业务处理平台。

2. 自然人涉税信息库。以全国统一的纳税人识别号为信息归集点，进行涉税信息采集，包括居民纳税人和非居民纳税人的涉税信息，例如收入、财产、个人支出、投资，以及家庭和个人的基本信息。

3. 第三方信息交换系统。由各类前置系统和外部信息受理平台构成，支持与公安、社保、金融、房地产等的基础数据平台、个人收入、财产系统、社会征信系统对接，实现政府和社会之间的涉税信息交换。

4. 国际情报交换系统。加强国际多边合作，支持涉外税收信息交换，定期获取涉外税收信息，实现对居民国（境）外收入监控和非居民境内收入监控。

5. 新型电子税务局。充实完善现有纳税服务系统，丰富纳税服务手段，推广移动办税终端,建设新型电子税务局,关注纳税人办税体验。

6. 个人税收管理系统。加强对各渠道、各途径取得的信息进行比对分析,记录稽核结果。完善系统查询统计功能,建立优化数据模型,提供决策管理分析。

九、完善立法、配套协同

建立综合与分类相结合的个人所得税制是一项系统工程,必须建立和完善相关法律、法规,营造部门之间密切协作的外部环境。在我国目前个人收入多元化、隐蔽化且支付方式现金化的情况下,只有通过完善相关立法,才能增加个人收入的透明度,加强个人所得税控管,堵塞税收漏洞,防止税款流失,提升纳税人的税法遵从度。

(一)构建个人所得税改革的配套法律支撑体系

推进个人所得税制改革,完善相关的法律体系,不仅要对《个人所得税法》进行修改,并与《企业所得税法》实现对接,也要修订《税收征收管理法》,还要与相关法律、法规的制定和修改进行综合考虑、配套设计。要以自然人纳税识别号制度为突破口,将税务登记的范围从生产经营纳税人扩大到包括自然人在内的所有纳税人,赋予每个自然人纳税人终身不变的纳税识别号,他们在办理开立账户、签订合同、缴纳社会保险费等涉税事项时,都应使用纳税人识别号。同时,要明确工商、金融、海关、房地产、出入境管理等部门在提供涉税信息方面的协助义务和法律责任,营造齐抓共管的控管氛围。

(二)健全个人收入、支出监控机制

通过修订《现金管理暂行条例》等法律、法规,加强对个人收入和支出的管理,对自然人在购买商品和服务时,单笔交易金额达到一定数额以上,应当通过转账结算办理;当自然人单笔交易金额超过一定数额时,销售商品或提供服务的法人、其他组织应当按规定向银行报告并保存交易记录;金融机构办理单一客户现金交易当日累计达到一定数额以上的,应当按规定向银行报告和保存交易记录。从国家层面来看,应当加速推进金融与税务的信息共享,使税务机关及时掌握纳税人的收支情况,实现对自然人税源的有效监控。

(三) 完善个人财产实名登记制度

一方面,要抓好《不动产登记暂行条例》的落地工作,尽快制定相关实施细则。通过建立统一的不动产登记信息管理平台,实现全国、省、市、县四级登记信息的互通互享。各地要对不动产登记操作系统进行融合,支持与本级税务部门的业务协同,及时提供本级不动产登记信息。另一方面,要在实行储蓄存款实名制的基础上,全面推行金融资产实名制。个人的存款、股票、债券等金融资产及其与金融机构间的一切金融往来,均应使用真实姓名和身份证号,使税务机关能够及时掌握个人的金融资产及资产生息情况,为个人所得税综合征收提供信息支撑。

十、适应国情、改革适度

税制改革是一项系统工程,在横向层面,涉及国家与企业及个人之间利益协调;在纵向层面,涉及中央与地方之间的利益关系。尤其是个人所得税改革,涉及千家万户,内容复杂,敏感度高,不可能一蹴而就,需要根据国情逐步推进。

(一) 适应我国经济发展的国情

个人所得税改革的首要问题是目标功能定位,即指个人所得税在我国现阶段的主要功能作用是什么。2014年以来,我国经济已经由高速增长转向中高速增长,出现了明显不同于以往的许多特征,不仅表现为经济增速的放缓,更表现为增长动力的转换、经济结构的再平衡,面临着复杂的系统转型。居民收入仍然逐年增长,但收入结构趋于复杂,城乡、行业、区域间收入差距仍在拉大。在这样的宏观背景下,如果按照调节收入分配为主要目标进行税制设计,必然规定较高的起征点和费用扣除标准,导致个税征税面收窄,个税收入总额下降,政府因缺乏足够财力而难以保障贫困人口的转移支付。反之,如果个人所得税以筹集财政收入为主要目标进行功能定位,必然要求实行普遍征收,涉及广大中低收入阶层,对高收入者则难以有效调节,有悖税收公平原则。基于以上两个方面的权衡,建议个人所得税的目标功能定位是,兼顾筹集财政收入和公平收入分配两个方面,重在筹集资金,同时注重对中高阶层的收入调节。

(二) 适应我国税制结构的国情

与一些个税制度比较完善的国家相比，我国个人所得税还存在着征收模式单一、税率级次过多、费用扣除不够合理、税基以及税收征管不完善等问题，严重制约了个人所得税职能作用的充分发挥，与我国现阶段收入分配结构不相适应。在经济发达国家，个税一般占有很大比重，例如，美国个税占税收总额的一半左右，这样的税收格局通过超额累进税率，能够对国民收入起着一种自动稳定的功能。我国个税一直是个小税种，近年来稳定在总税收的6%—7%，占GDP的1%左右，难以起到"自动稳定器"的大作用。因此，需要通过科学设计税率、费用扣除标准、扩大税基、加强税收征管，不断强化个税的财政收入、调节分配和稳定经济的职能。

(三) 适应我国税收征管的国情

从国际上看，个人所得税按照征收方式可分为综合税制、分类税制、综合与分类相结合的税制三种类型，其中最能体现"量能负担"原则的是综合税制。目前，大多数发达国家都采用综合或综合与分类相结合的税制模式，只有中国和非洲、西亚的一些发展中国家采用分类税制。分类税制模式适应于单一居民收入和低水平的征管，综合税制模式比较适合于发达经济体，分类与综合相结合的模式则是大多数国家的个税制度由分类走向综合的过渡阶段。从我国现实的征管情况看，纳税人的纳税遵从度、税务机关的征管能力和征管手段与发达国家相比，还存在较大差距，涉税信息不对称，执法力度不到位。因此，分类与综合相结合的征收模式应当是最适合国情的个税管理模式。在税制设计和征管实践中，只要能科学合理地划分综合、分类的征收范围，就能兼有两者之长，既覆盖所有个人收入，避免分类所得税制可能出现的征管漏洞，又将达到简便、易管、公平征收的目的。

(四) 适应我国社会环境的国情

从理论上讲，以家庭为单位的综合税制模式更符合公平与效率原则，发达经济国家的个人所得税扣除都是以家庭为单位的。但是，我国目前尚不具备以家庭为单位缴纳个人所得税的条件。因为税务机关与银行等相关部门之间还没有完全实现信息共享，税务机关内部也还未建立起全国联网的自然人涉税信息征管平台。同时，我国现有户籍管理制度、家庭之间的法律关系、财产关系与经济发达国家尚存在极大差异。所以,基于目前的社会环境考虑,现阶段还只能实行以家庭或个人并行的申报缴税模式,由纳税人自愿选择,可以考虑从条件相对成熟的发达地区开始试点。

第三节 房地产税制改革[①]

房地产税是在房地产保有环节征收的一种财产税,改革主要涉及房产税和城镇土地使用税。在营改增和地方主体税种缺失的背景下,党的十八届三中全会《决定》提出,"加快房地产税立法并适时推进改革"。显然,加快房地产税制改革是推进地方税体系建设,破解土地财政困局,促进地方财力重构的重大举措,它对健全和完善我国地方税制结构,合理引导地方政府行为,意义重大。未来,如果将房地产税作为县(市)一级基层政府的主体税种,必将对地方政府与纳税人的关系,以及地方政府治理模式产生深远影响。

一、房地产税作为地方税主体税的理论依据

将房地产税作为县(市)级地方税主体税种,其主要依据有以下五个方面:

1. 县(市)级政府的重要职责是市政建设、维护治安、保护居民财产安全,地方政府提供的公共品具有明显的受益区域和受益对象,与不动产密切相关。

2. 财产税的税基是财富存量,对财产价值的评估方法和程序需要专门机构来完成,征收成本高,征管难度大。将房产税作为地方的主体税种,能够调动地方政府的积极性,有利于加强税源监管,提高征管效率。

3. 房地产属于非流动性生产要素,对其征税的经济影响范围较小,即使设置一定的差别税率,也不会改变该生产要素的地区配置。

4. 房地产税税源稳定增长。近年来,我国工业化、城镇化进程加快,为房地产税提供了充足的税源,房地产税收呈大幅度增长态势。随着房地产税占

[①] 本节内容基于"房地产税改革与地方税建设研讨会"论文,2017 年 10 月 27 日,湖北经济学院。

地方财政收入比重的逐步提高,它作为主体税种的条件也基本成熟。

5. 从世界范围来看,房地产税收作为县(市)级地方税主体收入,是世界各国的普遍做法。绝大多数国家的地方税制中都有房地产税,其收入比重还比较高。例如,发达国家州以下地方政府的房地产税收入占地方税收入的比重,一般达到了40%—50%。

二、房地产税作为地方主体税的可行性分析

2003年以来的10年间,随着房地产价格的持续快速上涨,房地产税改革受到社会各界的广泛关注。2011年初,上海、重庆进行房产税试点改革,将征收范围扩大至居民自住房产。从上海、重庆两地的试点情况看,除独栋商品住宅外,由于征税基本不涉及存量房产和第一套住房,且规定了较大的免征面积,造成纳入试点方案的应税房产数量较少,税收收入规模有限,改革效果并不显著。党的十八届三中全会提出"加快房地产税立法并适时推进改革"要求以后,再次引发全社会对房产税改革政策的猜想。那么,房地产税究竟有无可能成为地方主体税种,全面改革房地产税的条件是否成熟,以下进行简要分析。

从经济环境来看,我国经济增长迅速,已成为全球第二大经济体。社会财富不断积累,城乡居民收入水平大幅度提高,并出现了高收入阶层,个人和法人拥有的各类财产大量增加,房地产的税源基础正在夯实。从发展趋势看,未来我国经济的发展前景仍被普遍看好,必将进一步推动居民财富积聚和消费观念更新,居民拥有财产的数量和价值会继续提升,与之相关的财产所有权变更和转移也将保持增长趋势。所有这些,都将为房地产税提供充足的新增税源。

从法律基础来看,2003年,第十届全国人大二次会议讨论并通过的宪法修正案,从国家根本大法的层面明确了对私人合法财产的保护,这为改革完善财产税制度提供了法律和制度支撑。2007年10月实施的《物权法》,强调对国家、集体和个人财产所有权的一体化保护,为房地产税的改革与征收提供了更为充分的法律依据。

从决策层面来看,党的十六届三中全会在《关于完善市场经济体制若干问题的决定》中提出,"实施城镇建设税费改革,条件具备时对不动产开征统一规范的物业税,相应取消相关收费",择机推行房地产税已提上了政府的议事日程。我国"十一五"规划和"十二五"规划均对"研究推进房地产税改

革"提出明确要求。党的十八届三中全会《决定》进一步对房地产税立法及改革做出部署,把建立健全我国房地产税制列为新一轮税制改革的主要内容。

从技术层面来看,随着房地产税收征管信息化水平的日益提高,以及模拟评税试点工作的逐步深化,我国已经拥有了一支较高水平的房地产估价专业队伍和一套比较严密的技术标准,这就为征税过程中对住房进行客观、合理的市场估值奠定了人才基础和技术条件。目前,我国房地产评估行业日臻完善,评估准则体系和行业自律管理制度已初步建立,专业人才队伍不断壮大,可以成为房地产税基评估的重要专业依托。经过十多年的模拟评税探索,我国已经培养了一批既熟悉税收政策,掌握房地产评估技能,又具有一定计算机操作能力的评税业务骨干,积累了丰富的评税经验,为房地产计税依据的转变做好了人才储备。最后,税务系统信息化建设已初具规模,在硬件配置、业务流程、技术实现等各方面均取得了长足进步,一个包括硬件、网络和应用系统在内的、较为完整的税收管理信息系统正在形成,能够为房地产评估征税提供必要的技术支持和操作平台。

从操作层面来看,总结全国12个城市模拟评税试点经验,已初步形成了符合我国房地产管理特点的操作规范,主要表现在:一是建立了多部门配合的评税工作模式,即由地方税务局牵头,地方财政和房地产部门配合,由计算机专业人员和房地产评税专家操作的评税计税工作体系。这种工作模式充分利用税务部门的征管力量,有利于提高工作效率,符合我国目前的税收征管国情。二是初步建立了适合地区特点的评税技术标准。对于不同类型的房地产计税价值,分别采用重置成本法、市场比较法和收益法进行批量评税。这些方法基本上符合房地产评估原理和我国目前的房地产现状,具有客观性和可行性。三是结合我国现行税收征管水平和各地房地产的市场发育情况,开发了适合不同地区房地产的计算机批量评税系统。该系统以较为先进的数据库为依托,具有房地产税源登记、计税价值批量评估、税款计算,以及测算分析功能。此外,国际上的房地产税基评估经验也为我国搭建房地产税基评估体系提供了有益借鉴。

三、房地产税改革的思路及实施步骤

(一)房地产税制存在的问题

我国现行房地产税制存在诸多亟待改革完善的问题,主要包括:一是税制不完善，存在"重流转、轻保有"的结构性矛盾，严重滞后于经济社会的变革与发展。二是征管覆盖面窄，客观上为纳税人提供了避税空间。三是财政收入的筹集功能微弱。2012年，我国房产税、城镇土地使用税两税收入合计，仅占全部税收收入的2.63%，占地方税收收入的7%。四是计税依据不合理。五是地方税权缺位，既不利于调动地方积极性，也不适合分税制体制的要求。

(二) 房地产税制改革总体思路

房地产税制改革的基本目标，是要改变现行房地产类税收"重交易、轻保有"的现状，调整其功能定位，将房地产税打造成为真正意义上的地方财产税。针对当前房地产税制存在的问题，结合国情实际，借鉴国际经验，改革的总体思路可以概括为：

1. 房地合一。整合现行房产税和城镇土地使用税，开征新的房地产税。

2. 评估征税。以房地产的评估价值为计税依据，实施比例税率，赋予地方政府在幅度范围内确定具体适用税率的权力。

3. 信息联网。加强与房地产管理机构和公安部门等相关部门的协调配合，建立房地产信息网络共享平台（包括家庭人员构成信息等），实现房地产信息的真实准确、实时共享。

4. 先易后难。为减轻改革压力，减少社会震动，征税范围和征税对象可以按照先易后难的原则逐步扩展，按照"先城市后农村、先企业后个人、先高档住宅后普通住宅、先增量房后存量房"的顺序渐次铺开，确保改革稳妥有序。

(三) 改革的实施步骤

在具体推进房地产税改革的策略上，宜采取"三步走"的实施步骤：

第一步，构建房地产交易计税价格评估系统，先应用于二手房交易税收征管，并大量采集房地产信息，建立房地产信息数据库，为房地产税改革奠定技术、信息、人才和征管基础。

第二步，整合现行房产税和城镇土地使用税，开征新的"房地产税"，将企业应税房地产的计税依据由房产原值、土地面积、租金收入统一调整为房地产的评估值。按照基本保持"两税"原税负水平的原则，设计幅度税率，具体税率选择由省级人民政府确定。

第三步，建立健全个人住房数据库，完善配套措施和相关法律法规，加强宣传和舆论引导,为全面实施房地产税创造条件。待时机成熟后,按照上述先易后难的思路,逐步扩大房地产税征收范围,最终向所有拥有应税房地产的单位和个人,全面征收房地产税。

四、房地产税的初步设计

(一) 纳税人

在现行房产税暂行条例中,"个人所有非营业用的房产"不在征税范围之内,实际上只对"生产经营用房产"征税。在新的房地产税制设计中,不应设置任何界限,凡在我国境内拥有或使用不动产的单位和个人,都应该成为房地产税的纳税义务人,以体现税收公平原则。

另外,现行房产税规定农村的单位或个人不在纳税人之列,这也是引致郊区农村违规占用集体土地建设房屋获取收益,破坏土地资源,扰乱房地产市场的原因之一。所以,应该对部分农村房产征收房地产税。但考虑到我国农村的特殊性,对于农业用地,对那些房产价值较低、占用土地面积较少、支付能力较差的贫困家庭和低收入者,可以设置一定的减免税照顾。

(二) 征收范围

设计房地产税的征税范围,应当突出它的完整性和规范性。从我国现行城镇土地使用税和房产税的征收范围来看,不包括农村区域和个人所有非营业用的房产。在这种情况下,如果启动对上述两类房地产征税,容易引起纳税人的抗拒心理。另一方面,如果不将这部分房地产纳入征收范围,又不符合税收的公平、公正原则。因此,建议将新的房地产税的征税范围,从现行的城市、县城、建制镇和工矿区进一步扩大到农村,即涵盖我国境内所有不动产,具体包括:生产经营用不动产、非生产经营用不动产、闲置不动产。其中,非生产经营用不动产包括机关、团体、居民等生活用房屋及其附属物。闲置不动产主要包括闲置房屋、闲置土地等。在实际征管中,也可以考虑在一定时期内维持原征税范围不变,对农村的土地和个人非经营性房产采取若干年内免征的办法,从而使农村的部分纳税人有一段纳税适应期。

(三) 计税依据

从理论上说,房地产税的计税依据应该是不动产的市场价值。从国外情况看，大多数国家趋向于按照房地产的评估值征收房地产税，使其具有随经济增长的收入弹性。其好处一是按现行实际价值计税，比较客观；二是在征收管理上具有统一性，比较公平合理；三是税收收入能够随土地价格升值得以不断增加。

按照房地产实际价值征税，面临的一个主要难点是由于信息不对称等原因，税务部门难以准确掌握不动产的市场价值。从国外经验和我国前期试点情况看，通过一定程序和专业技术手段测算的不动产评估价值，可以有效反映和替代房地产的市场价值。所以，在我国下一步改革实践中，房地产税完全可以不动产的评估价值减除一定扣除项目标准后的余额，作为计税依据。其中，扣除项目包括免税面积、免征额、修理费用等。同时，根据房地产税的税目不同，其计税依据也应有所不同。对农村土地，其计税依据应以规定的标准单位，考虑土地面积、土地位置等因素进行分类确定；对其他不动产，则以其评估价值作为计税依据。

（四）税率

从理论上说，个人住宅房的房地产税税率应低于经营性房地产。在具体设计税率时，应遵循"维持原税负，不减少财政收入，不增加纳税人负担"的原则。以湖北省鄂州市为例，2012年，鄂州市以整合"两税"（房产税、城镇土地使用税）并按评估值征税为改革主要目标制定了房地产税制改革调查测算方案。"方案"以2010年12月31日为测算基准时点，在现行"房土两税"征税范围内，以保持课税对象不变、保证法定减免税范围不变、保障"房土两税"收入规模不变为前提，开展了应纳"房土两税"房地产属性数据和税源数据的测算分析工作。参与测算的704户，已纳"两税"1.11亿元，其中房产税3270万元，城镇土地使用税7838万元。房地产评估总价值为157.4亿元，其中房产评估值为62.75亿元，土地评估值为94.69亿元。在保证已纳"两税"总收入规模不变的前提下，测算的平均税率为1.01%。考虑到占"房土两税"收入规模70%重点户（66户）因税负大幅增长而给予一定税收优惠，最后测算的平均税率为1.07%。考虑到全国的总体情况，对生产经营用房地产税率可设定在1.2%以内，对居住用房可设定在0.5%以内。

按照简税制的要求，我国房地产税的适用税率宜采用比例税率。建议由中央政府统一立法，按照生产经营用房和居住用房实行不同的税率，并规定一定的税率幅度，地方政府可在统一规定的税率幅度内，根据当地经济发展状况确定具体适用税率。同时，由于现实中房地产类型及用途的不同，税率的制定也应有所差异。对经营性房地产课以较高税率，对个人自住房地产课以较低税率。

（五）税收优惠

征收房地产税，一是需要遵循量能负担原则。应当综合考虑纳税人拥有的财富和实际的收入水平，对低收入者实行优惠政策。二是需要遵循适度原则。由于现行房地产税的税收优惠范围过宽，幅度过大，一方面削弱了房地产税的财政收入功能，另一方面，普惠制优惠对纳税人的激励作用并不大，无法体现政府的政策导向。三是需要遵循法定原则。房地产税的优惠政策一经确定，各地政府应严格执行，不能擅开口子，使严肃的税法变为"议价"税法。

根据上述原则并结合国际经验，设计房地产税优惠政策，应当区分不同房地产的不同属性，实行区别对待。一是对各级政府、人民团体、部队、行政机构、政府全额拨款事业单位的不动产，以及宗教寺庙、慈善机构、公园、博物馆、名胜古迹、学校、图书馆、医院等社会公益事业使用的不动产，实行免税。二是对城乡居民个人自用住房，给予适当减免。由于目前我国居民购买房屋大多用于居住，且多数居民属于中低收入者，对其征税会增加低收入人群负担。因此，需要对居民个人自用住房予以适当减免，体现税收的公平性和人性化，具体地，可以考虑按人均住房面积或者是按户均住房套数，予以扣除。但是，对于别墅、豪华公寓必须全额征税。三是对直接用于农、林、牧、渔业生产的不动产给予免税。四是对特定人群的减免。例如，对残疾人、老年人、低收入者且住房条件较差的弱势群体，给予一定税收减免。五是对其他政府鼓励、扶持或保护的不动产，如城市基础设施所用的不动产和政府出资建设的廉租房，也可适当减免房地产税。

（六）征收管理

在税收法治尚不健全的情况下，房地产税的征收管理应当实行以代扣代缴、代收代缴方式为主，自主申报为辅的征缴模式。例如商品房，如果有物业公司管理的，则由物业公司代收代缴；对其他建筑，采取纳税人主动申报和税务人员上门征收相结合的方式。至于房地产税的缴纳期限和方式，可实行按年计税、分次缴纳的方法。缴纳次数过多会增加相应的征收费用，因此，建议以半年缴纳一次为宜。

房地产税日常征管的一项重要工作是房地产价值评估。为了能够准确地进行房地产估价，需要设置专门的评估机构，配备合格的评估从业人员，建立完善的不动产评价体系和科学评估制度。同时，还需要运用地理信息系统（GIS）和计算机网络等现代信息技术，采取科学合理的评估方法；明确课税不动产的评估周期不超过 3 年。因此，建立与不动产登记、评估相关的信息数据库，是评估工作的基础。做好这项工作，需要对纳税人进行不动产信息登记，包括纳税人拥有不动产的类别、所在地、评估价值，掌握评估价值动态变化情况等。在此基础上，运用现代信息技术对这些信息进行及时处理、存储和管理，以获取有效的评估和征管资料。

此外，在房地产税征管过程中，还要在法律上保障纳税人对评估结果拥有知情权和申诉权。为此，不动产的评估结果必须定期公布，并允许纳税人进行查询。如果纳税人对不动产的估价持有异议，他们有权申请复议，地方政府必须设立专门的机构办理有关复议事项。纳税人如果对复议结果持有异议的，可以向法院起诉。

五、加快推进房地产税制改革的建议

第一，理性定位房地产税的功能作用。近些年来，我国房地产价格居高不下，社会公众大多将主要原因归结于一次性收取的 70 年土地出让金，以及在不动产开发与流转环节收取的"苛捐杂费"。相应地，人们也将房地产税改革的第一目标锁定为降低房价或抑制房地产价格的非理性上涨，普遍希望房地产税成为调控房地产市场的有效工具，以遏制房价的过快增长。对此，需要做客观分析。在房地产保有环节征税，对购房者和房地产开发商双方都有影响，但是，这种影响也仅仅只是促使投资与消费更加趋近理性而已，不可能是导致房地产价格大幅度波动的主要因素。因为房地产价格上涨的原因比较复杂，包括建筑用地的有限性；城市化进程加快对住房的旺盛需求；政府住房保障职能缺位，以及住宅本身的性质等。应当明确，房地产税和其他税收一样，都不是万能的，它的基本功能定位应该是为基层地方政府提供公共服务所需的财政来源，是一种成本补偿方式。换言之，调控房地产市场价格，不是也不可能是房产税的主要职能。

第二，房地产税改革必须配套实施。在中国，要成功的推行房地产税改革，一个重要前提是加强相关部门的协调配合，而不能靠税务部门单打独斗。为此，一是要在法律层面明确政府各相关部门，特别是房地产管理和公安部门在工作配合、信息传递和争议处理等方面的责任；二是要按照真实、实时、统一的原则和标准，建立房地产信息网络共享平台；三是要明确涉税单位或个人的代扣代征责任，硬化管理要求；四是要构建征纳争议处理机制，及时处理各种争议。可考虑由政府主导，税务、房产、土地、公安、律师、评估师等方面组成评议委员会，在申诉、评议、裁决等环节，建立明确的程序和办法，保障有效解决税收争议。

第三，建立完善的房地产税评估机制。按评估值征税，是新的房地产税的重要特点和基本要求。我国房地产估价工作起步时间不长，专业评估机构及评估人员缺乏，规范的估价机制尚未形成，不适应房地产税改革的需要。因此，各级政府及其房地产管理部门、地方税务机关必须重视资产评估市场的培育和专业评估人员的培养，需要建立起一定规模且具有评估资质的专业评估机构和专业评估队伍。各级税务机关也需要培养自己的财产税评税估价专业队伍。同时，政府部门还需要成立专门的评估仲裁机构，及时裁决评估纠纷。

第四，积极整合部分房地产税费项目。如何妥善处理涉及房产、土地的税费关系，需要统一认识、着眼长远。就涉及房地产的税种看，目前，主要有耕地占用税、土地增值税、契税等。这些税种在征税性质和征税环节的设置上，虽然与新的房地产税不大重复，但会影响土地、房屋的总体税负。因此，在对房地产税进行税制和税负设计时，需要将这些相关税种的税制优化与负担调整纳入统筹考虑。

第五，下放房地产税征收管理权限。房地产税属于典型的地方税，是低层级政府的稳定收入来源。各国财产税实践表明，要收好、管好房地产税，中央政府必须向地方政府下放征收管理权，我国同样如此。但是，征管权具体下放到哪一级地方政府，则需要认真考虑。因为在我国存在明显的地区发展差距，如果下放权限过多，下放级次过低，就有可能导致地方各自为政的弊端，从而对地区间经济社会协调发展，以及投资环境等方面产生负面影响。基于以上考虑，建议将房地产税的征收管理权限下放到省级，部分地区可适当下放至市州级政府。

第四节 评估征税与"鄂州模式"①

一、"鄂州模式"的试点过程

应用房地产评估技术,加强存量房交易税收征管,是财政部和国家税务总局部署的一项重要改革试点工作,也是规范房地产税收征管、服务房地产税制改革的一项重要举措,具有现实性和紧迫性。承接试点任务后,原湖北省地税局和原鄂州市地税局认真谋划,积极部署,按照"总体设计,分步实施;因地制宜,循序渐进"的思路,明确了工作目标和责任部门,并决定分三个阶段来实施试点工作。

第一阶段:基础准备。一是选择试点,组建专班。根据有关要求,省局在报经省政府同意后,选择了武汉城市圈内房地产税收征管基础较好的鄂州市作为房地产交易计税价格评估工作的试点地区,并与省财政厅联合制发了《关于开展应用房地产评税技术核定交易环节计税价格工作的通知》,自上而下成立了试点工作领导小组、实施小组和专家指导组,形成了政府领导、税务主导、部门协作、专家指导、信息支撑、合力推进的工作格局。

二是组织考察,制定方案。试点启动以后,试点工作专班到辽宁丹东、浙江杭州、重庆等多个全国先行试点地区,学习借鉴他们在应用房地产评估技术,加强存量房交易税收征管方面的成功经验,掌握房地产评估工作方法和技术要领。在此基础上,结合鄂州实际,制定了试点工作实施方案,明确了目标、任务、步骤、时间要求和经费人员保障,为试点工作的顺利开展提供了组织和制度保障。

三是协调各方,争取支持。开展试点以来,积极向国家税务总局和省政府进行专题汇报,得到了各级领导的重视与支持。时任国家税务总局局长肖捷、副局长王力、财产行为税司司长陈杰等先后到湖北调研,关注试点进程,指导改革实践,对湖北(鄂州)试点工作给予了充分肯定。为了帮助试点地区政府更加了解和重视此项工作,特别是要将此项试点工作与社会上热议的房地产

---

① 本节内容基于 2010 年 12 月 28 日在国家税务总局财产行为税工作会议(武汉)的交流发言。

税制改革区别开来,我们专程上门进行政策宣讲,向各级政府领导汇报说明,此项工作只是在现行税收法规框架内,进行规范征管、堵漏增收的一项纳税评估工作,属于加强税收征管的手段之一。因此,开展此项工作不会影响当地房地产市场,不会影响土地出让金,不会增加纳税人负担,不会涉及对个人存量房征税。上述"四不"承诺消除了有关顾虑,赢得了政府的重视和支持。

四是上下联动,推进试点。试点工作中,省局与试点单位密切联系,加强互动,始终坚持对试点工作全过程的参与和督导。从工作方案制定到人力资源配备,从软件公司选择到招标合同审定,每一个关键的工作节点都严格把关,积极为试点工作营造良好的运行环境。同时,省局还积极派员参加总局举办的房地产评税培训班,为各市、区、县级税务部门相关人员举办房地产估价业务培训,为全面推广房地产交易计税价格评估工作储备了专门人才。

第二阶段:软件研发。建立评估软件系统,是试点推进的核心环节。为了增强评估结果的公正性和科学性,鄂州市局创造性地将房地产估价中的成本法、市场法和收益法一并纳入评估系统,并将三种评估模型所需要的数据一起采集。他们集中人力,组织专班,历时3个月,对鄂州城区六大土地等级、十个区域范围内的234个小区、2379幢楼宇、25967套住宅进行了实地调查,收集了124个商业用房交易案例,272个实际土地交易案例,6461例房地产交易案例,59例商业用房出租案例,累计采集了100余万条信息数据,通过剔除异常数据和进行标准化处理,最后选择性应用了40多万条信息,建立了一套标准规范的全市房地产信息数据库。以此数据库为依托,在充分吸收全国10个模拟评税试点地区经验成果的基础上,进行了大量的情况调查和本地化改造,经过一年多时间的不懈努力,终于研发出了一套符合鄂州实际的房地产交易计税价格评估软件系统。该系统的主要特点是:一是立足于评估结果的公正科学,将房地产估价中的成本法、市场法和收益法一并纳入系统,并对三种方法进行了横向比较,保证了评估结果的科学性。二是基础信息丰富,系统结构完整。它涵盖了鄂州市所有房地产涉税信息。全面而详尽的基础信息不仅仅局限于现阶段在交易环节加强税收征管之用,更具意义的是,它也为今后保有环节的税制改革做好了基础数据准备。它不仅有目前运用于存量房交易的评估模块,也为今后搭建了保有环节税制改革的房地产评税模块,为开征保有环节的房地产税收,奠定了坚实的基础。

第三阶段:软件应用。为了提高评估软件的运行效率,我们大力完善征管配套措施,梳理并设计了申报征收工作流程图,重新设置了岗位人员职责和权限，制定了房地产交易计税价格评估工作实施办法和评估争议处理办法，并坚持做好数据信息的及时更新和动态维护工作，有力保证了评估系统的高效运行。房地产交易计税价格评估软件系统正式上线运行，并与全省核心征管软件系统对接以来，综合效果显著，有力保证了评估结果的公平和权威性，提高了评估和征收效率。

二、"鄂州模式"运行的初步效果

一是堵漏增收见成效。房地产交易计税价格评估系统上线运行3个月来，鄂州市存量房交易环节增加税收190.55万元，其中因应用评估系统对计税价格调整所带来的增收占申报税款的65.14%，这说明评估工作堵漏增收的目标已基本实现。

二是验证了评估技术。我们运用房地产评估系统对新开发楼盘进行了价格评估测试，评估结果与开发商的房屋实际售价相差的离心率上下浮动不超过3%。这一事实表明，评估软件既可以精确评估存量房交易计税价格，也具备对新开发房地产的评估功能，且评估价与市场成交价相当接近，说明鄂州评估技术应用已经成熟，具有推广价值。

三是减少了涉税争议。该系统上线运行3个月来，鄂州市共发生住宅和商业门面房交易705起，纳税人对评估价格存在异议的有20起，经过税务部门现场勘查核实，最后进入争议处理程序的仅4起，争议率不足1%。争议的减少，一方面意味着税务机关公平税负的努力得到了纳税人认可，另一方面也表明，评估工作开展以后，纳税人能自觉按市场成交价进行二手房交易，申报行为趋向规范，这正是我们推行评估工作的初衷。

四是提高了办税效率。评估技术的应用，进一步提升了税务部门的服务水平，改变了过去"前台受理、后台审核"的传统征管模式，实现了"一次申报、一窗办理、一趟办结、当场领证"的征税服务新模式，大大节省了纳税人的办税办证时间，节省了纳税人的评估费用，降低了纳税成本。国家税务总局王力副局长曾专程来湖北省地税局听取试点工作情况汇报，充分肯定了鄂州试点经验，认为湖北（鄂州市）运用房地产估价技术，评估存量房交易申报计税价格试点工作，富有"创新性、长远性、预见性和战略性"，并要求总结鄂州经验，扩大鄂州试点成果。

三、"鄂州模式"改革试点工作的体会

通过应用房地产交易计税价格评估技术进行改革试点，我们对这项工作的重大有了更深入的认识和更真切的感受。

第一，它是房地产交易税费堵漏增收的有效措施。目前，在"二手房"交易环节征收的地方税，多是依据交易合同约定的交易价格为计征依据，使得采取"阴阳合同"逃避房地产交易环节税费的现象比较普遍，形成了较大的税收漏洞。因此，加强对"二手房"交易计税价格的纳税评估，并通过评估之后的分析、约谈和调查等配套措施，使房地产交易价格趋向真实，使纳税人的申报行为更加规范，税法遵从度逐步提高，就显得十分必要。从法理层面来讲，这也是落实税法要求，防范偷税风险的具体举措。

第二，它是信息管税的一次重要突破。"信息管税"理念已经在湖北税务系统深入人心。近几年来，我们举全局之力，以管理的专业化、科学化为目标，依托全省核心征管软件，着力打造满足个性化需求的纳税服务、税收分析、纳税评估、税收稽查、安全运维五大综合应用平台，形成了一套功能齐全、协调高效的税收管理信息系统。房地产交易计税价格评估就是纳税评估平台的一项重要内容，它有效融合了信息技术与税收业务，使计算机评估成为房地产交易环节税收征管流程中的必经环节，实现了"信息管税"向房地产税收征管工作的覆盖和延伸。

第三，它是房地产税制改革的一项重要基础性工作。当前，房地产税制改革呼声日益高涨，房地产税改革日益临近。湖北省在2009年底已正式向国务院提交了在武汉城市圈开展以房地产税为主要内容的地方税制改革试点申请。进行房地产交易计税价格评估试点，建立房地产评税体系，是房地产税制改革前期的一项重要基础性工作，它客观上为改革提供了信息准备、技术保障和人才储备。

四、完善和推广"鄂州模式"的工作思路

鄂州试点成功之后，按照"总体设计，分步实施；先试点，后推广"的工作思路，我们随后在试点地区召开了现场会，总结试点经验，全面部署推广应用工作。下一步，湖北省将着重从"深化鄂州试点"与"全省推广评估"

两个层面，推进房地产税收管理工作。

一是继续深化鄂州试点工作。按照总局要求，鄂州市下一阶段的工作重点是，研究生产经营性房地产的"房产税"和"土地使用税"改革工作。具体来说，就是开展"整合两税"的测算和税制设计。目前，鄂州市评估对象信息资料已经采集完成，我们将设计相关表格，统一、规范评估对象信息数据的录入和审核，检验成本法评估模型的适用性和评估软件功能的完整性，充实调整评估系统数据库。在此基础上，测算全市工商业房地产税收负担，进一步研究按评估值征税的适用税率，并及时总结报告评税试点工作中遇到的问题。

二是积极推进全省评估工作。为保障各地房地产交易计税价格评估工作的有序开展，特别需要加强以下三个方面的工作：一是在人员培训上，我们将在前期已举办了一期全省培训的基础上，继续以办班、网上教学等多种形式，对管理人员和操作人员组织分级分层的业务培训，充分做好人才储备的基础工作。二是在软件开发上，湖北省将以鄂州版本评估软件为基础，省局统一进行全省推广应用软件的通用化改造，并具体指导各地对通用软件进行本地化修正。同时，鉴于武汉市与省内其他地区房地产状况方面的巨大差异，将由原武汉市地税局与武汉市房管局共同研发的一套评估系统，作为模块之一纳入全省的评估平台。省局对此平台的要求是，必须实行计算机批量评估，必须涵盖所有类型的房地产，必须实现与征管系统的无缝对接，必须满足今后税制改革的需要。三是在时间进度上，省局要求2011年1—6月，各地选择1—2个房地产市场管理比较规范、征管能力强、城市化比较集中的地区先行试点。

第九章
人才强税

第一节 "人才强税"工程[①]

伴随着改革开放步伐,全省税务系统干部人事管理工作初步实现了从分散型、粗放型、经验型向集中化、规范化、科学化转变,我们走过了15年艰难曲折的历程,取得了重大成就,积累了丰富经验。这些经验归结到一点就是:收好税,必须带好队,锤炼一支适应时代要求的高素质干部队伍。邓小平同志曾经说过,中国的事情能不能干好,关键在人。当今世界已经进入知识经济时代,国与国之间的竞争实质上是知识、人才的竞争。高度重视人才和加快培养人才,是现代社会发展的迫切需要。一个国家要成功应对未来全球经济发展的挑战,必须走人才强国之路;一支军队要想打赢信息化条件下的现代战争,必须走人才强军之路;一所大学要培养出高素质、复合型的大学生、研究生,必须走人才强校之路。同样,税务系统要在"聚财为国、执法为民"的宗旨下,加快新时期税收事业的发展,也必须走"人才强税"之路。

一、实施"人才强税"工程的意义

所谓"人才强税",就是要围绕建设法治、效能、阳光、服务和廉洁型税务的目标,根据构建"依法治税、信息管税、服务兴税、廉洁从税"的要求,

---

[①] 本节内容基于2009年10月13日在原湖北省地税系统人事工作会议上的讲话。

通过深化改革、强化管理、狠抓培训、注重培养和公正用人等一系列政策举措，全面优化机构、编制和人力资源配置，全面提升全省税务系统干部职工的思想作风、征管业务和行政管理的素质与能力，全力打造一支作风过硬、业务娴熟、法纪严明、从税廉洁的税务干部队伍，建立和完善有利于专业人才成长和优秀年轻干部脱颖而出的体制机制，为全面完成各项税收任务提供组织保证、人才保障和智力支持。

第一，实施"人才强税"工程是进一步精简队伍规模、优化队伍结构的需要。与发达地区税务部门相比，人员数量多、历史包袱重是湖北省税务干部队伍建设最现实的问题，加快解决人员超编问题依然是我们最紧迫的任务。由于历史的原因，全省税务队伍平均年龄偏大、第一学历偏低、专业结构不优、资源配置失衡的现象日益凸显。目前，在职干部职工的平均年龄达48岁，其中30岁以下的人员仅占6.6%，第一学历为本科或研究生的人员不足1000人，干部队伍呈现出典型的"中年化"格局和"大而不强"的态势。随着税收信息化应用领域的不断拓展、应用程度的不断加深，税收管理工作对人员数量的需求在不断减少，而对人员素质的要求在不断提高。面对如此尖锐的矛盾，我们必须进一步突破陈旧观念的束缚，大力推进理念创新、方法创新、制度创新，加快实施"人才强税"工程，采取一系列管用的措施，持续精简规模、优化结构，合理配置人力资源，促进税务干部队伍向"少而优"转变，以适应信息时代税收管理的新要求。

第二，实施"人才强税"工程是不断提升干部队伍素质的需要。近几年来，通过不断深化干部人事制度改革，把好入口关，疏通退出关，抓好培训关，全省税务干部队伍的整体素质上了一个新台阶，初步形成了税政、征管、稽查、文秘、计算机等专业人才队伍。但与社会经济和税收事业的快速发展相比，人才培养的力度仍显不足，素质提升的速度仍显滞后，特别是领导干部和后备干部队伍中综合素质过硬、善于驾驭全局的管理型人才相对较少，基层干部队伍中跨领域、宽口径、多技能的专业型人才严重短缺。此外，还有少数干部爱岗不敬业，甚至违法乱纪。这些对于税收事业的持续、健康发展都是严峻的挑战。面对挑战，全系统必须把智力投资作为长期战略，把教育培训作为人力资源开发的重要手段，不断提高干部的政治、业务两大基本素质，着力建设好管理型、专业型两支人才队伍，努力培养出更多更好的适应形势发展的高素质税务干部。

第三，实施"人才强税"工程是加快构建"五税"发展战略的需要。省局党组根据国家税务总局的统一部署,结合湖北税收工作实际,确立了"依法治税、信息管税、服务兴税、人才强税、廉洁从税"发展战略,努力构建适应时代要求的税收管理新格局,这是当前和今后一个时期湖北省税收事业的发展方向和重点任务。能否尽快建立这一格局并有效发挥其作用,关键在于拥有一支与之相匹配的干部队伍。推进依法治税,要求税务干部既要具有现代法治观念,又要具有依法行政能力;推进信息管税,要求税务干部既要掌握税收业务知识,又要掌握现代信息技术;推进服务兴税,要求税务干部既要具有公共服务意识,又要具有纳税服务能力。对照这个标准,我们的队伍还有较大差距,特别是胜任新形势下税收管理工作的复合型人才比较紧缺。只有加快实施"人才强税"工程,才能有效破解人才"瓶颈",为实现"五税"战略提供有力的人力保障,尽快将新的理念付诸新的实践。

第四,实施"人才强税"工程是激励税务人才脱颖而出、事业发展后续有人的需要。税收事业的可持续发展,需要建立在税务人才的可持续发展之上。过去几年中,通过从高校毕业生中招录专业人才,税务干部队伍青黄不接的矛盾有所缓解,但是队伍活力不够、动力不足的现象仍然不同程度地存在,现有人员的潜能未能很好地发掘出来,部分单位的人才优势未能有效转化为工作绩效优势。因此,必须通过实施"人才强税"工程,更好地从体制和机制上找出路。既要进一步加大高层次人才引入的力度,源源不断地补充新鲜血液,不断改善队伍的年龄、学历和专业结构;又要充分开发现有人才资源,建立健全能上能下、能进能出的竞争激励机制和优化配置机制,增强用人制度的活力,充分调动各类人才的积极性和创造性,发挥人才在税收工作中的基础性作用。通过在系统上下形成关心人才、爱护人才、理解人才、重用人才的浓厚氛围,激励各类人才发挥聪明才智,创造人才辈出、人尽其才的可喜局面。

二、"人才强税"工程建设的目标任务

人才强税作为发展税收事业的先导性、基础性和战略性工程,将贯穿于税收事业发展的全过程。在未来 5 年的时间,要采取有力、有序、有效的政策措施,努力实现以下目标任务:

(一)巩固人员规模调整成果,高效配置人力资源

要继续大规模的腾出人员编制、减轻历史包袱,5 年内逐步使全系统在职

干部人数下降到15000人以内。在此基础上,根据省政府、省编办对"编制实名制"管理的要求,按照坚持统一、注重效能、服务基层、科学匹配、合理增减、兼顾现状、平衡调整的原则,重新修订系统行政编制,合理配置人力资源。加强编制管理的目标是,在纵向上,使机关与基层编制配置达到适当的比例,实现"小机关、大基层"的配置目标;在横向上,综合考虑各地征管辖区内税费收入规模、税源数量、税源结构、税源地域分布等指标,适度平衡调整编制,使征管人员与征管任务相匹配,优先保证对支柱税源、重点税源、规模税源的控管需要。

(二)大力提高干部职工素质,优化干部队伍结构

要通过优化考录人员结构,加强人员素质建设,努力培养一支政治好、作风实、年纪轻、学历高、专业硬的税务干部队伍。具体目标是:(1)在学历结构上,5年内使全系统第一学历为本科或研究生人员的数量达到2600人以上,占在职人员的比例由目前的5.8%提高到17%。(2)在年龄结构上,5年内使在职干部队伍的平均年龄下降3岁,其中30岁以下的干部职工比例提高10个百分点以上。(3)在专业结构上,税收、财政、财会、法律、管理、文秘、计算机等相关专业的人员每年递增300人左右,其中,注册会计师、注册税务师、律师(司法资格)由目前的91人增加到270人以上;同时,从2009年开始,每两年评选600名左右业务能手、100名业务标兵,通过增加专业对口、门类齐全、结构合理的"新鲜血液",不断充实税务业务人才库。(4)在班子结构上,市(州)局和县(市、区)局班子成员中第一学历为本科的人数由目前的7人和16人,分别增加2—3倍;平均年龄由目前的47.6岁和44岁,分别下降到42岁和40岁以下;两年内,各县(市、区)局班子中确保有1—2名33岁以下的年轻干部,各市州局班子中确保有1—2名35岁以下的年轻干部。

(三)完善干部培养选拔机制,充实后续人才储备

通过落实相关制度,创新培养机制,营造有利于优秀年轻干部脱颖而出的制度环境,储备一批能够满足领导班子建设需要的后备干部。各单位一般按照领导班子职数正职1:1.5和副职1:1的比例考察后备干部人选,确保充足的人才储备,并根据实际情况,常年实行动态调整。近期通过集中补充调整,达到如下数量和年龄要求:(1)市(州)、直管市、林区局正职后备干部要有35

名左右。近期可提拔使用的，一般应当是同级副职，年龄不超过48周岁，以45周岁左右的干部为主体；列入中长期培养的后备干部，一般应当是比较年轻的同级副职和下一级正职，年龄不超过45周岁，以40周岁以下的干部为主体。(2) 市（州）、直管市、林区局副职后备干部要有90名左右。一般应当是下一级正职，近期可提拔使用的，年龄以40周岁左右的干部为主体；列入中长期培养的，年龄以35周岁左右的干部为主体。(3) 县（市、区）局正职后备干部要有150名左右。一般应当是同级副职，年龄以40周岁左右的干部为主体，35周岁以下的干部要有一定数量。(4) 县（市、区）局副职后备干部要有300名左右。年龄以35周岁左右的干部为主体，30周岁以下的干部要有一定数量。

三、"人才强税"工程建设的思路和措施

实施"人才强税"工程，关键是要围绕目标，找准突破口和着力点，按照深化改革、强化管理、狠抓培训、注重培养、公正用人的总体思路，从以下五个方面强化措施，狠抓落实，整体推进。

（一）进一步深化机构和干部人事制度改革

1. 加大机构改革力度。目前，全省市州按照扁平型和整合型两种模式，已基本完成县（市、区）税务机构改革，下一步要根据运行中存在的问题，有针对性地完善相关配套制度和管理办法，加快协调磨合，巩固改革成果。在此基础上，按照转变职能、理顺职责、优化架构、因地制宜的原则，积极推进省、市两级税务机构改革，力争在2009年12月底前全面完成"三定"方案的审批和实施工作。"三定"方案一旦获批，各地要集中精力、集中时间，精心组织、抓紧落实，切实做好机构设置和人员调整工作。在实施"三定"过程中，要加强思想政治工作，严明组织纪律，严格执行机构编制工作的有关规定，处理好改革、发展和稳定的关系，做到思想不散、秩序不乱，保持各项工作的连续性。

2. 加大富余人员退出力度。2009年以来，各地坚持解放思想、实事求是，积极引导一部分不适应工作的人员自动申请提前退休，取得了显著成效。目前，全省已有1500余名干部职工主动申请办理了提前退休手续，其中襄樊、黄冈、孝感、咸宁、随州、仙桃等地力度较大、效果明显。但这项工作进展并

不平衡，还有部分单位行动较慢，超编问题依然严重。希望这部分市（州）局要采取激励和约束措施，进一步加大富余人员提前退休改革的工作力度，确保有更多的编制用来吸纳新生力量，从根本上解决人员结构上的矛盾。

3. 加大部分领导职数退出力度。根据有关精神，在原地税系统机构改革期间，对部分年龄较大、符合任职条件的副处级干部和正科级干部，在本人愿意、单位党组推荐的前提下，可以按照规定程序提拔担任调研员、副调研员职务，同时办理提前退休手续。这既是妥善解决这部分干部职级待遇问题的重大机遇，同时也是推进培养选拔年轻干部工作的重要举措，各市州局党组要高度重视，结合机构改革工作，精心组织，精心操作，让各类人员各得其所，真正发挥干部政策在增强活力、促进团结、推动工作方面的积极作用。这里需要说明的是，机构改革期间，如果各市（州）委组织部出台更加优惠的政策，可以比照当地政策执行。

4. 加大竞争性选拔工作力度。为鼓励德才兼备的中青年干部脱颖而出，各级税务部门要认真贯彻《党政领导干部选拔任用工作条例》，广泛推行干部竞争选拔机制，真正把那些实绩突出、群众公认的优秀干部及时选拔到领导岗位上来。今后，除了市（州）局"一把手"和省局处室主要负责人以外，省、市、县局管理的干部职位出缺后，原则上都要通过竞争上岗的方式产生。根据干部职位职数情况，省局每两年组织一次系统处级领导干部的竞争上岗，2009年内将对武汉市系统10名副处级领导干部和黄石、襄樊、宜昌等12个市州局各1名副处级领导干部进行竞争性选拔，以进一步优化班子结构、增强班子活力。

（二）进一步强化干部队伍管理

1. 以系统编制重新修订工作为契机，加强和完善系统人员编制管理。全省地税系统行政编制，继1996年核定和2001年精简以来，尚未进行过系统修订。这次省局党组决定对系统人员编制进行修订，请大家认真研究修编思路，使之尽可能科学、合理、切实可行。总的要求，这次修订要坚持压缩与规范两手抓，一方面对超编的要坚决压缩下来，另一方面对编制的管理要规范起来，进一步完善管理制度，严肃编制纪律。需要强调的是，此次修编突出"小机关、大基层"理念，向基层征收单位倾斜，充实一线征管人员，为建立税收管理新格局提供有力的人力资源保障。各地要切实加强系统内人员的调动管理，严格控制人员向城市、机关的不合理流动，避免人员调配的结构性失衡。

2. 以推行税收行政执法责任制为抓手，全面加强绩效考核等日常管理。省局已经印发了《湖北省地方税收行政执法责任制》，对全省地方税收行政执法的岗位职责、工作规程、考核评议和责任追究进行了系统的规定。各级税务机关要结合机构改革和定编定岗工作，进一步明确行政管理和税收执法等不同岗位的职责与权利，把工作性质与职责有机结合起来，完善税务人员分类管理体制，制定科学考核体系，侧重绩效考评，加强平时考核，强化考核结果的兑现，真正体现干多干少不一样、干好干坏不一样。在这方面，要总结完善孝感"三严三考"、黄冈"三考三挂钩"、仙桃全员绩效考核等经验与做法，将绩效考核经常化、制度化、规范化，奖优罚懒，弘扬正气。

3. 以班子建设为重心，加强干部队伍的作风建设和管理。各级领导班子是税收事业发展的核心力量，要把班子建设放在更加突出的位置，一手抓思想教育，一手抓结构优化，着力解决在思想观念、思维方式、能力素质、工作作风等方面与新形势不相适应的问题，不断提高驾驭全局能力、宏观决策能力、综合协调能力、知人善任能力和处理解决税收工作难点问题的能力，使之成为学习型组织、创新型团队、实干型集体、廉洁型班子，真正能够带好队、收好税。要充分发挥各级班子的模范带头作用，深入开展讲党性、重品行、作表率活动，加大对干部作风方面突出问题的整顿力度，把作风建设状况纳入党风廉政建设责任制考核范围，把品行和作风作为评议党员、考核干部的重要内容，在全系统形成爱岗敬业、公正执法、诚信服务、廉洁奉公的良好氛围。

4. 以税务文化建设为载体，抓好思想政治教育，切实关心和改善干部职工生活。各地要认真抓好税务文化建设示范点工作，创新税务文化建设的思路与方法，发挥文化在税务队伍建设中的导向、感召、激励和规范作用。省局将适时召开税务文化建设交流会和思想政治工作座谈会，积极探索做好思想政治工作的新方式、新途径，落实领导干部谈心谈话制度，大力倡导讲正气、讲团结、讲奉献精神，增强队伍的凝聚力和战斗力。同时，要把解决思想问题与解决实际问题结合起来，切实关心干部职工生活，在现行政策框架内，想方设法为干部职工做好事、办实事、解难事。例如，津补贴过低的地方，要加强调研、争取支持，在财力许可的范围内，给予适当调整；住房条件差的地方，要拓宽思路，运用市场化的"团购"等方式，尽量改善干部职工的居住条件。

（三）狠抓在职干部职工的分级分类培训

1. 加强组织领导，增强前瞻性。各级局党组要着眼长远，从税务部门目前所处的环境、面临的形势、担负的任务出发,高度重视教育培训工作,牢固树立"领导者就是培训者"的观念,舍得时间、舍得精力、舍得投入,建立健全主要领导亲自抓、分管领导具体抓、职能部门协调抓的教育培训机制,充实教育培训力量,在经费预算上保证优先安排,将培训工作纳入经常化的管理轨道。各级"一把手"要带头作表率,亲自定计划、出题目、作部署、提要求,班子其他成员带头参学议学、读书思考,营造浓厚的学习氛围。

2. 完善培训计划,增强针对性。省、市、县三级税务机关及其职能部门,要在深入开展培训需求调查的基础上,按照长期与短期相结合、广泛性和层次性相结合的原则,分别制定3—5年的培训规划,有的放矢地组织实施面向全员的分级分类培训。省局重点负责处、科级干部的培训,以重大政策、重要业务和领导方法、领导艺术为主要内容;市(州)局重点负责科级以下干部的培训,以一般性政策业务和管理知识为主要内容;县(市、区)局重点负责对所属基层税务人员的培训,以岗位练兵、实务操作,以及日常思想教育为主要内容。按照实际工作需要和岗位能力标准,根据干什么学什么、缺什么补什么的原则,对各级决策层领导干部,重点抓好决策能力、协调能力、应变能力等的培训提高;对中层干部,重点突出提高税收管理能力的培训;对一般干部,重点加强基本业务能力培训,提高处理和解决税收实际问题能力。

3. 创新培训方式,增强实效性。在干部教育培训工作中,要紧扣成人教育的特点和培训对象的不同情况,树立"既要授之以鱼,更要授之以渔"的观念,重点教思路、学技巧、练方法。可采取案例式、双讲式、报告式、情景式、讨论式、体验式、结对式、拓展式等多种教学方式方法,做好"课堂、考察、研讨、实践"四个培训环节,改变传统的灌输式、填鸭式教学模式,促进培训质量提高。同时,税务教育培训工作也要顺应时代发展潮流,引进高科技手段,依托互联网和税务内部网站,加快开发同步练习、岗位技能、在线考试等模块,充分发挥网络培训突破时间、空间限制的优势,大力开展电化教学、远程教育和视频培训,增加培训的"科技含量"。

4. 改进考核方式,增强约束性。在当前环境下,如果仅凭自愿,缺乏一定的强制约束力,干部在职教育培训是难以达到预期效果的。所以,必须注重培训结果的综合运用,把软指标变成硬任务。一方面,要把参加培训并经考试考核合格作为前置条件,与干部上岗、任职、晋升及其相应的待遇紧密结合起来,真正落实"不培训不上岗,不培训不任职,不培训不晋级,不培训不提升"。另一方面,对未通过培训考试的学员要实行再培训或待岗自学,期间停发各项津补贴和奖金，只发基本生活费，直至考试过关为止。对经过中长期以上培训的人员，要保持一定的岗位稳定性，最大限度地发挥专业知识和技能的作用。

5. 激发内在动力，增强自觉性。拥有注册税务师、注册会计师、律师（司法）等专业资格证书的税务干部，是税务系统的高层次人才。各级税务机关要从实际出发，可采取考前给予一定的复习时间，报销考试费用，将考试成绩纳入教育培训统一考核，免考系统内相关考试等措施，积极鼓励和推动税务干部以业余自学方式，参加注册税务师、注册会计师、律师（司法）资格考试，以及计算机技术与软件专业技术资格和水平考试。同时，可以将资格考试拿证作为先进评比、表彰奖励、岗位调整、职务晋升的优先条件，激发干部自觉学习和积极参训的内在动力，在全系统营造重视业务知识、学习业务知识、运用业务知识的良好氛围。

（四）加强专业人才和年轻干部的培养选拔工作

1. 抓好业务能手、标兵评选表彰工作。在全省基层单位税收管理员、纳税服务员、税收稽查员和信息技术员中评选业务能手和标兵，并给予奖励表彰，是省局试行的一项新的激励措施，对广大基层干部来说是一件大好事。各地在组织实施过程中，一定要把好事办好，真正把业务素质高、动手能力强、工作作风实的优秀干部选拔出来，使之经得起群众评议和时间检验，充分发挥示范效应。各级党组特别是"一把手"一定要出以公心、敢于负责，做到综合考察、注重实绩、群众认可，切实避免简单地以投票定人、以考分定人，或者讲关系、讲人情，把严肃的工作庸俗化。

2. 引进和培养更多的高学历人才。要进一步加大在应届本科生、研究生中招录税务公务员的工作力度，确保每年有一定数量的高学历人才充实到全省基层征管一线。要加强新进人才的跟踪、培养工作，对他们多看一眼、厚爱三分，用心关注、悉心呵护，着重加强他们的实际工作能力培养，增强"实战"经验和操作能力，使他们尽快实现由知识型、研究型向能力型、应用型的转变。经过一段时期的实践锻炼后，要对他们进行细致考察分析，按照不同目标所需的人才种类、层次，科学设计发展轨迹。对不同基础、特长和发展方向的干部，分别安排在合适的岗位上；对有发展潜力的要列入后备干部管理，对特别优秀的要及时重用，做到人适其位、才尽其用。

3. 加大基层一线选拔人才力度。2009年初，省局通过考试考察的方式，从市、县局选调了 25 名优秀年轻干部到省局机关工作，实践证明是一种行之有效的选才方法。今后，要将这一做法制度化，进一步完善选拔办法，根据工作需要和编制情况，适时从基层一线选拔优秀年轻干部，充实省、市两级税务机关，使基层干部有动力、有干头，使机关有活力、有生机。通过干部双向流动，真正形成干部到基层锻炼、人才从基层选拔的良性循环机制。

4. 完善多层面、多岗位交流锻炼机制。实践证明，一个干部长期在一个地方工作不利于创新，也不利于廉政建设。为此，全系统要继续推行干部上下交流、内外交流，以及市、县局领导干部平级异地交流轮岗工作。在推进内外交流方面，积极争取组织部门和政府相关部门的支持，每年选派 30 名左右的年轻干部到地方党政部门、企业和新农村建设点挂职锻炼，以拓宽视野、增长才干；在推进上下交流方面，要加强机关与基层之间的人才交流，特别是对有培养前途的优秀年轻干部，要敢于"压担子"，有计划地放到重要岗位上尤其是基层"一把手"岗位上进行锻炼；在推进平级异地交流方面，今后市（州）局"一把手"和班子成员原则上在全省范围内交流任职，县（市、区）局"一把手"和班子成员原则上在本市州范围内交流任职。

5. 建好、管好、用好后备干部人才库。各级党组要有计划、有目的地培养、锻炼优秀年轻干部，为他们建平台、搭梯子，形成上下衔接、有序递进、梯次配备的后备干部选拔培养链。为此，要建立后备干部培养责任制，分级分层次制订后备干部培养锻炼计划，根据后备干部的培养方向和主要不足，统筹安排好理论学习、业务培训和实践锻炼；要推行跟踪考察制，运用多种方法考察后备干部的政治态度、思想倾向、能力素质等，并把考察范围向生活圈和社交圈延伸，及时指出不足和努力方向，促进他们向更高层次健康发展；要推行谈话提醒制，经常性地用正反两方面的典型事例进行宣传教育，帮助后备干部克服自身不足，培养良好的工作作风；要推行动态管理制，把经受不住考验、没有培养前途的后备干部及时调整出去，把综合素质好、业绩突出、群众公认的及时充实进来，切实为税收事业发展提供持续的人才储备。

（五）坚持公正用人，以最坚决的态度整治选人用人上的不正之风

1. 加大集中整治力度，严肃查处选人用人上的违法违纪行为。中组部、省委组织部最近下发通知，对拉票贿选行为作了明确界定，同时明确了纪律要求及发生拉票行为应承担的后果。全系统要以提高选人用人公信度和干部群众满意度为目标，以解决干部群众反映强烈的拉票贿选问题为重点，以最坚决的

态度和强有力的措施,集中时间和力量,开展专项整治,惩治拉票贿选等腐败行为,防止不正之风蔓延。省局将在年底进行的目标责任制考核过程中,对各地专项治理工作进行测评,测评结果将作为考核评价全年工作的重要指标。凡测评满意度过低的,不但要通报批评,还要进行调查处理,追究领导班子和有关人员的责任。

2. 加大监督检查力度,从源头上遏制选人用人上的不正之风。对干部选拔任用工作,要建立健全事前报告、事中参与、事后检查制度,实行过程监控。从现在起,凡管理权限范围内的干部选拔任用,必须向上级党组和人事部门报告明确的方案;全面推行上级党组和人事部门派人列席下级党组讨论决定干部会议;各市、州局每年都要结合目标责任制考核,对贯彻落实《党政领导干部选拔任用工作条例》情况进行自查,省局将进行复查,对检查发现的问题进行督查整改。同时,要拓宽举报渠道,建立举报网络,完善核查工作责任制,提高案件的核查率,做到有案必查、查实必处,时刻保持对用人上不正之风的高压态势。

3. 加大责任追究力度,用严格的责任制确保公正用人。认真贯彻实施《党政领导干部选拔任用工作责任追究试行办法》,严格实行干部选拔任用工作问责制,切实做到有权必有责、用权受监督、违规必追究。对用人上的违规违纪问题,在查处当事人的同时,要对有关责任人进行问责。特别是在选人用人上肩负重大责任的市、县局"一把手",向上级党组织推荐干部要出以公心、注重公论,做到对组织负责、对事业负责、对干部负责、对历史负责,绝不能任人唯亲。否则,"谁推荐、谁负责",出了问题将严肃追究推荐者的失察之责。

综上所述,"人才资源是第一资源",人才强税是推进税收事业可持续发展的重大战略工程。实施这一工程,虽然任务繁重而艰巨,前进的道路上可能面临难以想象的艰难险阻,但是,化解历史遗留的人员包袱、建设新型税务干部队伍的历史重任,责无旁贷地落在我们这一代人身上。各级税务局党组和人事部门一定要树立战略眼光,以敢于担当的精神、直面矛盾的勇气、开拓进取的意识、求真务实的作风,大力推进"人才强税"工程,重视人才、爱护人才、培养人才、重用人才,让干部队伍的活力竞相迸发,让一切聪明才智充分发挥,努力开创全省税务系统干部人事工作的新局面!

第二节　珍惜税务专业人才[①]

2010年是全面完成"十一五"规划的收尾年，也是科学编制"十二五"规划的关键年，税收事业面临着新一轮经济快速发展的新机遇，同时也面临着进一步提升发展能力的新考验，没有一大批优秀人才，是不行的。所以，人才工作的地位和作用更加凸显，我们肩上的担子更重了。根据全国人才工作会议精神和人才工作规律，当前及"十二五"时期，各级税务部门要紧紧围绕爱才、揽才、育才、选才、用才、留才等关键环节，统一思想认识，强化政策措施，不断深化人才强税工程建设，为税收事业持续发展提供有力保障。

一、倾心爱才

什么是人才？《国家中长期人才发展规划纲要》指出，人才是指具有一定的专业知识或专门技能，进行创造性劳动并对社会做出贡献的人，是人力资源中的能力和素质较高的劳动者。人才是经济社会发展的第一资源，作为履行经济执法职能的部门，税务系统要建设好管理型、专业型两支人才队伍，先决条件是各级领导干部特别是各级"一把手"具有爱才之心。只有具备发自肺腑的爱才之心，对各类人才倾注深厚的感情，才会自觉地把人才工作摆上重要位置，千方百计地去发现人才、培养人才、使用人才。

一要从思想上重视人才。胡锦涛总书记在全国人才工作会议上指出，切实做好人才工作，加快建设人才强国，是推动经济社会又好又快发展、实现全面建设小康社会奋斗目标的重要保证，是确立我国人才竞争比较优势、增强国家核心竞争力的战略选择，是坚持以人为本、促进人的全面发展的重要途径，是提高党的执政能力、保持和发扬党的先进性的重要支撑。各级税务部门的领导干部作为地税系统人才队伍建设的组织者和管理者，一定要以高度的历史责任感和使命感对待人才工作，从税收事业的全局和长远发展出发，牢记自身担负的重大责任，充分认识人才的极端重要性。要把是否重视人才工作，作为检验

[①] 本节内容基于2010年10月11日在原湖北省地税系统人事工作会议上的讲话。

领导干部是否称职、是否成熟、是否负责任、是否有政绩的主要标志之一，树立强烈的人才意识，夯实爱才的思想基础。

二要从感情上贴近人才。以情感人，将心比心，以心换心，凝聚各方面人才，是古往今来成功领导者的共同经验。一个有强烈事业心和责任感的领导干部，必然会对人才有一种真挚的感情和满腔的爱心，以自己的人格力量去感召人才。人才存在于干部群众之中，对于税务系统的各类人才，各级领导干部要尊重他们、爱护他们、关心他们、依靠他们，协调各种利益关系，调动一切积极因素，着力营造一个有利于干部成长成才、干事创业的良好环境，使人才时时处处体验和感受到组织的温暖，最大限度地激发人才的积极性、主动性和创造性，焕发出蓬勃的工作热情。

三要从行动上厚待人才。各级党组要把人才强税工程建设纳入全局工作的总体规划，坚持"一把手"抓"第一资源"，及时研究解决人才队伍建设中遇到的重大问题和困难。要层层建立目标责任制，围绕人才强税工程的总体目标和任务，结合各单位实际，明确分工，加大投入，层层分解、细化、量化任务指标，分阶段、有步骤地把人才强税工程建设落到实处。要加强对人才强税工程实施情况的目标考核和督促检查，适时进行阶段性评估，对经实践检验比较成熟的做法，及时总结并加以推广。对重视人才工作、取得实效的要给予表彰奖励，对思想上不重视、工作上不得力的要批评教育、及时改进。

二、尽责揽才

"逢进必考"是《中华人民共和国公务员法》规定公务员"进口"的总体要求。在这一总体原则下，各级党组和人事部门要把揽才作为自身的重要职责，出以公心，深入思考，认真谋划，积极出主意、想办法，充分运用好考试录用、调任、聘任、军转干部安置等多种途径，广开人才引进的多种渠道，有计划地选拔、引进优秀人才和紧缺人才进入税务系统，不断改善税务人员的年龄、文化及专业结构，满足税收事业发展的需要。

一要大力营造揽才的氛围。在公务员招录工作中，省局作了一些新的尝试，派遣宣传组赴北京、上海、江苏、四川、重庆等省市重点高校进行了公务员招录工作的宣传，扩大了湖北税收的影响，取得了较好的效果。今后，省局还要进一步拓宽宣传渠道，丰富宣传方式，提升宣传效果，增强湖北税务系统对省内外优秀高校毕业生的吸引力，将更多有志于从事公共管理、公共服务的人才吸纳到税务公务员队伍中来。市县税务人事部门也要通过学生家庭、校友会等渠道，抓住机会宣传税务部门的招录政策，吸引本地籍优秀大学毕业生报考税务系统，提高新进人才队伍的稳定性。

二要着力提升揽才的质量。今后一个时期，要合理使用现有编制和增人计划，严格按照人才队伍建设规划，重点加强税收、财政、金融、法律、会计、财务、审计、计算机及文秘等紧缺专业人才的补充，注重专业种类和学历层次的合理配置。在公务员招录中，继续坚持实践证明为行之有效的好制度、好办法，如对偏远地区有选择地控制性别比例，严格专业资格审查，实行定向招录、优先满足缺编地区的人才补充，落实最低服务年限制度、减少人才流失等，为税务人才队伍输入新鲜血液把好关、服好务。在军转干部安置中，要坚持为我所用的原则，提前介入，主动选择，优选那些综合素质过硬、专业特长突出的人才，使之尽快适应新岗位、新要求。

三要不断拓宽揽才的途径。积极争取人事、编制和公务员管理部门的政策支持，创新思路，广泛借鉴，在常规方式之外大胆探索，积极实践，形成以公务员招录为主、其他方式为辅的引才引智格局。例如，对文秘、审计等需要较长时间培养的实践型人才，可尝试从其他行政单位具有公务员身份和实际工作经验的"熟手"中考调，做到来之能用，尽快发挥所长；对信息技术等急需、紧缺的中高级专业技术人才，可按照"不求所有，但求所用"的思路，引入市场机制，实行聘用制度，实行来去自由、待遇从优的原则；对一些辅助性职位，可实行按需用人、合同管理、以岗定酬、解聘辞退等管理办法；对一些阶段性、突击性的专项工作，如重大税收课题研究、重要管理软件开发，可按照"以钱养事""服务外包"的原则，着眼于引进智力，实施项目管理，临时聘用高级专业人才进行集中攻关等。

三、实践育才

发展靠人才，人才靠培养。只有在实践中高度重视和不断强化人才培养，所需人才方能取之不尽、用之不竭。经过这些年的实践，我深深感到人才培养的不易。以培养一个县区税务局长为例，我又想起了"老省长之问"，什么样的税务局长才是一个好局长？答案可能有很多，我的理解是，一个称职的税务局长，首先必须坚守法律，严格依法征税、依法办事；其次要讲政治，自觉服从和服务于党委政府的决策部署。当然，要当好一个局长尤其是"一把手"，还要团结同志，关心下属，善于听取不同意见，且自身廉洁过硬。除此之外，我认为，一个好的税务局长还应当具有较为扎实的专业底蕴，因为税务局长的职责所及主要是业务活，而非"政治活"；应当具有"眼望星空、脚踏实地"，理论联系实际，解决问题的能力。最后，尤为重要的是，他（她）还应当具备"大胆设想、小心求证"、敢想敢干、勇于担责的胆识和魄力。所以，在人才的培养上，各级党组和领导干部要有战略眼光和发展眼光，舍得花力气、下功夫，创新人才培养模式，加大人才培养力度，提高人才培养质量，努力解决干部队伍中结构性短缺的"不够用"问题。在这方面，要重点抓好三个环节的工作：

一是在强化培训中提升人才。结合税务系统人力资源现状，要以专业化培训为主线，以提高能力素质为着力点，根据各类干部的不同特点、岗位需求进行分级分类培训，在加快一般人才培养、夯实人才建设基础的同时，做到重点人才重点培训、紧缺人才抓紧培训、优秀人才优先培训，并以此为原则来安排培训项目，选拔培养对象。对基础性人才的培育，主要通过组织培训、网上学习等常规方式进行；对一些层次较高的专门人才、复合型人才，应在常规方式之外采取脱产学习、委托培养等方式，着力培养一批出类拔萃的高级人才。要坚持"不培训不上岗、不培训不任用、不培训不提拔"的原则，以突出适应性为重点，组织好新录用人员的初任培训；以提升政治鉴别能力、依法行政能力、领导能力和廉洁自律能力为重点，加强新晋升领导职务人员的任职培训，为领导干部队伍补充合格的新生力量。要鼓励干部努力获得相关专业技术职称，并在晋升、费用等方面予以倾斜和补贴。

二是在实践锻炼中培养人才。要把实践锻炼作为人才培养的有效手段，在实践中培养一定数量的专家型和实用型骨干人才。要注重理论与实践相结合，在培养中适当安排实践环节，达到学研结合、学以致用的目的。要进一步畅通交流渠道，为人才成长创造多领域、多职位、多层面的锻炼机会，形成以优化结构、流动升值为目标的交流轮岗机制。根据形势要求，省局将修订完善税务系统交流轮岗、挂职锻炼等制度，特别是要进一步加强机关与基层之间的人才交流，一方面对有培养前途的优秀年轻干部，有计划地放到重要岗位上尤其是基层"一把手"岗位上进行锻炼，或分期分批选派优秀干部跨地区参加阶段性专项工作；另一方面，加大从基层一线选拔人才力度，根据工作需要和编制情况，适时从基层一线选拔优秀年轻干部，充实省、市（州）两级税务机关，建立基层一线干部培养选拔链，形成干部到基层锻炼、人才从基层选拔的良性循环机制。

三是在创先争优中锤炼人才。创先争优需要体现在本职岗位上、贯穿于日常工作中。各级税务部门要紧紧围绕税收中心工作，贴近机关和基层单位实际，明确具体的活动主题，从实际出发设计活动载体，引导广大税务干部在本职岗位上争先进，在日常工作中创优秀，使创先争优活动符合实际需要、化为实际行动、促进实际工作、取得实际效果，同时也让各类人才在创先争优中崭露头角、得到锻炼。

四、制度选才

选贤任能既要靠领导者的慧眼，更要靠科学规范的制度。各级税务部门要认真落实《党政领导干部选拔任用条例》，坚持用好的作风选人，用好的制度选人，努力创造公开、平等、竞争、择优的用人环境，形成优秀人才脱颖而出的良好氛围，将各类有用之才识别出来，真正使那些政治上靠得住、作风上过得硬、工作上有本事、不出事、能共事的干部走上重要岗位。

一是坚持德才兼备，凭政绩用干部的原则，不断提高干部选拔质量。德才兼备是干部应当具备的基本条件，德与才是辩证统一的关系。只重德不重才，或只重才不重德，把两者对立起来或割裂开来，都会使德才标准扭曲。为此，要进一步扩大干部工作民主，改进民主推荐方式，在全系统推行"两推一述"（首次民主推荐、个人自述和第二次民主推荐相结合）的选拔办法，在推荐和述职过程中要准确地把握用人标准，充分认识德与才的统一性、系统性、原则性。要把干部的德才素质与其工作政绩"捆"在一起，客观公正、恰如其分地评价干部政绩，正确处理主观与客观的关系，区分哪些是个人之力，哪些是集体之功，哪些是受自然条件、客观原因和外力推动所致。此外，对政绩要做定量定性分析，透过表面看实质，防止政绩含"水分"，不能让少数善于投机取巧、弄虚作假的人钻空子、得便宜。

二是完善竞争机制，拓宽选才视野，不断丰富干部选拔方式。竞争是推动人类社会发展和人才辈出的强大动力。要进一步规范公开选拔、竞争上岗等制度，合理界定标准条件，突出岗位特点，完善程序方法，改进考试测评工作，推进竞争性选拔干部工作的常态化、制度化。坚持考试与考察相结合，更加注重对能力和实绩的考察，引导干部在干事创业中竞争。同时，根据职位业务性质的不同，竞争上岗要做到"干什么考什么"，增强人才选拔的针对性，提高选拔质量。

三是改进干部考察方式，充实考察内容，不断增强干部考察工作的科学性和公正性。对干部进行考察前，要由督察内审部门进行经济责任审计，做到不带病提拔干部；对干部考察中，要做到自上而下与自下而上相结合，历史鉴定与现实表现相结合，进行全方位考察，克服片面性、局限性。自上而下与自下而上相结合，就是要扩大民主测评面，广泛听取群众的意见；明确测评内容，充分体现被测评干部的特点；认真归纳、综合和对比分析群众的反映和意见，既尊重多数人的意见，又重视少数人的反映，经过全面衡量，分清主次，而后做出恰如其分的评定。历史鉴定与现实表现相结合，就是要深入实际、深入群众，在全面了解干部当前的思想作风、领导水平、业务能力和工作业绩的同时，还要查阅干部的有关档案材料，或走访干部过去工作单位的干部群众，从不同侧面对干部进行考察，从中找出其德能勤绩廉的内在原因和有机联系，全面提高考察质量，坚决防止边提拔边查处的情况发生。

四是疏通干部出口，促进新陈代谢，逐步建立干部能上能下、能进能出的管理机制。干部能上不能下、能进不能出，是现行干部管理制度的一大弊端。为此，必须对各级干部分别制定基本条件和要求，作为干部升降、留任的统一标准和尺度。省局将出台加强干部考勤、考试、考核工作的指导意见，形成以日常绩效考核为重点的评价机制。各地要结合实际，不断加大治懒治庸力度，做到能者上、平者让、庸者下。同时，要积极推行轮岗、回避、辞职辞退等项制度，加大对不适宜担任现职干部的调整力度，将干部的合理流动纳入规范化、制度化轨道。

五、事业用才

人才的成长与税收事业的发展有着密切关系。没有人才的支撑，税收事业难以发展；没有税收事业的发展，人才难以成长，税收事业的蓬勃发展为人才的茁壮成长提供了广阔空间。各级党组和"一把手"的一个重要职责，就是搭建干事创业的平台，用共同的理想和事业来团结人才、凝聚人才，充分发挥各类人才的作用，真正做到人尽其才、才尽其用，不断提高人才的使用效能。

一是要发挥管理型人才的中坚作用。各级领导干部是税务系统管理型人才的主体，在推进税收事业发展进程中具有举足轻重的作用。对各级管理型人才，既要充分信任，放手使用，从各个方面为他们施展才能、实现抱负提供舞台,激励他们建功立业,又要严格要求、严格管理、严格监督。在这方面,措施之一是建立健全领导干部考核评价机制。要综合运用目标责任制考核、税收执法责任制考核、党风廉政建设责任制考核、民主测评等专项考核考评的结果,提高获取民意的真实性和政绩考核的科学性,对排名领先的领导班子和领导干部给予奖励。措施之二是健全和规范党员领导干部民主生活会制度,开展积极的批评与自我批评,提高民主生活会质量,增强领导班子解决自身问题的能力。措施之三是加强对领导干部特别是"一把手"的监督。省局将加强巡视力量、加大巡视力度,着力强化对各级领导班子和领导干部履行党风廉政建设"一岗双责"情况的监督检查,及时发现问题,促进源头治理,确保各级领导干部既要干事,又要干净。

二是要发挥各类专业人才的骨干作用。以省局、市(州)局两级人才库为依托,以相关业务部门为主体,按照综合管理类、税政法规类、征收管理类、税务稽查类、信息技术类等专业类别,通过系列能手竞赛、专项工作等方式,选拔、组建系统人才库,建立一支门类齐全、素质优良、结构合理的税收专业人才队伍;要积极组织他们立足本职做贡献,同时参与阶段性的重点工作或课题攻关,当好排头兵,发挥好传、帮、带作用。要制定人才库管理办法和业务骨干选拔办法,建立干部培训管理信息系统,对干部综合能力进行跟踪记录,确定条件,选拔人才,每年对人才库人员进行考核,调整充实人员。同时,加强对拥有注册税务师、注册会计师、注册审计师、律师(司法)等专业资格证书的高层次税务人才的管理和使用,通过组织其担任兼职师资、撰写科研报告、参加省局重点工作项目等形式,充分发挥高层次人才在税收工作难点、热点问题上的研究和攻坚能力,影响一批,带动一批。

三是要发挥后备人才的示范作用。全省税务系统要启动后备干部的选拔储备工作。后备干部选定后,要按照干部管理权限确定培养方向,制定培养锻炼计划,落实培养锻炼措施。对已经过多岗位锻炼、工作经历较为丰富的后备干部,要采取现岗位锻炼的方式,明确任期目标任务,严格要求、严格管理、严格考核;对经历相对单一的后备干部,要有步骤地进行岗位轮换,增加多岗位领导工作经验;对于缺乏艰苦环境锻炼的后备干部,要安排到条件艰苦、工作困难的地方或重大任务中经受考验;对于缺乏基层领导工作经历的后备干部,要选派到基层挂职、任职。要有计划地选派后备干部协助处置重大突发事件、参加专项重大活动等,在发挥其自身作用的同时接受锻炼。对德才兼备、实绩突出、群众公认、各方面条件比较成熟的后备干部,根据工作需要,按程序予以任用；对特别优秀的后备干部，可按照《党政领导干部选拔任用工作条例》和有关规定，破格提拔使用。

六、待遇留才

拴心方能留人。要想各类人才来得了、用得好、留得住，既要靠事业和感情，也要给予适当的待遇。各级党组和领导干部要从政治上爱护、工作上支持、生活上关心人才，倾听他们的呼声，关心他们的疾苦，真诚帮助和解决人才在工作、生活中的实际困难和突出问题，在政策范围内尽可能落实他们的各项政治经济待遇，让他们心情舒畅地投入到工作中。

一是以跟踪培养为途径，增强人才的归宿感。近几年来，全系统先后从大学本科生、研究生中招录了一大批优秀人才充实到各地征管一线，特别是2008年以来，还实行了定向招录、最低服务年限、五年内不得跨县市调动等政策。由于部分基层单位的条件所限及各种主客观原因，导致部分新招录的同志不能安心在当地工作。解决这一问题，既需要做深入细致的思想政治工作，同时也要在完善培养机制上下功夫。重点是加强职业发展规划，对优秀人才、拔尖人才要大胆使用，敢于下任务、压担子、挑大梁，充分发挥他们的聪明才智；要努力提高他们的政治待遇和社会地位，对做出突出贡献的人才实行重奖，让"肯干事者有机会，能干事者有舞台，干成事者有回报"。各级领导要切实关心人才的成长和进步，为他们施展才华创造必要的条件，经常开展交心谈心活动，倾听他们的意见和建议，为他们办好事、办实事，鼓舞他们安心工作，乐于奉献，使他们工作有激情、学习有劲头、生活有乐趣，增强对税收事业的感情和归属感。

二是以制度化激励为导向，增强人才队伍活力。要总结完善业务能手、标兵评选工作，坚持重实绩、重能力、重群众公认的原则，不搞平衡照顾，进一步增强激励效应，培养和造就一大批专业型人才。要建立完善岗位职责、能力评价和考核激励三大体系，积极试行税务行政执法类公务员的职位序列和管理办法，探索建立"职务晋升"与"职级提升"并行的双轨式干部人事管理制度，形成以岗定责、量能定级、岗能匹配、级酬挂钩的良性机制，拓展基层税务人才的职业发展空间。

三是以服务基层为重点，不断改善人才的工作生活环境。各级税务部门要进一步重视基层、关心基层、服务基层、建设好基层，为税收工作的顺利开展奠定坚实基础。要认真倾听基层呼声，尊重基层意愿，切实解决制约基层发展的重点、难点问题。要增强工作的计划性、针对性和可操作性，大力减轻基层负担。要健全领导干部基层联系点制度，及时掌握基层情况，以点带面，推进工作。要按照国家政策规定，逐步完善经费保障机制，规范资金运行，提高使用效益，增强经费物资保障能力，对条件艰苦、经济欠发达的地区，给予更多的财力、物力支持，努力改善基层干部职工的工作生活条件。特别是对新进人员，要继续通过团购方式，为他们解决住房问题，让他们安居乐业，实现待遇留人。

总之，人才强税工程具有长期性、艰巨性、基础性的特点，它将伴随税收事业发展的全过程，不可能一蹴而就。爱才、揽才、育才、选才、用才、留才等"六才"是一项系统工程，其中，爱才是前提，揽才是基础，育才是途径，选才是关键，用才是目的，留才是保障。各级局党组和人事部门既要着眼长远、增强信心，又要脚踏实地、真抓实干，努力做好这项打基础、求实效、利长远的工作，促进各类人才源源不断地涌现出来，为推进税收事业持续健康发展，提供坚强有力的保证！

第三节　年轻税务干部成才之路[①]

年轻干部的成长关系着税收事业发展的未来。年轻干部成长的路径很多，但关键在自身的修养与努力。从某种意义上说，这条成才之路是由"有理想、有激情、讲责任、讲奉献"这四方面铺筑而成的。

一、有理想

我到省局工作后，了解到全省税务工作的形势好、贡献大，许多税务干部的先进事迹也感染着我。另外，我也接触到一些消极信息，了解到少数税务干部的违法违纪案件。这些案件一经查处，涉案人都是悔恨交加，痛哭流涕。为什么会这样？追根溯源，还是少数同志的世界观、人生观、价值观出了问题。

[①] 本节内容基于2008年4月12日在原湖北省地税系统青年税务干部培训班的讲话。

改革开放 30 年来，市场经济确实带来了经济快速发展，但信仰迷失也是不争的事实。税务干部毕竟不是生活在真空中，有的同志在市场经济的负面影响下，理想泯灭、信仰缺失，抵御不住物欲诱惑，难免沦为金钱和权力的俘虏。人们常说，理想是人生的灯塔，为人指明前进的方向，可以使人们在纷繁复杂的人生道路上，确定正确的坐标，而不至于误入歧途；理想使人有所向往，有所追求，激励着人们朝着美好的未来而奋斗。如果一个人没有高尚的理想，就如同"盲人骑瞎马"，四处乱撞，必然走上歧途。所以，理想和信念对人生至关重要。

我非常欣赏一句哲言，世界上有两样东西是亘古不变的，一个是高悬在我们头顶的日月星辰，另一个是深藏在每一个人心底的高贵信仰。人生是一篇大文章，总要有所敬畏、有所向往、有所追求。如果在一个单位，大家整天想着比待遇、比职务、比岗位、比享受，那么，这个单位注定是没有希望的。今后，税务系统对干部的培养和任用，应当突出思想政治标准，把人品放在第一位。要善于发现那些在征管一线几年、十几年如一日，只讲工作、不争待遇的同志；善于发现成天与权力、金钱打交道，但始终廉洁从税的同志。要通过正确的选人用人，树立一种导向，倡导一种追求，形成一种风气，以共同的理想凝聚人心。

二、有激情

什么是激情？湖北省原常务副省长周坚卫同志讲得好，激情是创业者的执着，是在平凡岗位上默默燃烧着的生命，是对工作、对同志满腔的热忱。激情是一种奋发的状态，是一种昂扬的斗志。没有激情，人生就如一潭死水，陷于平庸；有了激情，才能克服困难，干好工作。激情不是心血来潮，不是三分钟的热度，它不仅需要培养，更需要经过磨砺才能展现。一个人初次进入一个新的环境时，可能会表现出极大的热情，但随着对环境的熟悉，对理想与现实之间落差的感受，激情会逐步消退。在税务系统，有的干部在办税大厅柜台前一坐就是几年，同样也面临着激情消退的问题。但是，我们不妨经常想一想，社会上有多少人想坐这个柜台都坐不上呀！只有通过换位思考，我们才能在现实中不断修正定位和目标，才能永葆激情，实现理想与现实的和谐统一。希望大家能够始终保持为党和国家的税收事业而忘我工作的那份初心和激情。

三、讲责任

责任，是作为社会人应有的价值观。责任有丰富的内涵，可以从不同层次、不同形式来理解；责任有不同的范畴，可以从不同领域、不同角度去认识，例如家庭责任、职业责任、社会责任等。我这里重点谈谈工作责任。税务部门代表国家执行法律，税务工作的基本要求是依法征税、依法行政，因此，每一个税务人员都责任重大。当前，党和国家特别强调加强政治文明建设，实施依法治国方略，各种法律和制度越来越健全，越来越规范。与计划经济时代相比，税务部门面临的执法环境也发生了巨大变化。过去，税务干部"一员进厂，各税统管"，权力很大，甚至想管就管，想征就征，想免就免。现在，如果你该管的户不管，你该收的税不收，不该免的税免了，就是失职渎职。过去，为了税款均衡入库，可以把有些税款暂时存放在企业账上，但现在这样做也不行了，有税必收、应收尽收，否则也是失职渎职。人是历史的人，人的行为方式必须以时间、地点、条件为转移。面对形势的变化，面对更高的执法要求，我们必须更加严格地要求自己，更要增强责任心、培育责任感、提高责任意识，恪尽职守，兢兢业业，把自己分内的事情做好、做到位。

四、讲奉献

我们这一代人有幸躬逢中华民族复兴的伟大时代，同时也身处社会急剧变革的年代，亲历了祖国的发展与强大，也看到了社会中实际存在着的一些阴暗面和消极落后的东西。特别是在精神领域，一部分人甚至包括一些领导干部，只讲个人不讲集体、只讲物欲不讲精神、只讲索取不讲奉献。在这种情况下，作为一名共产党员、一个领导干部、一个国家工作人员，决不能见怪不怪、习以为常，而应当进行深刻反思，要强调奉献精神，要把奉献作为一种信仰、一种境界、一种追求。希望同志们把奉献精神落实到具体行动上，从我做起，从今天做起，在日常工作中奉献，在尽职尽责中升华。

讲奉献，就要讲珍惜职业和廉洁从税。胡锦涛同志代表新一届国家机构工作人员讲话时指出，要正确使用手中的权力，诚心诚意的接受人民监督，严于律己、廉洁奉公、兢兢业业、干干净净为国家和人民工作。我结合地税工作的职能特点，把这句话诠释为"干干净净为国聚财"。不管大家今后在什么岗位，手中握有多大权力，都要牢记"廉洁为官、廉洁从税"。面对人民的利益、国家的法律，要深怀敬畏之心，一定不能逾越红线，始终当一个干干净净为国聚财的人；面对纳税人和基层群众，要低调、低调、再低调，真心实意地为纳税人服务，为基层服务，为发展服务。

年轻税务干部是全省税务系统的精英，也是税务系统未来的希望。如果理想、责任、激情、奉献能够在大家身上实现有机统一，发扬光大，那么，同志们必将成为社会的栋梁之材。希望同志们心口合一、言行一致，不懈实践，在推进税收事业又好又快发展中做出应有的贡献。

第四节 税务文化建设[①]

一、税务文化建设的意义

什么是文化？文化是得到社会群体认同的价值观念体系和行为模式。文化是人类文明的总括，是人类思想的历史集成。什么是税务文化？税务文化是税务部门及广大税务干部职工在税收征纳实践中逐步形成、共同认可，并自觉遵循的一系列价值理念和行为模式的总和，包括税收理念、制度体系、行为准则，以及税务干部的工作伦理观和价值观等，它们大致可以分为精神文化、制度文化、行为文化和物态文化四个方面。税务文化在税收工作中具有六个方面的功能作用，即行为导向、规范约束、教育激励、团队凝聚、关系润滑和形象塑造。

税务文化建设的意义何在？众所周知，税收最基本的职能是组织收入，需要很多举措，例如，依法治税、加强征管、引进先进科技手段等。但是，所有的税收征管工作都是由人完成的，需要依靠广大税务干部。每一个税务干部的主观能动性、内在潜力是不是激发出来了，他们的责任心、事业心与团队精神如何，直接关系到收不收得到税，收不收得好税。我们经常说，"带好队，收好税"，其中"带好队"是基础和前提，它已被无数实践所证实。所以，从总体上讲，研究税务文化建设，实质上就是从思想层面、观念层面、精神层面，

[①] 本节内容基于2008年11月7日在原湖北省地税系统文化建设工作会议上的讲话。

研究如何加强税务干部队伍建设问题。

第一，加强税务文化建设，是贯彻科学发展观，推动社会主义文化建设的需要。我国社会正处在一个急剧变革的时期。改革开放三十年取得了巨大的发展成就，一方面为人民群众带来了日益丰厚的物质利益，另外，一部分人的幸福感却不如以前。问题的症结在于我们的价值观、文化观出了问题。今年以来，国内相继发生了"周老虎事件""范跑跑事件""三鹿奶粉事件"，这些事件背后反映的是一部分人的价值观、人生观、道德观的变态与扭曲。党的十七大把文化建设提升到国家战略高度，要求"坚持社会主义先进文化前进方向，兴起社会主义文化建设新高潮，激发全民族文化创造力，提高国家文化软实力"。胡锦涛总书记强调，要把发展社会主义先进文化放到十分突出的位置，充分发挥文化启迪思想、陶冶情操、传授知识、鼓舞人心的积极作用，努力培育有理想、有道德、有文化、有纪律的社会主义公民。税务文化是社会主义文化的有机组成部分，开展税务文化建设，就是要以文化认同，引领税务干部的思想和行为，帮助他们更好地适应新形势和新要求，自觉地把科学发展观贯彻落实到税收实践中去。

第二，加强税务文化建设，是改进税务系统思想政治工作，推进税务系统精神文明建设的需要。税务部门有着深厚的思想政治工作和精神文明建设基础。从20世纪50年代的艰难创业，到20世纪60年代的天灾人祸，从"文革"时期的不懈坚守，到地税分设之初的白手起家，条件虽然十分艰苦，但干部职工的精神状态却非常好，我们靠的就是思想政治工作和精神文明建设。然而，现在条件好了，收入高了，物质生活充裕了，但人们的精神状态和进取精神却不如从前。在我们的干部队伍中，思想浮躁、急功近利、激情缺失、得过且过等不良现象有所抬头，它侵蚀着干部队伍肌体，制约着税收事业健康发展。这些问题值得深思。我们要深刻认识到，在新形势下，税收事业的不断发展对税务干部队伍的工作能力和应变能力提出了新的、更高要求，一般性地健全制度、加强管理、提高待遇、物质刺激已不能从根本上解决干部队伍建设所面临的实际问题。解决这些问题，必须探索思想政治工作的新路子。

客观地说，由于社会多元化和思想多元化的影响，传统的思想政治工作模式越来越暴露出不适应新形势，针对性不强，方法单一滞后等局限性，已经不能很好解决现实工作中的思想问题。我在基层调研中了解到，税务干部不是不需要思想政治工作，而是需要更加有效、更具亲和力和说服力的思想政治工作，特别是要求将思想政治工作与税务文化建设融合起来，充分发挥税务文化春风化雨、润物无声的教化作用，这样的思想政治工作效果可能更好。之所以如此，虽然税务文化与思想政治工作都属于软管理的范畴，都强调尊重人、教育人、培养人、激励人，重视培养集体主义意识，强调发挥精神因素的作用，两者具有目标上的一致性。另外，税务文化所特有的春风化雨、润物无声的教化作用，较之于传统的思想政治工作，具有广泛性和包容性，它更加注重人文关怀，更容易为广大干部职工所接受。所以，加强税务文化建设，是我们进一步加强和改进思想政治工作，推进税收精神文明建设所要探索的新路径。

这些年来，全省税务系统精神文明建设成效可圈可点，95%的单位已建成各级各类文明单位和先进集体，先进模范人物也是大量涌现。现在的问题是，如何进一步深化精神文明建设，全面实现文明创建的提档升级。实践证明，通过文化建设所形成的社会认同感和凝聚力是单纯的精神文明建设所不能企及的。税务机关上代表国家，下联系群众，体现的是政府形象，具有广泛的社会影响力。将文化建设作为精神文明建设的新载体，充分发挥文化的教育和导向作用，帮助税务人员实现思想升华和道德净化，使文明服务、文明执法内化为自觉行为，将从根本上提高全系统文明建设层次，巩固和扩大文明建设成果，实现内部形象改造和外部认同感的同步推进。

第三，加强税务文化建设，是适应治税理念和征管模式变革的需要。我国税收事业正处在一个加快改革、蓬勃发展的重要时期，无论是治税理念还是税收征管模式都在发生着巨变。体现在税收理念上，从"带好队、收好税"到"依法治税、从严治队"，再到"科技+管理"；从"诚信纳税、利国利民"到"依法诚信纳税，共建和谐社会"；从强调税务机关权力，到新《征管法》载明"保障纳税人权益"，再到"以纳税人为中心"理念的形成；在税收征管模式上，从20世纪50年代"一员进厂、各税统管"的专管员管户制，到20世纪80年代的责任到人到岗的"管事制"；从"人工管理"到"计算机管理"；从"粗放式管理"到"精细化科学化管理"，纳税申报也逐步从上门申报向电子申报、代理申报、邮寄申报等多元化申报方式转变，税收征管正在向着信息化、专业化方向发展。

随着新的治税理念、征管模式和征管手段不断引入税收工作，过去那种因循守旧的管理理念和管理模式将不再适应税收工作的需要，我们必须在创新中寻求一种更有效、更先进的管理方式。税务文化作为一种行政管理文化，以提高人的素质为核心，提倡在满足必要物质需要的基础上，尽量满足人们的精神需求，从而调动被管理者的积极性，使管理的各项规范要求更容易成为税务干部的自觉行动。从事税务文化建设,要求在税务系统内部建立明确的绩效标准和民主化信息交流体系,形成一种建立在平等基础上的自我挑战环境;要利用良好的文化导向,形成格调高尚的文化氛围,培养和鼓励全体干部职工都对自己的行为负责,自觉地为完成各项税收工作任务尽心尽责,并使制度、管理、执法等各个方面的新要求、新任务能够得到顺利而高效的执行。这样一种全新的管理理念和方式,必将为建立在制度约束上的税务管理体系注入新的活力。

第四,加强税务文化建设,是建立税收执法风险防范机制的需要。现阶段,我国的税收执法具有政策性、时效性强,以及执法权力相对分散、执法者拥有较大自由裁量权等特点,但也隐藏着一定的职务犯罪风险。为了有效防范税收执法风险,必须在建立税务执法风险防范机制的同时,构筑税务干部内在的思想防线,增强个体的"免疫力",增强抗拒诱惑的意识和能力。加强税务文化建设,可以促进税收法制文化和税务廉政文化的建设,形成自律与他律相结合的文化防范机制,为从根本上预防失职渎职行为或其他职务犯罪,筑建一道思想意识的防火墙。

第五,加强税务文化建设,是提高全社会税法遵从度的需要。所谓税法遵从,是纳税人基于对国家税法价值的认同或自身利益权衡而表现出的一种积极、主动守法行为。税法遵从度的高低体现着税收管理和公民纳税意识的水平,它与税务机关和税务执法人员的执法理念、业务素质、社会形象和执法行为等密切相关。因此,加强税法宣传、改善纳税服务、改进管理方法、提高工作效率、树立税务人员良好形象等,就成为提高全民纳税遵从度的重要途径。在税务文化建设中,通过弘扬社会主义价值观和公民道德规范,可以引导税务机关和税务人员摒弃不良行为,树立尊重纳税人、善待纳税人、为纳税人服务的工作理念,有利于建立以纳税人为中心的管理和服务模式,提升税务工作的社会认同感和税法遵从度,从而为税收事业的发展创造更加和谐的外部环境。

二、税务文化建设存在的问题

自党的十七大提出加强社会主义文化建设以来,湖北省税务文化建设从探索起步,已取得长足进展。例如,原武汉市洪山区地税局从一张个人文化卡入手,将文化建设在全局铺开,创造了具有洪山地税特色的文化建设经验。再例如,有的基层单位以文化建设为抓手,不断强化干部职工的责任心,形成了"将该做的事做到位"的良好氛围;还有的基层税务局以纳税人的需求为第一信号，形成了"月光工程"的纳税服务品牌。更多的县市局广泛吸收现代管理成果，积极创新适合税收发展的制度管理模式，涌现了许多反映税务精神、倡导税务价值观的文化建设载体，从不同层面对税务文化建设进行了诠释，为税务文化建设奠定了一定的物质基础和思想准备。

在总结工作成绩的同时，也应当看到，由于主客观方面的原因，尚有部分税务部门和领导干部对税务文化建设重视不够、办法不多，存在一些工作上的问题和短板。主要如：一是部分主要领导对税务文化建设的意义认识不到位，存在着重业务、轻文化、重硬件、轻思想的现象。二是对税务文化建设的内涵理解不深，容易将其片面地理解为唱一唱、跳一跳、闹一闹。我们说，虽然这些文娱活动也是税务文化的组成部分，是文化建设很好的载体，但还只是浅层次的，不能代表税务文化的全部，更不是税务文化建设的主体内容。三是有些地区的税务文化建设，缺乏统一的规划和实施方案。虽然工作在基层自发开展起来了，但没有形成工作规划，存在盲目性，因而效果不是很明显。四是有些基层税务文化建设还缺乏多样性和灵活性，群众参与面有限。五是在税务文化建设工作推进问题上，地区之间、单位之间存在不平衡现象。有的市（州）局抓得好，有的抓得就不行。抓得好与不好，干部职工的精神面貌也大不一样。

总之，文化建设，尤其是税务干部的精神文化建设非常重要，不抓就要出问题，甚至出大问题。因为人与其他的动物或机器不一样，他是有大脑，会思考的。各级党组必须用积极向上的主旋律去占领人的思想阵地，否则，腐朽、落后的思想观念就会不断蚕食这块阵地。对此，我们这些负有带队伍责任的主要领导，千万不可疏忽大意。

三、税务文化建设的主要任务

所谓文化，在理论上可以分为三个层面，其中，核心层为精神文化，中间层为制度文化，表象层为行为文化和物态文化。文化的三个层面相互依存，相互渗透，共同构成了文化体系。如果将这一理论联系税务工作实际，用于指导税务文化建设，今后一段时期，我们将面临以下建设工作任务。

（一）税务系统精神文化建设

从教育培训着手，以强化素质为目的，将税务精神文化的丰富内涵转化为税务干部工作、学习和生活的具体实践。例如，可以通过组织政治理论学习，提高干部职工的政治素养和理论水平；利用各种专业培训，强化干部职工的业务水平和时政知识储备；通过举办勤政廉政教育宣传活动，筑牢反腐倡廉思想防线；通过对新治税理念的宣传灌输，在干部职工中树立"以纳税人为中心"的服务理念和执法风险意识；开展健康知识讲座和心理辅导，维护干部职工的心理健康等。

（二）税务系统制度文化建设

制度建设是文化建设的一项基础性工作。现阶段，要对税收征管、行政管理、干部人事、绩效考核、激励约束等各方面的制度办法进行一次全面的清理，该废止的废止，该修订的修订，该重新制定的抓紧制定，形成一套科学化、程序化、标准化、系统化的制度体系。同时，各地要根据各部门、各岗位的工作职责，加大落实制度的考核力度，提高全系统内部管理水平，确保工作质量和效率。要通过必要的规章制度，建立和形成文化建设所要求的规则体系，使干部职工的行为既有价值观导向，又有制度化的规范与约束。

（三）税务系统行为文化建设

一是努力打造纳税服务品牌。要根据纳税人为中心的服务理念，寓管理、执法于服务之中，建立、健全一整套面向纳税人的文明服务规范；要经常开展纳税服务礼仪培训、"纳税服务明星"评选活动，使纳税人可以最小成本、最短时间、最大方便、最好心情，办好各项涉税事宜。二是要纠正行业不正之风，规范执法行为。三是建立荣誉激励机制，为干部职工树立学习的榜样。没有先进典型的税务文化是不完备的文化，是难以传播和传递的文化。各地要把先进典型的选树工作与税务文化建设、干部职工思想观念转变结合起来，要通过典型宣传，使税务文化人格化、典型化，激发广大税务干部千帆竞发、不甘落后的志气和勇气，实现个人和事业的同步发展。四是经常组织开展群众性文体兴趣活动，使广大干部职工在轻松愉快的氛围中受到启迪，接受教育。

（四）税务系统物态文化建设

主要任务是搭建好各类税务文化平台。一是加强图书室和活动室建设，有条件的地方还可以设立直观形象的税收创业史陈列室。二是对办税服务厅现有设施进行更新改造，按照"方便纳税人，服务纳税人"的原则，因地制宜的对涉税办公场所进行维修、改造和美化、绿化，要将服务台由封闭式改为开放式，实现办税"零距离"，为纳税人创造良好的办税条件，为干部职工创造良好的工作环境。三是加快税收信息化建设，应用信息化建设成果，为干部职工提供工作、学习和交流的平台，为纳税人打造便捷的纳税服务平台。四是加强廉政文化室建设，充分发挥其在党风廉政建设中的积极作用。五是要重视税务机关的办公、办税场所和相关设施的税徽、宣传用语，规范办税服务厅的建设和管理；规范税务人员着装上岗和挂牌服务制度；积极运用涉税杂志、歌曲、税务网页等多种形象载体，建立税务形象识别体系，使每一位税务干部在看得见、摸得着的文化环境中自然感受税务文化，自觉在思想和行为上认同、参与和维护税务文化建设。

最后，要特别强调的是，税务文化建设的根本是人的建设，关键是全面提升人的素质，这就决定了精神文化建设的核心地位。我们要注重运用各种文化手段，通过各种渠道教育、引导、鼓励和熏陶税务干部，培养有利于税收事业不断发展的群体意识和价值观念；要强化以人为本的管理思想，积极创造条件，为每一位税务干部提供施展才华和实现自我价值的机会；要重视环境对税务干部心理的影响作用，大力营造全员学习、终身学习的浓厚氛围，创造人人都能成才的学习环境；要尊重人、关心人、理解人，特别要关心那些家庭、生活存在较大困难的基层干部职工，增强税务干部的归属感，创造和谐友爱的人际环境；要通过精神引领和人文关怀，把税务精神和先进管理理念渗透到各个基层税务机关和每一名税务干部心中，从而以共同的价值理念、思维模式和行为方式，在不同层次上把广大税务干部联系起来、团结起来，使整个队伍因相同的文化理念而形成一种强大、向心的凝聚力量，共同为税收事业发展做出贡献。

第十章
廉洁从税

第一节 廉政从税与收税带队[①]

一、廉洁从税的极端重要性

（一）廉洁从税是税务系统共产党员的基本品质

2011年是中国共产党成立90周年，我们重温《中国共产党章程》和入党誓词，回顾党的历史，有着重要的现实意义。我们党的性质和宗旨，决定了共产党人必须永远保持清正廉洁的本色。《党章》第二条明确指出：中国共产党党员永远是劳动人民的普通一员。除了法律和政策规定范围内的个人利益和工作职权以外，所有共产党员都不得谋求任何私利和特权。可以说，清正廉洁维系着每一位党员干部的政治生命线，是党员干部履行职责的基本前提。在德、能、勤、绩、廉中，廉洁与其他四项的关系，就好比1和0的关系，一旦廉洁出了问题，那么，再强的能力也等于零，再大的功劳也是徒劳。我们每一名党员干部都要时刻牢记，自己就是一面旗帜，一言一行、一举一动都与党的形象休戚相关、紧密相连。每一个共产党员都要自觉按照自重、自省、自警、自励的要求，常修为政之德、常思贪欲之害、常怀律己之心，耐得住清苦，顶得住歪风，抗得住诱惑，管得住小节，把住思想道德的底线。

[①] 本节内容基于2011年2月25日在原湖北省地税系统党风廉政建设工作会议上的讲话。

(二) 廉洁从税是税务机关执政为民的具体体现

胡锦涛同志在中央纪委十七届六次全会上指出，要深入贯彻落实以人为本、执政为民理念，扎实开展党风廉政建设和反腐败斗争。坚持以人为本、执政为民，始终保持同人民群众的血肉联系，体现了中国共产党的根本宗旨，是贯彻落实科学发展观的必然要求。税务部门作为一个重要的政府窗口，工作直接面向社会，面向纳税人，服务网点较多、服务对象广泛、服务内容直接关系纳税人的切身利益。与其他政府部门相比，广大人民群众对税务部门党风廉政建设工作的呼声更高、要求更严、期望值也更大。特别是现在，我们面临的税收执法环境越来越复杂，税务人员被拉拢、被腐蚀的危险性不断增大。如果我们为税不廉、经不起诱惑，就有可能毁于一旦，不能自拔。所以，如果没有一个廉洁从税的环境，没有一种健康向上的风气，没有一支纪律严明的队伍，依法治税、信息管税、服务兴税、人才强税的目标就会落空，各项税收改革就难以推进，良好的税务形象就难以树立，为国聚财、为民执法的税收工作宗旨就难以落到实处。2011年全省地税工作会上，我也强调过，今后，对于纳税人提出的服务方面的合理诉求，地税部门没有"NO"，也不能说"NO"。从这个意义上说，廉洁从税是税务之魂，毫不为过。

(三) 廉洁从税是税务系统创先争优活动的重要内容

在党的基层组织和党员中，深入开展创建先进基层党组织、争当优秀共产党员活动，是党中央做出的重要部署，是党的建设一项经常性工作。创先争优本身就包含着反腐倡廉的要求，因为一个先进的党组织，首先就应当是一个风清气正的廉洁党组织，一名优秀的共产党员，必然是一名廉洁奉公的好模范。税务部门要实现创先争优活动的总体目标，就必须造就一支廉洁自律、作风优良的干部职工队伍。这就要求各级税务部门和税务干部必须大力加强反腐倡廉建设，更好地凝聚广大干部群众干事创业的"精、气、神"，始终保持廉洁从税、求真务实、团结奋进、顾全大局的工作作风，共同推动税收事业科学发展。

二、从税不廉问题不容忽视

实事求是地看，全系统干部队伍总体上是好的，否则，我们的各项工作就不可能取得那么好的成绩，得到各级领导和社会各界的好评，这是主流，必须充分肯定。同时，也要清醒地看到，税务系统战线长，执法权力分散，人员素质参差不齐，管理和监督难度大，为税不廉问题不容忽视。比较突出的有：一是滥用职权、玩忽职守、徇私舞弊案件时有发生。有的干部有户不管、有税（费）不收，随意减、免、缓征税（费），收人情税、关系税。近年来这方面的举报信比较多。二是个别干部以权谋私、以税谋私，对红包、贿赂来者不拒，有的甚至索贿受贿。三是有的干部甚至是领导干部利用职权，直接或间接从事经商活动，开酒店、办歌厅、做生意，偷税逃税。四是少数单位的税收票证、税款报解、发票管理不严，存在压解税款、滥用完税证、开关系票的现象。有些情况还很严重，公安、检察机关介入了调查，有的现象甚至触目惊心，几十本、上百本的发票不翼而飞，存根、账目都没有。五是财务经费管理不严，有的单位依然存在"小金库"，公款私存，逃避监督，开支大手大脚，甚至用单位的钱送个人的人情。六是在廉政建设工作上，少数单位仍然存在敷衍应付现象，满足于上传下达、照抄照转，缺乏检查、督办、考核、奖惩，少数领导不敢讲、不敢抓，执行落实不力。

以上罗列的问题，虽然发生在少数单位和部门，但扰乱正常经济税收秩序，违背群众根本利益，损害的是湖北税收整体形象，必须坚决予以纠正。作为一名领导干部，尤其是一把手，不能总是看着成绩和荣誉，还应该勇于担当，看到存在的问题，更好地约束自己、管好队伍、远离高压线，这是每一个领导的政治责任。

三、多头并举反腐败

做好党风廉政建设工作，必须围绕中心，把握重点。全省各级税务部门要紧紧围绕税收中心工作，创新思维，突出重点，扎实推进反腐倡廉各项工作。

（一）要抓住教育这一基础，不断增强反腐倡廉的自觉性

实践证明，党员干部廉政方面出问题，往往首先是思想道德出问题。要加强廉洁从税教育，常吹"廉政风"，常打"预防针"，提高"免疫力"。

一是要增强廉洁问题的敏感性。一人不廉，全家不圆。近年来，我们有些干部廉洁出事，其危害不仅仅毁了自己，也毁了家庭；不仅仅给组织添乱，也给单位抹黑；不但自身失去自由，而且背负着沉重的精神压力。所以，今天我

要着重讲算好"四笔账"的问题,即一算政治账,二算经济账,三算家庭账,四算个人自由账。在我们系统内,确实有人没有算好账,或者算的是糊涂账,最后把自己都赔进去了。我们必须明确,法律与纪律是"高压线",公与私有"警戒线",个人与家庭有一根脆弱的"情感线"。当我们面对诱惑时,要以平和之心对"名",以淡泊之心对"位",以知足之心对"利",以敬畏之心对"权",时刻自重、自省、自警、自励。党和人民把我们放在这个岗位上,我们就得兢兢业业、任劳任怨做好工作,对得起这个职位,对得起这份责任,对得起党和人民的重托。

二是要懂得法纪政策的严肃性。作为一个执法人员,一切行政行为都要置于党纪国法的规范之中,严格按规定和要求办事,按上级文件办事,按纪律条例办事。但是,对税收执法、党风廉政方面的一些法纪法规,一些同志了解得并不够,真可谓无知者无畏,但越蛮干,潜在的风险就越大。近年来,税务人员因为不征、少征税款被起诉的职务犯罪案件逐年增加,就是教训。我们再也不能凭习惯、凭感觉、凭经验办事,相反,衡量我们行为是否规范的尺度,只能是党纪国法的规定;判断我们是否应该承担责任的准绳,只能是党纪政纪的条款。

三是要认清侥幸心理的危害性。在我们系统内,确有个别人对党纪国法和党风廉政不当回事,以为即使自己"出事",也可以通过关系、金钱、单位、家人或朋友予以"摆平",甚至有人幻想着只要死不承认,纪检或司法部门也没办法,这是一种比较普遍的侥幸心理。这里,我要非常严肃、非常慎重的提醒个别人,在你试图越过廉政红线之前,在你权衡拿不拿黑钱、收不收脏卡之时,必须打掉以下四个"幻想":第一,不要幻想自己的腐败行为不被举报,不被发现;第二,不要幻想行贿人的友情承诺和山盟海誓;第三,不要幻想自己"进去"以后扛得住,能够坚持不说;第四,不要幻想单位、亲友、关系户能救得了你。请同志们要切记,没有事才是硬道理。我特别要求各市州县区局"一把手",你们务必要把这个问题的利害关系和侥幸心理的危害性,对全体干部职工讲清楚、说明白。

(二)要抓住制度建设这一根本,为反腐倡廉提供制度保障

制度建设是反腐倡廉的基础性工作,也是把反腐倡廉工作落到实处的根本保障。因此,加强制度建设,抓好源头治理,极其重要。

一要进一步完善制度。我们要牢固树立制度防腐的观念,把制度建设贯穿

于反腐倡廉的各个环节，建立健全对人、财、物、权的监督管理制度，努力使制度覆盖"两权"运行全过程，最大限度压缩不廉洁行为的产生空间，提高制度的超前性、创新性、操作性和实效性。

二要提高制度的遵从度。制度是党纪法规的重要组成部分，是"禁区"之前的安全哨，高压线前的"警示牌"，交叉路口的"红绿灯"，是我们不犯错误或少犯错误的重要前提。每一位干部职工都应自觉遵守制度，坚决执行制度，积极维护制度，用制度规范自己的一言一行。

三要加大制度的执行力度。2010年，省局专门成立督察内审处，专司执法监督和内部审计工作，其目的是要增强执法预警，多设一道防线来保护我们的干部。2010年以来，省局开展的廉政风险防范工作，是构建"大预防"格局的重要措施。我们要进一步形成用制度管权、管事、管人的机制，提高制度的透明度和影响力，严肃查处不认真执行制度、不及时执行制度和拒不执行制度的行为，真正做到令行禁止。

（三）要抓住监督这一关键，确保权力的正确行使

失去监督的权力必然导致腐败，绝对的权力导致绝对的腐败。我们每一名领导干部的权力都是人民赋予的，是公权，是公器，必须接受人民群众的监督。有的干部总是排斥监督、回避监督、拒绝监督，等到出了事才追悔莫及。目前，全系统正处在大投入、大建设、大发展时期，各级党组要本着对干部负责的态度，紧紧抓住经费审批、干部任用等行政管理权的运行环节；紧紧抓住税额核定、发票管理、所得税税前列支审批，以及减、免、缓、退税审批等税收执法权的运行环节；紧紧抓住信息化建设、固定资产采购等大额资金的运行环节，实施全方位、全过程、立体式的监督，做到有权必有责、用权受监督、侵权须赔偿、违法受追究，切实防范权力失控、决策失误和行为失范，促进"两权"规范运行。纪检监察、督察内审等部门要将关口前移，防患未然，加强事前和事中监督，及早发现违纪违法的苗头和倾向，通过打招呼、诫勉谈话、审计、召开民主生活会等形式，早提醒、早"拉袖子"，做到防微杜渐，未雨绸缪，不要等到问题严重了再去查处，空发感叹。这里我特别强调两点：一是各级党组织、每一个领导干部，必须坚持党的民主集中制原则，特别是一把手要更多的讲民主，切忌一言堂、一手遮天，搞个人说了算；二是各级领导班子成员，尤其是一把手，要适应在监督的环境下工作，对群众的举报有则改之、无则加勉，要相信组织。

（四）要坚持惩防并举这一有效举措，加大案件查处力度

这些年来，从中央到地方的查办案件力度逐年加大，查办案件的层次逐渐提高。大家都知道，铁道部部长刘志军春节期间还在各地检查"春运"工作，随即被采取措施，接受调查，那么高级别的领导，春节都没有过完。这充分说明，中央反腐的决心一点没有动摇。实事求是地讲，组织上不愿意看到自己的干部犯错误，更不愿意处分干部，因为"十年树木，百年树人"，培养一个干部不容易。但是凡事有度，到了违纪违法时再不查处就是跟党纪国法过不去，就是对干部本人的包庇和纵容。因此，我们必须牢固树立"严是爱、松是害"和查办案件是教育人、挽救人、保护人的观念，加大查办案件工作力度。这里我要特别强调，各级一把手是办案工作的第一责任人，要高度重视和支持办案工作；纪检组长是办案工作的直接责任人，要敢于办案、善于办案。今后，依纪依法查办案件的情况要作为衡量一把手是否重视纪检监察工作、纪检组长是否胜任纪检监察工作的重要标准。凡发现有案不报、办案不力、姑息迁就，造成工作被动的，要严肃追究有关人员的责任。

四、廉洁从税要警钟长鸣、常抓不懈

反腐倡廉建设是全党的一项重大政治任务。各级税务机关要站在全局高度谋划党风廉政建设工作，以高度的政治责任感和使命感，进一步完善反腐败工作领导体制和工作机制，切实把反腐倡廉建设各项任务落到实处。

（一）要坚持党风廉政建设和中心工作两手硬，坚决落实党风廉政建设责任制

关于落实党风廉政建设责任制的问题，虽然强调了多年，但是个别单位、个别部门就是没有把这项根本性制度落实好。近年来，系统内发生的一些案件，究其原因，很重要的一条就是有关领导在工作上不负责。今天我与各市州、财税学院一把手都签订了党风廉政建设责任书，签了就要承诺执行。我一直认为，税务部门组织收入的工作压力大，但只要克服点困难、加大点力度，工作任务还是能够完成的，对此，我心里比较有底。然而，对于党风廉政建设，我心里底气不足。在座的各位"一把手"，可能敢拍胸脯的也不多。面对严峻的外部形势和复杂的内部现状，如果把问题控制好、遏制好，我们还可以

掌握主动权；如果控制不好，就会被问题牵着走，被动挨打。所以，全系统各级党组织、每一位领导干部，都要增强紧迫感和责任感，坚持"一岗双责"、齐抓共管。各级党组和纪检监察部门要做到"四个敢于"，即对不良倾向要敢于批评，对不正之风要敢于纠正，对消极腐败现象要敢于抵制，对违纪违法行为要敢于查处，帮助干部纠小错、防大错，纠违规、防违法。党风廉政建设不仅仅是纪检书记的事，不仅仅是纪检监察部门的事，更是一把手的事，这件事不抓不行，抓松了也不行，否则，时间一长，非出问题不可。

党风廉政建设如此重要，如此紧迫，工作怎么抓？责任怎么落实？首先要把反腐倡廉建设与税收中心工作提到同等重要位置，两手抓，两手都硬。在税务系统，反腐倡廉建设虽不是中心工作，但它事关中心，虽不是全局，但它影响全局。各级党组要把反腐倡廉工作与税收业务工作紧密结合起来，一起部署、落实和考核，防止形成"两张皮"。要把反腐倡廉建设贯穿于税收工作大局之中、贯穿于税收业务工作之中、贯穿于"两权"运行的全过程之中，实现反腐倡廉与税收事业发展的良性互动。春节前，省局召开全省税收工作会议，把全面强化税收征管、提高组织收入能力作为全年工作的主基调，提出了努力构建收入管理、税源监控、依法治税、服务发展、信息应用等五个方面的长效机制，实现抓基础、建机制、堵漏洞、上水平、促发展的工作目标。各级纪检监察部门要积极主动地参与各项业务工作，充分发挥"保护、惩处、教育、监督"的职能作用，为税收中心工作保驾护航。

（二）坚持严格教育与严格监督并重，保证权力正确行使

真正的爱护和保护干部，就要早预防、早提醒、早做工作，如果等到真出了问题，迟到的忏悔、迟来的惋惜都无济于事。因此，各单位必须把好"三个关口"。

一是严把教育关，发挥廉政教育和廉政文化的基础性作用。要坚持把反腐倡廉教育列入干部教育培训规划，广泛开展示范教育、警示教育和岗位廉政教育，增强教育的针对性和实效性。要结合全省税务文化建设，发挥文化的渗透效应，让廉政文化进机关、进基层、进家庭，增强全员的廉洁自律意识，使纠风促廉真正成为内生的自觉行动。今后，全系统组织召开各类会议、举办各类干部培训班，都要有廉政教育的内容和要求，做到逢会必讲、警钟长鸣。

二是严把制度关，把制度建设贯穿于税收工作全过程。进一步建立和完善议事决策、人事管理、税源管理、执法责任等制度规定，形成科学合理、完善

严密、切实可行的制度体系，靠制度管人、管事、管物。

三是严把监督关，确保权力正确运行。监督是对干部最大的爱护，主动接受监督是各级党员干部不犯错误、少犯错误的重要保证。对干部平时捧着护着，出了问题捂着盖着，是严重不负责任的表现。小问题不提醒，就会出大问题；小错误不批评，就会犯大错误。因此，大家对监督绝不能心生反感、厌倦之意，更不能害怕监督、抵制监督。下级不监督上级，上级不管理下级，这是一种庸俗作风。各单位必须确保权力运行的每一个环节都置于有效监督之下。

(三) 坚持体制机制改革与内部监控制约并重，强化源头治理

防治腐败，必须从源头抓起。各单位要认真落实国家税务总局《惩治和预防腐败体系2008—2012年工作规划》要求，建立健全明确的责任机制、有效的教育机制、严格的制度保证机制、严密的监督制约机制、严肃的惩治机制和科学的评估预警机制。特别是要围绕"权、钱、人"这三个重点，进一步深化干部人事、行政审批、财务管理、工程招投标等各项制度改革，完善干部综合考核评价制度，建立结构合理、配置科学、程序严密、制约有效的权力运行机制，最大限度地堵塞以权谋私、权钱交易的体制机制漏洞。各单位要认真开展查找执法风险点活动，找准容易滋生腐败的重点环节、重点部位和重点人员，建立廉情预警机制，增强反腐败工作的预见性、主动性和实效性。当前，要以地方税费征管核心软件全面上线为抓手，实现地方税费数据省级大集中，强化信息化成果的拓展与运用，全面加强税（费）源监控，加强税费征管质量评估，堵塞税费流失漏洞，实现由"人管税"向"机器管税"的转变。在这一点上，大家千万不要马虎，不要担心投入精力太多，有些问题一旦得不到及时纠正，将来出了事，我们要花费几倍、几十倍的精力去弥补。

(四) 领导干部要率先垂范，做廉洁从税的表率

喊破嗓子，不如做出样子。只要各级领导干部有良好的作风、高尚的品行、较高的威信，就会成为"无言的号召，无声的命令"，不令则行。凡是廉洁自律做得好的领导班子和领导干部，讲话办事就硬气，工作上也才有发言权、领导权和主动权。宜昌市陈平局长今天在谈体会时就讲，公生明，廉生威，一身正气，两袖清风。他要求宜昌地税的各级干部向他看齐，这就是一种底气。2010年，中共中央颁布了《党员领导干部廉洁从政若干准则》，提出了8个严禁、52个不准，为我们明确了禁区，划定了红线，既是廉洁自律的新标

杆，又是拒腐防变的安全网，我们必须牢固树立从我做起、向我看齐的意识，带头严格遵守准则。在税务系统，腐败问题有三大易发环节，一是基建、设备采购；二是减免税，或办理缓缴形成欠税；三是选人、用人。这里面的教训太深刻了。我总在想，是不是干事业一定要以干部的倒下为代价？我的结论是不一定。今天，我在这里向同志们郑重承诺两条：一是在基建、招投标、物资采购、税收减免缓、预算资金审批、选人用人等重大事项上，我个人绝不打招呼，也绝不发"暗示"；二是我个人绝不收受与行使职权有关的单位或者个人的现金、支付凭证、贵重物品等。通俗的说法是，感情归感情，关系归关系，但原则不能破，凡事都按制度和程序办。

（五）坚决支持纪检监察工作，充分发挥反腐尖兵作用

工欲善其事，必先利其器。广大纪检监察干部身处反腐倡廉第一线，工作难度大，责任重，容易得罪人。所以，各级党组特别是"一把手"必须旗帜鲜明地为纪检干部撑腰壮胆、支持鼓劲，在政治上信任重用他们，在工作上支持帮助他们，在生活上关心爱护他们，始终做他们的坚强后盾。要进一步完善纪检监察机构设置，在涉及机构和人员调整中，纪检监察工作只能加强、不能削弱。在考核使用上，要考虑纪检监察工作的特殊性，为纪检干部的健康成长创造条件。各级纪检组长、监察室主任的提名、任免和交流，必须事先征得上一级纪检监察部门的同意。纪检监察部门的同志更应当发扬"私罪不可有、公罪不可无"的品德，对国家和群众的利益要有珍爱之心，对不正之风和违规违纪人员要有无畏之心，对待名利和欲望要有无私之心，对工作中遇到的困难要有坚强之心，真正做到气正不信邪、人正不手软、公正不徇私。

第二节 廉洁从税与优良作风建设[①]

一、优良作风建设的意义

党的十七届中央纪委二次全会要求"深入开展民主评议政风行风活动"。

[①] 本节内容基于2008年7月16日和2012年7月5日在原湖北省地税系统民主评议政风行风工作动员会上的讲话。

第十章 廉洁从税

实行以评促建、以评促改、以评促管，是新形势下加强干部队伍建设、转变部门工作作风，确保廉洁从税的有效手段。同时，它对于推进税务系统精神文明建设，增强税收工作透明度，提高依法行政水平和税务行政效能，维护纳税人合法权益，作用重要、意义重大。

第一，要从税收事业发展的高度，认清税务作风建设的紧迫性。"聚财为国，执法为民"是职责所系，我们必须以高度的政治责任感，高标准地推动各项税收事业的发展。另外，税收事业发展的实绩要靠实践来检验，要靠群众来评判，更要靠良好的政风行风来保证。我们提出构建"五型"税收，无论是建设效能型、法治型、阳光型地税，还是建设廉洁型、服务型地税，如果没有务实过硬的作风，没有政风行风建设作保障，就不可能实现构建"五型"税收的目标，更不可能在湖北中部崛起中施展新的作为，展示湖北税收的新形象。

第二，要从密切联系群众的高度，认清税务作风建设的重要性。在推进改革发展的各项工作中，在构建和谐社会的过程中，如何密切联系群众，既是一个全新的课题，也对税务作风建设提出了新的要求。当前，影响社会和谐稳定的矛盾不少，一些不安定的因素依然存在，一些单位在具体工作中，由于作风不实、态度不好、方法不当，滥用权力，导致矛盾加剧，割裂了党和群众的血肉联系，损害了党和政府的形象。税收工作核心是依法行政，本质是执法为民，标准是人民满意。所以，我们要坚持以人为本，着力转变思想观念，认真解决纳税人反映的实际问题，坚决纠正伤害纳税人感情、损害纳税人利益的行为，促进执法的公正与和谐；我们要通过作风评议活动，进一步增强服务意识和责任意识，统筹兼顾好各方面的利益关系，着力化解各方面矛盾；自觉摆正局部与全局、个人与单位、个人与社会、个人行为与政府形象的关系，用税务部门良好形象和每个税务人温馨的服务，去赢得社会信任，密切党群政群关系。

第三，要从提高干部队伍素质的高度，认清税务作风建设的必要性。近些年，全省税务系统干部队伍的思想素质、工作作风都在不断改进和不断增强。但是存在的问题也不少。例如，在执行政策、纪律时，还存在执行力不强，有令不行、有禁不止的问题；在与纳税人打交道过程中，还存在对纳税人不够尊重，甚至侵害纳税人利益的问题；在服务纳税人过程中，还存在质量不高、方法简单，以及首问负责制落实不够的问题。所有这些都说明，开展税务作风建设的必要性。对此，省局专门制定下发了《全省地税系统十条禁令》，其目的就是要加强我们自身的作风建设。各地要组织干部学习"十条禁令",进一步抓好自身建设,强化内部管理,严肃工作纪律,在提高执行力上下功夫;要把"十条禁令"作为碰不得的"高压线",作为税务干部应该遵守的道德底线;要加强廉洁从税教育,坚决纠正和查处"吃、拿、卡、要、报"等损害纳税人利益的行为;要树立正确的执法理念,防止执法不公、多头执法和随意执法;要树立正确的服务理念,解决"门难进、脸难看、事难办"的痼疾,大力提倡"尊重纳税人、善待纳税人、服务纳税人、保护纳税人"的良好风尚。总之,要以政风行风评议为动力,抓住重点问题、重点对象、关键环节,动真格、抓整改、求实效,造就一支政治强、纪律严、业务精、作风正的税务"铁军"。

第四,要从发挥税收职能,服务湖北经济社会跨越式发展的高度,认清税务作风建设的重大意义。近年来,省委省政府相继做出"一主两副""两圈一带""两山试验区""壮腰工程"等发展战略决策,各级税务部门要按照"稳发展、惠民生、促和谐"的总体要求,自觉增强税务作风建设的责任感,找准税收征管、纳税服务、内部管理等方面的薄弱环节,解决在理念思路、方式方法和体制机制上与科学发展、跨越式发展不合拍的问题,力争在税收规模、服务质量和队伍建设上实现新的突破,全力助推湖北经济社会的跨越式发展。

二、必须正视税务系统不良作风的突出问题

税务机关作为政府重要的行政执法部门,担负着组织收入、调控经济的职能。税务干部手中都握有一定的权力,任务重、责任大、矛盾多,从某种程度上说,是处在风口浪尖上的"高危"职业。从历年税务人员涉案情况看,税收工作的各个层次、各个环节都有发生违法违纪行为的可能性。近年来,省局通过纪检监察、内部审计、巡视检查、群众信访等各种监督形式,汇集和反映出了系统内存在的一系列问题,有些违纪违规问题的性质还十分恶劣。具体来讲,有以下九个方面的问题:

1. 税收征管中的问题。一是不按规定减免税;二是不按程序办理缓缴手续。有税不收,有税少收,形成欠税;三是在稽查工作中,个别单位失职渎职,处罚不到位;四是税收核定不公,存在关系税、人情税。这些问题年年查、年年有,是什么原因,背后有没有权钱交易?

2. 税收票证管理中的问题。近年通报的案件出现了一个新特点,即一线

执法人员执法犯法，主要手段是钻票证管理的空子。例如，违规提供发票；发售人情票、关系票；通过票证贪污、挪用税款；更有甚者，内外勾结，非法倒卖发票牟利，情节极其恶劣。过去，反腐倡廉主要强调要盯住"一把手"，盯住班子成员，现在看来还要盯住一线执法、管理人员。

3. 基建、采购方面的问题。虽然这些年抓的力度比较大，尤其是审计效果非常明显。但是，全系统这么多基建和采购项目，里面有没有问题，我不敢打包票。现在有一些腐败问题苗头，例如在基建、采购过程中，有违反招标规定的，有说情打招呼的，有在签订合同时丧失原则，损害集体利益的，等等。

4. 财务、资产管理方面的问题。这几年，市州县党政领导对税务部门很关心，各级局长们更是辛苦，争取到了许多系统经费。但我也担忧资金使用中出问题。一是公款吃喝、公款消费，讲排场、比阔气；二是少数地区的个别干部虚报冒领，套取现金；三是部分地区超标配置车辆；四是乱发津补贴。

5. 干部兼职经商问题。在系统内，有少数干部还在兼职经商，或者为亲朋好友经商大开方便之门。这是《中华人民共和国公务员法》不允许的，是丧失原则、违纪违规的行为。

6. 八小时外生活不检点的问题。在我们的税务干部中，有没有到歌厅找小姐，有没有异性按摩的，有没有参与赌博的，有没有与所管辖的老板纳税人打麻将的？请各位局长们好好查一查。我说的意思是，一方面，我们要支持企业发展，要与老板打交道，这是工作需要；另一方面，交朋友要有界限、要有底线，不能丧失原则。过去有的领导干部甚至一把手局长在这方面出问题，教训极为深刻。

7. 干部人事方面的问题。这几年系统内选拔了不少干部，总体反响不错。但有个别地区、个别干部还存在违规行为。例如，违反《条例》打招呼、干预下级干部提拔任用；在推荐用人问题上搞小圈圈、小团体，拉票贿选；还有的违背组织原则，对下封官许愿。这些行为严重违反了组织人事工作纪律，是绝不允许的。

8. 制度性不廉洁问题。在涉及个人利益的领域，由于过去有些制度存在缺陷，导致群众对领导干部拿高额津补贴意见大。这类高额津补贴，有的是当地党委政府奖励的，有的是自行确定的。但是，领导与干部群众的收入差距过大，相差好几倍，甚至上十倍，不可避免地造成一线干部心理失衡，甚至导致干部群众离心离德。

9. 党风廉政建设责任制不落实问题。目前，依然有少数单位、个别领导，甚至是局长、纪检组长,不重视党风廉政建设。有的是认识不足;有的是好人主义,怕得罪人、丢选票;有的可能是自身不过硬,屁股不干净,因而不敢抓、不敢管。

对于上述九个方面的问题,务必要引起各级党组的高度重视。我们必须明白,当前税务系统反腐倡廉建设面临的形势十分严峻,任务更加艰巨。所以,我们必须对反腐败斗争的长期性、复杂性和艰巨性有清楚的认识,切不可掉以轻心;对行使税收执法权和行政管理权的责任和风险,切不可掉以轻心;对物质利益诱惑和不法分子的拉拢腐蚀,切不可掉以轻心;对腐败问题和不正之风危及税收事业及干部家庭的严重后果,切不可掉以轻心。如果不采取铁的面孔、铁的纪律、铁的手段,从根本上解决这些问题,我们不仅不可能锻造出一支清正廉洁、能征善战的税务"铁军",甚至可能一败涂地、溃不成军。

三、加强党性修养,弘扬优良作风

领导干部作风问题,说到底是党性问题。党性纯洁则作风端正,党性不纯则作风不正。为了加强党性修养,弘扬优良作风,湖北省委提出了"四个统一"的基本要求和"六个着力"的工作重点,并决定在全省开展"加强党性修养、弘扬新风正气"作风建设年活动,重点抓好"六查六看"。

第一,大力弘扬严守纪律、维护大局的作风。加强纪律性,革命无不胜。越是在困难的时候,越要自觉遵守和维护党的纪律。当前,我们的工作头绪很多,任务很重,要求很高,必须靠严明的纪律来保证落实。各单位都要强化大局意识,坚持对上级负责与对下级负责的统一、对省局负责与对所在地方负责的统一、对领导负责与对群众负责的统一。想问题、办事情、作决策,要与上级保持一致,做到令行禁止,确保政令畅通,绝不允许把自己管理的单位搞成不听上级统一指挥、不受组织约束和群众监督的"私人领地"。每一位党员干部都要严守党的政治纪律,坚决维护党的章程和党内政治生活准则,自觉在政治上、思想上、行动上同党中央保持高度一致。

第二,大力弘扬秉公用权、勤政为民的作风。就税务部门而言,聚财为的是国家,执法为的是人民。能不能做到权为民所用、情为民所系、利为民所谋,是对各级领导干部党性过硬不过硬、政治合格不合格的重大考验。我们必须切实解决好服务意识不强、工作态度不好、办事效率不高的问题。面对当前经济发展的困难居民,我们还缺乏帮助企业排忧解难的自觉性和主动性,个别部门仍然存在着门难进、脸难看、话难听、事难办的问题，个别干部甚至不给好处不办事，给了好处乱办事。各单位都要通过作风整顿，进一步强化为企业、为群众、为发展服务的意识，提高服务能力和水平，真正把"企业创造财富、政府营造环境"的理念落到实处，真心实意地帮助企业解决好自身不能解决的困难，与企业一道渡过难关。

第三，大力弘扬恪尽职守、勇于创新的作风。权力就是责任，工作中出现这样那样的问题，发生这样那样的事故，往往与一些领导干部责任意识不强、工作不负责任直接相关。当前，我们面临的困难和挑战，有些是可以预料的，有些是难以预料的。越是困难多的时候，越是艰苦的地方，越能锻炼一个人的意志，促进一个人的成长进步。各级领导干部都要保持高度的责任感和良好的精神状态，敢于冲在工作的第一线，努力把矛盾和问题解决在基层、解决在萌芽状态，决不能消极观望、逃避责任、贻误时机、激化矛盾。春节前，省局党组按照同一地工作满5年，一把手都要进行交流的原则，对一批局长进行了轮岗交流，这样做既有利于增长阅历，开辟新的工作领域，在新的平台上更好地施展才华，也有利于搞好廉政建设。在这里，我对岗位变动的同志提两点要求：一是要迅速进入工作角色，尽快熟悉情况，不搞迎来送往；二是要立即行动起来，切实推进各项工作。大家在新的岗位上，要有一股朝气蓬勃的锐气，有一种坦坦荡荡的正气，努力干出新的业绩。

第四，大力弘扬艰苦奋斗、清正廉洁的作风。艰苦奋斗是中华民族的传统美德，是我们党的传家宝，无论条件发生怎样的变化，这个优良传统始终不能丢。虽然我们现在的工作、生活条件都已经有了很大改善，但各项改革和建设的任务仍然很重，需要用钱的地方还很多，一些地方保吃饭、保运转、保发展的压力仍然很大。各单位要牢固树立过紧日子的观念，勤俭办一切事业，严格执行精简开支的有关要求，把有限的资金和资源用在刀刃上。廉洁是立身之本，其他方面出了问题，往往有改正的机会，在廉政方面出了事，谁也救不了。各级领导干部一定要算好政治账、经济账、名誉账、家庭账、亲情账、自由账和健康账，对得起政府、对得起纳税人、对得起税收事业、对得起子女家庭。要进一步增强自律意识、感恩意识、敬畏意识、民主意识、监督意识，真正做到警钟长鸣、防微杜渐，坚决抵御腐朽没落思想观念和生活方式的侵蚀。特别需要强调的是，领导干部要管好自己的"社交圈"，择善而交，交往有度，自觉做到不为蝇头小利而腐败堕落，不为灯红酒绿而贻误事业，不因贪图享乐而丧失斗志。

第五，大力弘扬求真务实、真抓实干的作风。抓工作，贵在落实。效率不高、落实不力的问题不解决，再好的发展思路，再具体的办法措施，都是一句空话。各级领导干部要牢牢把握科学务实、积极作为的工作基调，不做表面文章，不弄虚作假，不急功近利，不心浮气躁，多干打基础、利长远的事，真正做到只干不说，先干后说，干成再说。在工作落实上，总的要求是：抓快、抓牢、抓细。所谓抓快，就是要雷厉风行、快速高效，能现在办的就立即办，能今天完成的事情就决不推到明天，能一个人完成的就不要两个人去办；抓牢，就是要扭住不放，对确定下来的重点工作和重要事项，死死盯住，有布置、有协调、有检查、有考核、有奖惩，锲而不舍，一抓到底；抓细，就是要抓具体，具体抓。善于从实事抓起，从难事抓起，从具体事情抓起，从自己做起。要反对文山会海，反对不切实际的口号和空谈，把有限的时间、精力投入到谋求税收事业的发展之中。

抓优良作风建设，如何真抓实干？首先要克服畏难情绪，切实解决作风不实的问题。作风决定精神状态，作风决定执行力，只有以扎实的作风抓落实，才能解决发展面临的问题。当前，系统内依然不同程度地存在作风漂浮、推诿扯皮、学风不正、玩风过盛，不讲正气、只讲义气等现象，体现在工作中，就是执行力不强。这次，我们要借行风评议的东风，打好转变作风，提高执行力的攻坚战。我们要牢记使命，强化执行观念，提高发现问题的速度，加大处理问题的力度；要勇于担当，转变执行作风，弘扬清廉之政风、正义之行风、勤勉之学风；要开拓创新，优化执行方法，坚决杜绝"应付性执行""选择性执行""机械式执行"，进一步提升为民服务的能力。其次，要克服护短思想，对税务系统存在的作风问题，不能视而不见，也不能查查、摆摆做个样子。重要的是各地要结合实际，逐条细化，逐项落实，坚决整改。一是要注重查摆，不留死角。二是要注重整改，不留盲点。三是要注重建设，不留尾巴。

第三节 廉洁从税与治庸问责[①]

武汉市委市政府围绕转变干部作风，优化发展环境，在全市范围内掀起

---

① 本节内容基于 2011 年 11 月 4 日在原湖北省地税局党组中心组第七专题学习会上的讲话。

"责任风暴",实施"治庸计划",突出问题导向、制度创新、民议民评、严肃问责四个重点,得到了人民群众的一致好评。根据省委省政府《关于强力推进治庸问责工作的实施方案》,各级税务机关要把治庸问责工作作为当前加强税务干部队伍廉洁从税建设的重要抓手,作为不断优化发展环境、推进全省税收事业跨越式发展的首要任务。

一、税务系统的为政之庸

近年来,全省税务系统通过持续实施"五税战略",经历了一个"思想大解放,业务大规划,事业大发展"的过程,各项工作取得明显进步。这充分说明,我们这支干部队伍从总体上看是积极进取、勇于奉献的。但是,贯彻省委省政府治庸问责要求,不是要我们摆成绩,关键是要查找问题、明确不足、解决问题。应当说,在我们工作中,管理不善、工作平庸、执法不严、监督缺位的现象还比较普遍,一些不良的思想倾向和苗头也在滋生,一些违纪违法风险正在不断累积,存在的问题发人深省。具体来讲,目前税务系统还不同程度地存在着以下"四庸"问题:

第一是精神之庸。主要有两种表现形式:一是理想信念缺失,世界观、人生观、价值观紊乱,导致权力观、地位观、利益观扭曲;二是因循守旧,暮气沉沉,工作平庸,不思进取,做一天和尚撞一天钟。

第二是能力之庸。表现在部分干部职工不爱学习、不善学习,自我学习、主动学习的积极性普遍不高,有的长期不学习、不调研、不思考,造成履责能力全面退化。由此导致个别同志大事干不了,小事不愿干,甚至还成天鼓捣干事的人,成事不足,败事有余。

第三是责任之庸。有责任不担当,有原则不坚持,有规定不遵循,有要求不落实。一事当前,不尽责、不负责、不担当,无作为、慢作为、乱作为还不是个别现象。

第四是作风之庸。主要表现为作风漂浮懒散,脱离群众,脱离实际,弱化服务。有的地方对纳税人普遍反映的合理诉求,不理会、不响应,没有为基层群众、为纳税人办实事的诚心;有的领导和部门对系统的基层困难与疾苦不闻不问、漠不关心,遇到矛盾和问题,不去及时研究、积极解决,而是相互推诿扯皮。

以上"四庸"都是"庸、懒、散、软"的典型表现,如果听之任之,势必会出现不想事、怕干事、干不成事的局面,最终影响党和人民的事业。

二、开展治庸问责的必要性

第一,开展治庸问责,是有效应对"四大危险"的需要。胡锦涛同志在"七一"讲话中指出,我们党将长期面对"四大危险",即精神懈怠的危险、能力不足的危险、脱离群众的危险、消极腐败的危险。这"四大危险"如果不能有效应对,发展下去将是人亡政息、红旗落地。早在延安时期,毛主席和黄炎培老先生就围绕"如何避免政权历史性的周期更迭,防止人亡政息"的问题展开过讨论。为什么苏联共产党70年后丧失了执政地位,为什么利比亚等阿拉伯国家动荡不安,就是没能有效应对好"四大危险"。我们党领导人民经过90年的奋斗,取得了令人瞩目的成就,但"四大危险"依然现实地摆在我们面前。作为一名共产党员,作为一名领导干部,理应要为党、为国分忧。省委下这么大的决心推动治庸问责工作,其深远意义需要我们每个人站在讲政治、顾大局的高度,去认真思考、深刻领会。

第二,开展治庸问责,是实现湖北经济与税收事业发展的需要。我们讲投资环境,有硬环境和软环境之分。但是决定环境优劣的,最重要的落脚点还是干部的素质。税收事业的发展也是如此,最终必须靠人来推动。作为税务部门,助推湖北跨越式发展,要做到"两手抓":一手抓依法组织收入,该收的税费必须收起来,保证省政府实施跨越式发展的资金需要;另一手抓政策落实,对于高科技企业、准备上市企业、民生企业等,需要我们予以重点扶持,各项税收优惠都要不折不扣地落实到位。例如,对于东湖高新技术开发区,就应该以敢于担当的精神,特事特办,该支持的要坚决支持。税收履行上述职责,必须以严明、过硬的工作作风来保障。

第三,开展治庸问责,是打造一支法纪严明、作风过硬、能力卓越、朝气蓬勃税务干部队伍的需要。每一位领导干部要经常问自己三个问题:一是在自己这个岗位上,历史上最优秀的是谁?二是我是不是最优秀的?三是换一个人,是不是比自己干得更好?近几年来,我们通过公务员招考引进了一大批年轻人。有的老同志就担心,我们队伍中存在的一些陋习和坏毛病,会不会像染缸一样,将年轻的大学生、研究生影响坏了。我的回答是有风险、有可能,但可以克服。所以,不治庸怎么行,好人也将被带成坏人。我们经常讲,税务系统是"铁打的营盘、流水的兵",要使税务这个营盘坚如磐石,要使这个队伍清水长流，我们就一定要加强教育，包括目前开展的治庸问责教育活动。

三、治庸问责工作的目标和措施

治庸问责的主要目标是查"四庸"，治"七不"。所谓"四庸"，即精神之庸、能力之庸、责任之庸和作风之庸。所谓"七不"，即观念不新、精神不振、纪律不严、团结不够、能力不强、作风不实、服务不优。其主要内容是，在开展治庸问责过程中，各单位要注重联系实际，做到"七个结合"，构建长效机制，努力实现全省税务系统精神面貌大改观、干部作风大改变、服务效能大提升、发展环境大改善。

第一，要将治庸问责与本部门"庸、懒、散、软"实际结合起来，分类查庸，重在解决问题。省局机关之庸与市州县局基层之庸，是不完全一样的，有不同特点。省局机关作为湖北省税务的最高决策机构，要着重从观念、思路、发展、政策等层面来解剖。例如，我们的思想解放够不够，思路宽不宽，办法多不多，对经济发展支持力度大不大，省委省政府满意不满意。这是解决我们的能力之庸、作风之庸的重点。省局机关主要面向系统内部的基层单位，所以，在查作风之庸时，重点就要放在对待基层的态度如何、作风如何，对基层干部的疾苦，关心不关心，对基层提出的问题，能不能有效地解决问题，是不是存在扯皮推诿的问题。基层税务机关则直接面向纳税人，其中最重要的是要检查纳税服务工作做得如何，有没有失职渎职行为。

第二，要将治庸问责与行政审批事项的清理规范工作结合起来。武汉市委书记阮成发同志对原武汉市地税局的治庸问责工作，尤其是对他们的"先办后审"改革，给予了很高的评价。对于"先办后审"，我们着重要看其精神实质，而非字面上的说文解字。那么，"先办后审"的实质是什么？就是简化行政权力审批，优化办事流程，提高办事效率，方便纳税人。省局有关处室在抓好行政审批事项清理和规范工作的过程中，要注意总结武汉市"先办后审"的经验，对那些可以精简，可审可不审的项目，一律精简，一律不审。对法律规定必须先审后办的，要尽量简化审批流程，给纳税人以最大方便。此外，有些项目还可以实行边审边办，当场审、当场办或采取预约取件、送件上门等服务方式。

第三，要将治庸问责与"严查失职渎职"专项活动结合起来。全省税务系统正在开展"严查失职渎职"专项行动，开展这项活动是治庸问责的有效手段和途径。目前，通过各地自查自纠，已经取得了阶段性成果。但由于涉及内容多、时间跨度长、针对性强、工作量大，各地在下一阶段的工作中，必须紧紧抓住执行政策、税费征收、税款入库、征收管理、税务稽查、票证管理等重要事项和关键环节，紧紧盯住一线征管、税务稽查和行政审批等岗位的重点人员，结合治庸问责的工作要求，深入开展清理检查，有针对性地进行督促整改，堵塞管理漏洞。

第四，要将治庸问责与深化创先争优活动、进一步改善纳税服务结合起来。围绕"治庸问责"的明察暗访已经开始，特别是12366、办税服务厅，以及与纳税人密切相关的一线科室，将成为最先到访的单位。在此，我提醒身处服务一线的领导和干部们，要进一步发扬成绩，不断改进纳税服务，绝不能当反面典型。省局纳税服务处以及各市州局要高度重视系统纳税服务，加强监督检查，进一步改进和优化纳税服务工作。

第五，要将治庸问责与建立健全目标责任考评体系结合起来。建立目标责任考评体系是年初省局党组确定的一项重大工作。治庸问责要取得实实在在的成效，不刮风不行，但只刮风、不打雷、不下雨，也不会有效果，关键在于建立长效机制。省局的目标责任考评体系，一定要通过这个活动在2010年年底建立起来，以利于省局党组对各个市州局、机关各个处室工作的评价，建立在一个客观、公正标准的基础之上。同时，要依据考评结果，严格兑现奖惩。

第六，要将治庸问责与治理"三公消费"结合起来。我们一直在强调严肃财经纪律，但我看真正落实到位的不多。当前，社会各界监督政府预算，尤其是监督"三公"开支的要求越来越强烈。省直机关"三公"最迟今年底、明年初就要推行，各市州也会紧随其后。这几年，省局尽管加大了"公务出国、公务用车、公务接待"的管理力度，但是从审计情况看，特别是从四个市州局的内审情况看，我们在执行财经纪律方面，还存在着比较大的风险。虽然问题出在少数单位，但必须引起高度重视，否则就会出大问题。

第七，要将治庸问责与完成各项工作任务结合起来。由于国际经济危机阴云笼罩、国内房市拐点隐现、金融信贷规模收缩，以及个税新政实施等因素影响，后期组织收入工作仍然面临不小的困难和压力。因此，各地要审慎分析和准确把握当前收入形势，既要充满信心，又不能掉以轻心。要切实加大征收力度，严格执行税收政策，进一步提高税收分析和税源监控水平，努力保持各项税费收入的可持续增长；要深刻反思系统内最近发生的贪污、受贿案件，严格执行组织收入原则，进一步强化责任、完善制度、规范管理、加强监督，确保税（费）和票证安全；要继续坚持税费同征同管原则，加大社保规费征管力度，在政策调研、征管能力、缴费服务、征缴效率等方面认真做好相关准备，确保价格调节基金和城镇居民养老保险如期顺利开征。

最后要特别强调，各级税务部门一把手务必高度重视治庸问责工作，要突出重点，以问题导向，从人民群众反映强烈、纳税人反映强烈、基层反映强烈的问题入手，要刮大风、打大雷、下大雨；要突出一个"治"字，敢治、狠治、重治、大治；要以身作则，率先垂范，敢于担当，敢于问责，坚持原则，真抓真管，确保治庸问责工作收到实效。

第四节 廉洁自律的"五五四四"法则[①]

在座的同志们大多是即将提拔走上新领导岗位的中青年干部，大家上午观看了警示教育片《偏离坐标的人生》。影片介绍了原湖北省工商局局长许××等人滑向职务犯罪的原因。许××是在会场上被叫出去带走的，当天我俩还挨坐在一起开会。许××平时与我们相处，为人还不错。但他为什么出问题，影片介绍了三个方面的原因：一是"三观"失衡；二是行为越线；三是心存侥幸。下面，我围绕这三个问题，谈谈自己的"五五四四"想法，与大家交心谈心，同时也代表党组提几点要求，与同志们共勉。

一、廉洁自律在思想上要过好"五观"

对于一个税务部门的领导干部来讲，社会上的腐败诱惑实在是太多太多，要想开个后门或搞点钱，可谓易如反掌。如何抵制诱惑，关键是要自觉筑牢反腐防变的思想防线，就是在思想上首先要过好"五观"。如果这"五观"不过好，迟早要出问题。

第一是世界观。在哲学上，所谓世界观是指人们对世界的根本看法。研究世界观的意义，是要对世界做出终极解释，对人、对宇宙、对社会、对自然界

[①] 本节内容基于2012年12月21日在原湖北省地税系统新任职领导干部廉政教育培训班上的讲话。

做出终极追问。例如，我是谁，我从哪儿来，最终到哪儿去。由于有了这些追问，各种宗教就由此而产生。因此，人活在世界上，就应当有敬畏感。著名的存在主义哲学家萨特曾讲过，人的心灵必须有所依从、有所敬畏。从积极意义上讲，就是人需要有理想、有信念。如果一个人活在世界上只知道"吃穿"二字，追求享乐，一点敬畏感也没有，什么都不怕，老子天下第一，那是很恐怖的。

第二是价值观。是指人对周边客观事物的意义、重要性的总评价、总看法。价值观是判断一个事物有没有价值，价值大小的标准。例如，什么是美与丑，什么是好与坏，什么是善与恶，什么是真与假，什么是正确与错误等，这些都与价值判断有关。一个人的价值观如果走偏，那是迟早会出问题的。最近，网上热议的"表哥"就是价值观出了问题，在他看来，戴名表是身份的体现，能显摆、有意义。所以，一个人树立正确的价值观十分重要，有什么样的价值观，就有什么样的人生追求，从而决定你是什么层次的人。

第三是人生观。是指我们每一个人对人类存在的目的、价值和意义的看法，它包括苦乐观、生死观等。在日常生活中，人们往往很难对人生观有一个深刻理解，有时候非得到了一个特殊场合，例如殡仪馆、贪官监狱、医院病房、贫困农村等，才能经历灵魂洗礼，才能真真切切地感受人生的本质和意义是什么。例如，经历过生死考验的人，会由衷地感叹，人只要活着，能吃、能睡、能工作、身体好，就比什么都强；人只要活着，有情、有乐、有朋友，比什么都好！人只有到了生死这一步，才能真正体会到人生的意义和价值。

第四是金钱观。对金钱财物应该怎么看？眼下社会上有一句流行语，"钱不是万能的，没有钱是万万不能的"。我认为，"君子爱财，取之有道"，但绝不能违犯党纪国法，挖空心思去搞钱。由于受中国传统文化影响，有些人搞钱往往都是为了家庭，为了子女的将来。对此，还真需要认真地想一想，我们究竟应该为子女们留下什么，才是真正的关爱他们。林则徐曾讲过一句非常有哲理的话："吾儿有用，钱有何用；吾儿无用，钱有何用。"这是值得我们每一位做父母的深思的。人这一生，从呱呱落地、紧握双拳、什么都想要开始，一直到寿终正寝、撒手人寰而终，不过大几十年时间，我们的生活还有许多比金钱更加重要的东西值得珍惜。

第五是权力观。不仅各级税务局长，就是系统内的税务处（科）长们，手中都掌握着一定的权力。怎样看待和运用手中的权力？一要问权力是从哪来的；二要问权力应当用来干什么；三要明确权力运行的边界。滥用权力必然导致腐败，这是一条颠扑不破、放之四海而皆准的规律。一个人，可以选择从政为官，也可以选择经商赚钱，但万万不能试图通过做官来赚钱。如果自己一定要倒行逆施，非要这么干，甚至认为"有权不用、过期作废"，那么，我只能遗憾的告诫你，出问题甚至出大问题，将是迟早的事。

在以上"五观"中，世界观、价值观和人生观是人生的"总开关"，决定了金钱观和权力观。如果"总开关"出问题，金钱观和权力观就会随之发生扭曲。

二、廉洁自律在行为上要严守五条"红线"

这个社会非常复杂，诱惑很多，一个人要想做到毛泽东同志倡导的"一个高尚的人、一个纯粹的人、一个有道德的人、一个脱离了低级趣味的人、一个有益于人民的人"这样一种境地，那是很难的。但是，作为一名共产党的领导干部，我们都要朝这个方向努力。如何努力，除了道德自律之外，重要的是为自己划定一条绝不逾越的法纪红线，以严格规范和约束个人行为。我个人的体会是，必须严防死守以下五条不能逾越的"红线"。

第一，绝不收取纳税人和管理服务对象的现金、购物卡、有价证券及贵重物品；绝不向纳税人低价购买商品房；绝不参加纳税人组织的具有旅游、度假性质的出国、会务、考察，以及各种休闲娱乐；绝不在审批办理业务工作中，收受对方或关联方的任何财物；绝不接受纳税人的吃请、娱乐，更不能与纳税人一起"带彩"打牌。

第二，绝不利用权力经商牟利，也绝不允许亲朋好友在自己权力管辖的范围内经商，或者利用职权帮助亲朋好友经商牟利。

第三，绝不超越职权、违反程序，直接或间接干预项目招标、设备采购、工程结算，以及工程审计。

第四，绝不利用职权刁难基层，寻租受贿；绝不丧失原则，封官许愿、买官卖官。

第五，绝不假公济私、挥霍公款；绝不采取虚报冒领、套取现金等手段，报销应由个人负担的私人费用。

三、廉洁自律要打掉心理上"四个幻想"

关于抛弃"四个幻想"问题，我已经在多个不同的场合讲了多次，但我觉得很有必要再与同志们谈谈心。我在湖北经济学院工作时，学校曾与江夏区检察院结成共建单位，有机会参观过他们的职务犯罪调查室或"问询室"。另外，我有一位亲戚是老检察官，过年回老家时，他曾向我介绍过检察院的工作方式与方法，感触很深。对于一位领导干部，你如果想越过刚才讲的"五条红线"，那么，你在越线之前，绝不能像许××那样，对由此可能产生的严重后果报任何侥幸心理。换言之，你得先打掉"四个幻想"，然后再决定是收还是不收这笔"黑钱"，拿还是不拿这张"脏卡"。第一，不要幻想你的不廉洁行为不会暴露，不被发现。因为今天未发现，明天可能发现，这儿没暴露，可能在另一个地方暴露。第二，不要幻想老板或行贿人的山盟海誓，为你守口如瓶。因为反贪机关有的是办法让他们"开口"交代问题。第三，不要幻想自己"进去"之后，能够像"江姐"一样，不开口交代问题，因为你和"江姐"的理想信念不一样。第四，不要幻想东窗事发以后，你的家人、朋友、单位帮得了你，救得了你。因为许多人都不想惹这个麻烦，或者说情也没用。

我说这些，是想告诉大家一个残酷的事实，在每一个政府官员头上，都高悬着一把反腐败的"达摩克利斯之剑"。我们每一位领导干部都要把这些问题弄清楚、想明白，再决定自己的取舍和行为，而绝不能存有任何侥幸心理。所以，在座的每一位同志都必须坚定正确的理想和信念，按照廉政准则的要求，为自己划上一道坚不可摧、绝不逾越的底线或红线。只有不越"红线"，不闯红灯，确保自己"没有事"，才是最安全的。

四、廉洁自律要做到"四个带头"

近年来，税收收入年年高速增长，经费预算年年递增，建设规模越来越大，采购项目越来越多。尽管如此，我们绝大多数干部面对权力和金钱诱惑，把住了"三观"，守住了五条"红线"，这是我们持之以恒抓党风廉政建设，抓廉洁从税所取得的显著成效。希望同志们今后更加兢慎自律，更加履职尽责，切实做到"四个带头"：一是带头加强学习，过好"五观"，自觉筑牢拒腐防变的思想基础。学习本身就是一个拒腐防变的过程。大家要挤出时间来认真学习，在学习中领悟真谛，受到启示，接受教育。二是带头遵守廉政准则，严守"五条红线"，做克己奉公、廉洁从税、言行一致的表率。三是带头履行"一岗双责"，敢抓敢管，努力建立一支党性纯洁、干部廉洁、班子团结的"铁军"。四是带头接受廉政监督，力求做到闻过不怒、无则加勉，做到相信群众、相信组织、相信历史,习惯于在监督的环境下工作。

第五节 预防和查处涉税失职渎职行为[①]

一、为什么要预防和查处失职渎职行为

全省税务系统在严格执法、有税必收的问题上,从来都是讲原则、严要求的,对少数干部的失职渎职行为也都给予了严肃处理。这些是工作的主流和大局,应当充分肯定。另外,也必须正视和重视我们在严格执法、有税必收方面存在的问题。下面先提供两组数据,供大家分析。一是根据国家税务总局统计,2007 年全国地方税收总体负担水平为 6.9%,最高的是北京 13.8%,最低的是黑龙江 3.7%。湖北只有 3.9%,在全国排倒数第五位。二是在 2007 年,全国地税收入的平均弹性系数是为 1.8%,全国省(区)中最高的是 2.6%,最低的是 1.1%,湖北是 1.2%。由此可见,湖北地税的总体税负水平是比较低的,税收弹性系数是比较小的。究其原因虽然复杂,但有一点是肯定的,那就是我们在一定范围内、一定程度上存在着有税不收或是没有足额征收的问题。造成这个问题的原因虽然复杂,但据有关调查,它与有税必收、失职渎职有着密切关系。因此,加强预防和查处失职渎职行为,十分必要。

1. 预防和查处失职渎职行为,是适应反腐形势、落实廉洁从税的需要。当前,随着税收职能与地位的日益加强,腐蚀与反腐蚀的斗争日趋激烈,税收的职业风险也不断加大。由于经济与税源形势相对好转,少数地方有税不收、执法不严,违反税收政策搞"蓄水池""自留地"的情况开始显现。根据我们和检察机关掌握的情况,税务人员涉税渎职犯罪呈现出整体上升趋势,而且执法一线人员增多,表现为窝案串案、涉及金额较大等特点。面对严峻形势,中央、湖北省查办失职渎职的决心前所未有,反腐力度空前加大。全国税务系统党风廉政建设和反腐败工作会议提出,要严肃查处在行政审批、纳税评估、征收管理、税务稽查等重点岗位和关键环节徇私舞弊、失职渎职的案件,要严肃

[①] 本节内容基于在原湖北省地税系统 2008 年 4 月 15 日"严格执法 有税必收 积极预防和严肃查处失职渎职行为"视频工作会议和 2012 年 3 月 16 日"奋力创先争优 严查失职渎职"专项工作动员会上的讲话。

查处在基建工程和重大涉税案件中玩忽职守、滥用职权的案件。省局认真贯彻落实中央、省委、总局的一系列重要部署,决定开展以严查失职渎职为重点的专项活动,切实做到依法行政、规范执法,促进税务干部尽职履责、廉洁从税。

2. 预防和查处失职渎职行为,是关心和保护干部健康成长的需要。近年来,全省税务系统在惩治和预防腐败、促进干部廉洁从税方面,做了大量卓有成效的工作,税务干部的主流是好的,绝大多数税务干部是廉洁从税的。但是,尽管我们付出了积极努力,违纪违法现象仍在一定程度上存在着,被纪委、检察部门查办的案件时有发生,而且呈增长势头。这些案件既有涉及基层征管一线的管理人员、办税服务厅工作人员、税务稽查人员,也有涉及处级领导干部,有的甚至是市(州)局一把手。他们绝大多数人都犯有一个共同错误,这就是失职渎职,必须引起我们高度警觉。这些同志之所以犯错误,从客观上讲,有税收征管难度大、干部行政能力欠缺、社会不良风气影响等方面的原因;从主观上讲,主要是一些干部对失职渎职的性质和危害认识不清、重视不够,有的干部对监督和查处心存侥幸、心存幻想,而把压税蓄税、转引税款视为"工作需要";把吃喝抵税、收受礼金看作"司空见惯";认为不征或少征税款"无关紧要"。还有的干部更是胆大妄为、无所顾忌,什么饭都敢吃,什么钱都敢拿,什么字都敢签。对于这些错误思想和行为,如果熟视无睹、放任不管,必将导致干部走上犯罪的不归路,最终害人害己。因此,开展严查失职渎职专项活动,确实迫在眉睫,刻不容缓。一名税务干部成长不易,成为一名领导干部更不容易。从这个意义上讲,我们开展严查失职渎职专项活动,就是要通过主动深入查找问题,及时发现和纠正问题,并根据问题性质给予严肃处理,才能从根本上挽救干部、教育干部和保护干部。这就是所谓"以霹雳手段,行菩萨心肠"。

3. 预防和查处失职渎职行为,是进一步巩固和深化创先争优的需要。省局党组按照"依法治税、信息管税、服务兴税、人才强税、廉洁从税"战略思路,努力实现"六个新跨越"的工作目标。这些思路措施能否贯彻落实,这些目标任务能否圆满实现,关键在于我们的干部队伍,需要每一位干部职工在实际工作中尽职履责、创先争优。自创先争优工作启动以来,全省税务系统按照省委统一部署,围绕中心工作,突出税收特色,精心组织,扎实推进,取得了阶段性成果。开展以"严查失职渎职"为重点的专项活动,就是要通过严格的检查整改措施,促进税务部门依法行政、规范执法、优化服务,进一步深化创先争优工作，推动工作落实，确保各项税收工作目标圆满实现。

二、有税不收、执法不严的思想根源

有税不收、执法不严的种种现象表明，出问题的少数干部在思想上、"三观"上已经严重"走偏"。因此，加强思想政治工作，教育和引导税务干部树立正确的世界观、人生观和价值观，十分重要。我们每一个人应当联系工作实际，从思想观念上端正以下六个方面的认识：

一是税收法治观念。我们经常讲的依法治税，实际上有两层含义：一方面是要约束纳税人，另一方面，更重要的是要约束税务机关，约束税务干部，约束我们手中的权力。税务干部征不征税、征多少税，履不履行职责，如何履行职责，不是一个简单的个人爱好和工作情绪问题，也不仅仅是一个违不违纪的问题，而是一个涉及是不是依法办事、会不会触犯刑律的问题。具体到有税不收的问题，我们更要上升到失职渎职的层面来认识其危害和后果。全系统各级领导都要把这个问题讲深、讲透，不要让个别干部最后要承担刑事责任，要坐牢了，还稀里糊涂的不知道是怎么回事！

二是政策原则观念。中国是一个讲人情的大国，有讲人情的传统。如果把人情放在私交上，放在朋友关系上，是一件好事。但是，如果在工作中、在税收问题上讲人情，那就大错特错了。今天，我们面对着十分复杂的社会环境，为亲情、友情、同学情、战友情所包围。这种种私情很容易渗透到工作中来，影响我们公正执法。所谓"酒杯一端，政策放宽"，指的就是这种情形。我们一定要把公与私划分开来，决不能以私情来干扰依法征税，更不能徇私枉法。尤其是各级领导干部，我们办事、征税都要带头讲原则、讲法治。

三是敬畏法律的观念。我曾在系统党风廉政建设工作会议上讲过，每一个税务干部都要有敬畏观念。敬，就是尊敬、敬重；畏，就是畏惧、害怕。我们应当敬什么，怕什么？首先要敬畏高悬于我们头顶的神圣"星空"，它就是国家法律、党的纪律和人民利益。作为公职人员，我们总得怕点什么，不能什么钱都敢拿、什么酒都敢喝，以至于连原则都不讲、税都可以不征，或者想征多少就征多少。这种无所顾忌、胆大妄为，是要遭党纪国法"报应"的。

四是珍惜职业的观念。2007年，省局党组提出税务干部要倍加珍惜职业。税务这个职业是非常崇高的，在我们的大门外，有数以万计的大学生、研究生都想穿上这身神圣的税服。虽然我们的收入水平赶不上老板和大款，但想一想普通群众，想一想我们身边的工人、农民，我们难道不应该知足？况且，这些年来，地方各级党委、政府非常关心税务机关，省局和各市州局为了改善广大干部职工的工作和生活条件，做了大量的工作，我们的生活福利条件应当说是不错。今天，我们既然穿上了这身税服，就不能辜负党和人民的重托，珍惜我们的职业，珍惜我们的饭碗，就必须严格执法、有税必收。

五是廉洁从税的观念。税务干部每天都要面对复杂的社会环境，每天都在经受考验。过去的经济结构主要以国有、集体等公有制经济为主，所以，行贿受贿情况不多，诱惑比较少。现在不一样了，社会上有大量的私营老板，他们可以随意支配自己的金钱。另一方面，随着收入差距扩大，一部分公务员在心理上难免会产生落差，个别人甚至产生靠山吃山、靠水吃水，利用职权发财的畸形心态。再例如，现在的社会五光十色，一些不健康的消费方式和生活方式诱惑着人们，如果抵御不住诱惑，就会出问题、犯错误。所有这些，对每一个税务干部都是严峻的考验。因此，我们必须筑牢思想防线，恪尽职守、抵御诱惑，而绝不能整天琢磨着如何利用手中的权力，去谋取自己不该得到的那份利益或好处。

六是低调做人的观念。税务机关是权力机关，各级税务干部手中都握有法律赋予的权力。这种权力是公权，它只能是履行职能专用的，是为人民服务的。如果有个别人以为戴上了大檐帽，穿上了税务制服，手中有了权力，有人奉承，有人请吃，有人请打牌，就牛气冲天，那你就大错特错了。道理很简单，公器不得私用，一旦脱下制服，剥夺了你的权力，你将什么都不是。所以，在社会生活中，每一个税务人员都要学会低调做人，不得高调，更不能牛气。从积极的意义上讲，就是要牢固树立服务的理念，真诚地为纳税人服务，为地方经济发展服务。

三、不抓预防和查处工作也是失职渎职

首先，对于有税不收、执法不严的失职渎职行为，税务系统各级领导一定要坚持原则，一身正气，敢抓敢管。多年来，省局一直强调严格执法，有税必收，并为之建立起了一套严格的管理制度。现在的问题主要不是有没有制度，关键在于落实制度，关键在于加强管理。抓落实、抓管理的关键又在于各位领导。举个例子，在你管辖的区域内，如果长期存在着一些经营户不申报、不纳税的情况，作为所长或分局长，难道你就心中"没谱"？我想，大多数应该是

知道的。再例如说,对下属经常出现的失职渎职行为,作为上级领导的你,难道就不知道?我看未必完全不知情。那么,为什么少数单位和个别领导对此却不闻不问不管呢,我想既有政治觉悟和工作水平问题,更有领导个人主观上的原因。如果一个地方长期存在疏于执法、有税不收的现象,那么就要问一问其中有没有权钱交易的问题,有没有下级把上级"搞定"的问题。所以,我要求各级领导干部一方面要率先垂范,一身正气,另一方面,要敢于坚持原则,敢抓敢管,坚决落实"一岗双责"制度。

其次,各级税务部门要坚决查处违反法律、有税不收的失职渎职行为,并严肃追究有关人员责任。关于这方面的要求,党纪国法都有明确规定,希望大家认真学习。我这里提出"四个凡是"的纪律要求:(1)凡是违反规定和程序,有税不收的,一律以失职渎职论处。(2)凡是说情、打招呼干扰税收执法的,一律以违纪论处。(3)凡是与所管纳税户打麻将的,一律以涉嫌受贿论处。(4)凡是与所管纳税户到娱乐休闲场所高消费的,也一律以违纪论处。这既是对我本人的警示,也是对全省税务干部的约束。希望各级税务监察部门切实履行监督、查处职责。请各位领导切记,不抓预防和查处工作,也是失职渎职。

最后,我要求各级税务部门按照省局的统一部署,立即行动起来,利用一至两个月时间,以"十查十看"为主要内容,全面开展自查自纠、完善制度、堵塞漏洞和从严管理。在自查自纠中,有几个行业的税收是要紧紧盯住、强化控管的:一是房地产业税收;二是建安业税收;三是饮食娱乐业税收。在自查自纠中,只要是查实的漏征漏管税款,该收的收、该补的补、该罚的罚。

第六节 党风廉政建设主体责任[①]

一、必须极端重视从严治党

党的十八大以来,新一届中央领导集体高度重视党风廉政建设和反腐败斗

[①] 本节内容基于 2014 年 1 月 13 日、2015 年 1 月 8 日在原湖北省地税系统党风廉政建设工作会议上的讲话。

争，就从严治党、严明纪律、改进作风和惩治腐败做出了一系列重大部署，其反腐态度之坚决、力度之巨大、措施之严格，前所未有。这种从严治党新常态，体现着民心所向，昭示着风清气正，代表着发展大势。

改革开放30多年来，我国经济获得极大发展，成为世界第二大经济体，但社会分配出现了较大的断层，人民群众没能完全共享改革成果，腐败问题严重。这个问题如果解决不好，就有亡党亡国的危险。在中纪委十八届五次全会上，习近平总书记深刻指出，当前反腐败斗争形势依然严峻复杂，强调党要管党、从严治党任务紧迫，明确提出坚持无禁区、全覆盖、零容忍，严肃查处腐败分子，横下一条心纠正"四风"，再次表明了我们党改进作风、惩治腐败的坚强意志和坚定决心。在全国税务系统党风廉政建设工作会议上，王军局长提出了"五严工作要求"，即严格落实主体责任，严厉惩处腐败，严明纪律规矩，严防"四风"反弹，严扎制度笼子。这些都表明，反腐倡廉绝不是一般性的部署要求，而是大事大办、大题大做。我们一定要增强政治敏锐性和责任感，保持高度警醒，切实把思想和行动统一到中央和省委、总局的决策部署上来。

党的十八大以来，中央关于党风廉政建设和反腐败斗争的决心和态度，可以用"猛药去疴、重典治乱、刮骨疗毒、壮士断腕、进行到底、零容忍、永远在路上"等7个关键词来概括。党中央坚持"老虎""苍蝇"一起打，以零容忍态度惩治腐败，纯洁了党的队伍，树立了党的权威，赢得了群众信任。打虎拍蝇的数据和案例表明，反腐败斗争没有禁区、没有特区、没有盲区。在这样的高压态势面前，任何掩耳盗铃的做法都无济于事，任何违法违纪的行为都无处藏身，任何铤而走险的念头都必须打消。

由习以为常的旧常态转向新风扑面的新常态，不会只是一两年、三五年的短暂调整，而是我国政治经济、社会生活全领域、全时段的一种"长常之态"和"发展之态"。总体上看，党风廉政建设已经取得新成效、形成新局面，但是党中央惩治腐败的决心不会削弱、态度没有改变、力度只会加大。所以，我们要做到四个主动适应：一是要主动适应从严治党"越往后执纪越严"的新常态，彻底打消观望侥幸心理，以"钉钉子"的精神，紧紧扭住贯彻中央八项规定这条主线不放松，持之以恒，锲而不舍，久久为功；二是要主动适应高压惩治腐败的新常态，坚持有腐必反、有贪必肃，以零容忍态度持续保持高压反腐态势；三是要主动适应依法治国、依规治党的新常态，切实提高运用法治思维和法治方式开展工作、惩治腐败、解决问题的能力；四是要主动适应认真履行"两个责任"的新常态，不断提高政治敏锐性和鉴别力，做清醒人、明白人、局中人，提升思想自觉和行动自觉，增强抓好党风廉政建设工作的责任感和紧迫感。

2014年11月以来，省委专项巡视组对省局进行了巡视，给全省税务系统各级党组和领导，尤其是省局党组以非常重要的提醒。巡视反馈材料一方面对我们的工作给予了积极肯定，另一方面直奔问题、一针见血、毫不留情。根据巡视组通报反馈的情况，全系统工作确实存在不少问题，党风廉政建设形势依然严峻，需要我们高度警觉，引起重视。我整理了一下，主要有以下几个方面的问题：

1. 执行民主集中制和选人用人方面的问题。在省委专项巡视组反馈的情况中，批评了有的单位民主集中制落实不好，既存在班子软、懒、散的问题，也存在个别领导在选人用人等工作上独断专行的问题。对于这些问题，我们要认真调查核实，有针对性地加以解决，促进有关单位领导班子整改，推进民主集中制落实，提升班子建设水平。同时，要举一反三、自查自纠，看是否存在违反《党政领导干部选拔任用工作条例》和组织人事纪律的问题，要加强对干部选拔任用工作的监督检查，坚决整治和查处选人用人上的不正之风，营造风清气正的用人环境。

2. 执行税收政策方面的问题。主动、自觉、全面、正确地贯彻落实好党和国家的各项税收优惠政策，是税务系统践行党的群众路线的具体体现。针对巡视反馈的个别基层征管单位落实税收优惠政策方面存在的问题，我们既要严查个案，追责问责，又要举一反三，全面开展优惠政策执行情况专项治理，确保优惠政策及时落地。同时，还要坚决查处和遏制随意减免、越权减免等违规问题。

3. 基建、团购房的问题。在基本建设方面，除党的十八大之前经省局批准立项开工建设的项目外，所有其他的基建项目，包括改造、装修项目一律停止。除了基层标准化建设外，请各地自查存不存在擅自搞改造、装修的问题。在团购房方面，需要严格自查两个问题：一是单位有没有贴钱的问题；二是领导有没有谋私的问题。也就是说，各单位是否严守了省局强调的"四不红线"，即：土地不违规、单位不贴钱、税款不少征、领导不谋私。

4. 违反八项规定精神的"四风"问题。（1）少数单位还存在乱发津补贴、加班费等问题。省局党组已经做出决定，除了省里有规定完全融入津补贴的补助之外，其他项目都不允许再发。省局将组织津补贴专项检查，凡查出违规的，必须追究到人。（2）违规购车配车、公车私用的问题。全系统大部分单位总的情况尚好，但公车私用的情况依然存在。（3）会议费超标、搭车列支其他费用的问题。（4）考察培训中公款旅游的问题。（5）违反禁酒令、公款吃喝的问题。这一条在个别单位执行得还不够有力，必须严格执行禁酒令。若有任何单位再发现违规问题，必须严查重处，决不姑息迁就。（6）"带彩"娱乐的问题。省局重申，凡与纳税人、部属及特定关系人"带彩"娱乐的，不论何人，一经发现，一律就地免职。（7）办公用房超标的问题。（8）违规操办婚丧嫁娶事宜。（9）收受红包礼金礼品、公款馈赠节礼的问题。总之，全系统在整治"四风"方面，还需要进一步加大力度，要一抓到底，持之以恒地抓下去。

5. 以税谋私、利益输送的问题。各级税务部门要好好查一查，税务干部是否帮助亲友经商办企业；在征、管、评、查、减、免、定、罚等环节中，有没有搞人情税、关系税、腐败税；在建安、土地、房地产和矿产资源税收征管中，有没有徇私设租，搞利益输送的问题。

6. 以权谋私、中饱私囊的问题。对于基本建设项目上可能存在的腐败问题，各级党组绝不可掉以轻心，必须盯紧这个领域。同时，还要认真查处设备采购、物资采购、信息化建设、劳务采购中可能存在的以权谋私问题。

二、从严治党要坚持"严"字当头

在过去一年中，同志们克难奋进、主动作为，圆满完成党委政府赋予的各项任务，其中的难处、压力和艰辛，省局党组和我本人都十分清楚。今年以来，组织收入的压力、税收改革的压力、作风纪律的压力、巡视整改的压力，多种矛盾叠加，多重考验并行，大家带队治税的责任只会越来越重。怎样才能带好队、收好税？关键是要坚持"严"字当头，从严治党、从严治队。

第一，要严明政治纪律和政治规矩。这是党组织最重要、最根本、最关键的纪律。严明政治纪律，就必须自觉用"五个必须""五个绝不允许"规范言行，坚决听从中央指挥，坚决维护中央权威和党的集中统一领导，做到在政治上、思想上、行动上同以习近平为总书记的党中央保持高度一致，坚决贯彻执行国家统一的税收政策。

第二，要严肃开展党风廉政教育。尤其是要抓好党员领导干部的世界观、价值观、人生观及理想信念教育，各级一把手要带头讲"三观"、讲理想信念,每年至少讲一次党课,要围绕"以上率下,向我看齐"来讲党课,自觉把自己置于群众监督之下。目前的反腐,还是打虎高压之下的不敢腐,如何从制度上解决不能腐,到最终不想腐、不愿腐,关键要依靠教育、引导和督促,使广大税务干部警钟长鸣、时刻自律,自觉远离腐败和抵制腐败。

第三,要严格干部日常管理。省局印发了《关于落实党风廉政建设主体责任和监督责任的实施办法》,把主体责任、监督责任和一把手的责任划分得清清楚楚,请大家认真学习,抓好贯彻落实。严格的管理更能体现组织对干部的保护和关爱,要动真格。不动真格不起作用,不动真格就会助长歪风邪气,不动真格就是失职渎职。近年来,全系统被地方纪委、审计、检察院等部门查处的案件比较密集,有的还造成了较大的负面影响。究其原因,很多都与所在单位监督管理不严有关。一把手最重要的任务就是管好班子,带好队伍,确保不出大事。有些领导干部自己不贪不占,但面对下属单位和干部的违纪违规行为,不提醒、不制止,放任自流;面对原则性的问题,不敢抓、不敢管,任其发展;有的甚至为违纪人员担保说情,充当老好人,结果小问题演变成大问题、苗头性问题演变成严重性问题,这比个人贪腐危害更大。各单位必须坚持"严"字当头,要做到真严真管、长严长管,发现问题及时提醒,及时"扯袖子",甚至"大喝一声",使"迷途者"悬崖勒马。针对这一次巡视发现的问题,我们不仅要追究当事人的责任,还要追究主体责任和监督责任,做好人也是要犯错误的。我们宁愿有时面对不理解、误解,甚至不当的怨恨、埋怨,也不愿看到干部出问题时的悔恨和高墙里的眼泪。

第四,要严防"四风"问题反弹。作风问题具有顽固性、反复性的特点,抓一抓会好转,松一松就会反弹,而且有的会变本加厉。请各单位加大力度,拿着"放大镜"做好排查,绝不能再出事。凡是在"四风"方面再出问题的,当事人和主要领导一并问责。

第五,要严厉问责查处案件。动员千万遍,不如问责一次。中央纪委五次全会发出了明确信号,2014年是"责任追究年"。我们要通过问责一个,警醒一片,推动责任落实到位。另外,查办案件是遏制腐败现象的最直接、最有效的措施。反腐是一个体系,不教育不宣传不行,没有制度也不行,但光说不惩处等于白说。所以,关键在于案件的查办。

第六,要严格整改巡视反馈问题。对于巡视意见,各单位、各部门都要不回避、不推脱、不遮掩,要主动认领整改责任,尽职尽责抓整改,切实做到件件有着落、事事有回音。对近期能够整改到位的,加快工作进度,抓紧整改到位；对需要一定时间整改到位的，应建立台账，一个一个督办，一个一个销号；对需要长期整改的，明确责任单位、责任人和完成时限，加强跟踪问效，确保见到实实在在的效果。

三、领导班子从严治党的主体责任

党的十八大以来，关于党风廉政建设和反腐败工作，使用频率比较高的一个词就是"两个责任"。省委连续9次召开落实"两个责任"相关会议。全省税务系统各级党组务必把"两个责任"放在心上、扛在肩上，切实履行党组班子从严治党的主体责任。

（一）要坚决站好位，进一步深化对主体责任的认识

关于主体责任的内涵，各级党员干部尤其是一把手要理解深、领会透，切实把落实主体责任的要求转化为实际行动。第一，主体责任是政治责任。履行党风廉政建设主体责任，不是可以商量和选择的，而是必须履行的政治担当、必须完成的政治任务、必须遵守的政治纪律。换言之，不抓党风廉政建设就是失职，抓不好党风廉政建设就是渎职。第二，主体责任是全面责任，它是一个横向到边、纵向到底的责任体系。从横向来看，包括领导班子的集体责任、党组主要负责人的第一责任、班子成员的分管责任，以及各有关部门的具体责任。从纵向来看，主体责任就是要从上到下的责任，要求层层夯实、层层压紧。第三，主体责任是直接责任，它与我们以往所说的领导责任不完全相同，主体责任既是领导责任更是直接责任，出了问题拿一把手是问。第四，主体责任是具体责任。主体责任的内容是具体的，不是抽象的，包括五个方面的内容，即选好用好干部的责任，防止出现选人用人上的不正之风和腐败问题。因为吏治的腐败是最大的腐败，用人的腐败不仅影响当期，还影响长远；坚决纠正损害群众利益的责任；强化对权力运行的制约和监督，从源头上防治腐败的责任；领导和支持执纪执法机关查处违纪违法问题的责任；党委主要负责同志要管好班子、带好队伍、管好自己，当好廉洁从政表率的责任。

（二）要坚决见行动，充分发挥领导干部的示范表率作用

落实"两个责任"，关键看行动，根本在担当。各单位要真正做到党组"不松手"、一把手"不甩手"、班子成员"不缩手"、纪检组"敢出手"，以

实际行动和扎实成效推进党风廉政建设和反腐败斗争。一是要在履行"一岗双责"上见行动。具体要做到"四个绝不能":绝不能只满足于每年开个会、讲个话、签个责任书,停留在一般化号召和部署上;绝不能当甩手掌柜,只挂帅不出征、只布置不检查、只考核不追究;绝不能对单位的作风问题、不廉洁行为和苗头性问题,睁一只眼闭一只眼,不敢抓不敢管,听之任之、放任做大;绝不能在廉洁自律问题上对人严、对己宽,不带头、不做表率,心口不一、言行相悖。二是要在敢抓敢管上见行动。各级领导干部都要敢于担当、敢于负责、敢于批评,敢于唱黑脸,敢于向不正之风亮剑,严格管理监督干部,对违纪行为和腐败问题绝不能充耳不闻、视而不见。三是要在勤政廉政上见行动。带头落实中央八项规定精神和廉洁从政有关规定,各级一把手和纪检干部要在行动上更快、在标准上更严、在要求上更高,为其他干部做出表率、树立标杆。对领导干部身上存在的苗头性、倾向性问题,要经常咬耳朵、扯袖子,不能视而不见,坚决避免"小毛病"演变为"大问题"。

(三) 要坚决敲重锤,找准落实主体责任的着力点

一是在向基层传导压力上步步紧逼,一步不落,一步不松,切实做到"零衰减",形成一级抓一级、一级对一级负责、一级做给一级看、一级带着一级干的工作格局。二是要充分支持纪检监察部门履行监督责任。三是要建立完善制度,形成责任落实的链条。

四、"一把手"从严治党的主体责任

(一) 充分认清形势,做把握大局的清醒人

中央每年都召开党风廉政建设工作会议,总书记亲自讲话,从中央到地方层层贯彻落实,体现了反腐倡廉工作的极端重要性,体现了党中央抓好反腐倡廉工作的决心。全省税务系统的各级一把手要深入学习领会中央、省委和总局会议精神,切实警醒起来,在反腐倡廉的大势面前保持清醒头脑。

一是务必清醒认识中央反腐倡廉的力度将不断加大、前所未有。党的十八大以来,党中央高度重视党风廉政建设和反腐败斗争,极大地净化了党风政风和社风民风,极大地提振了全社会对反腐败斗争的信心,树立了党的权威,赢得了群众信任。2014年1月,在十八届中纪委三次全会上,习近平总书记再

次告诫全党,必须深刻认识反腐败斗争的长期性、复杂性、艰巨性,要以猛药去疴、重典治乱的决心,以刮骨疗毒、壮士断腕的勇气,坚决把党风廉政建设和反腐败斗争进行到底。

二是务必清醒认识中央"八项规定"、反对"四风"掷地有声、常抓不懈。新一届中央领导集体履新不久,就推出改进工作作风的八项规定,受到人民群众高度赞同和衷心拥护。一年来的工作举措,无不表明中央和省委抓作风建设不是虚晃一枪,而是真刀真枪、真抓实干;不是小题大做,而是大题大做、大事大做;不是搞一阵风,而是一抓到底、常抓不懈。在势不可挡的"高气压"和"强气场"面前,任何掩耳盗铃的做法都将无处藏身,任何变通"闯关"的幻想都必须打掉。

三是务必清醒认识加强税务系统党风廉政建设势在必行、不容懈怠。党的十八届三中全会做出了全面深化改革的决定,国家税务总局党组要求到2020年基本实现税收现代化。省局党组审时度势,提出了力争在全国率先实现地方税费管理现代化的奋斗目标,并对全省税收工作提出了新的更高的要求,这就需要党风廉政建设提供更加有力的支撑和保障。我们务必站在讲大局的高度,增强做好工作的责任感和紧迫感,把反腐倡廉建设摆得更高、抓得更紧、做得更好。

(二)正视存在问题,做自警自省的明白人

近年来,全系统绝大多数单位和各级一把手都表现出了较高的政治觉悟,一手抓党的群众路线教育,一手抓税费征收管理,各项工作都取得了新的成绩,这是应当充分肯定的。但是,仍然有极少数单位的一把手对党风廉政建设的重要性、紧迫性认识不足,所辖单位的少数干部甚至我行我素、顶风违纪。如果再不警醒,再不摒弃侥幸和"闯关"心理,将不可避免地出大问题,影响到全系统。以下七个方面的突出问题,需要引起各单位主要负责人的高度重视。

一是在政治纪律方面,有令不行、有禁不止,在贯彻执行党中央、国务院,以及省委、总局决策部署上打折扣、做选择、搞变通。

二是在组织纪律方面,有的领导班子有责不尽责,有事不管事,不讲团结,内耗严重,不敢动真碰硬,在群众中威信不高,工作无法推开。有的干部自由主义思想严重,只要组织照顾,不要组织纪律,要官、要权、要待遇,一旦升迁无望便心灰意冷,规范津补贴和待遇稍有下降就牢骚满腹。

三是在人事纪律方面，有的干部热衷于当"地下组织部长"，无中生有的传播一些所谓干部人事调整信息；违反《条例》打招呼、干预下级干部提拔任用；在推荐用人问题上搞小圈子、小团体，拉票贿选；对下封官许愿等。

四是在财经纪律方面，有的单位依然存在花钱大手大脚、公款消费铺张浪费、滥发津补贴的现象，"三公"经费、会议费、培训费居高不下，甚至从宾馆、食堂、培训中心、印刷厂、工会等套取资金，违规私设"小金库"，用公款办私事等。

五是在廉政纪律方面，少数单位的税收票证、税款报解、发票管理不严，一些基础管理制度得不到有效执行，票款安全得不到保证；有的干部滥用职权、玩忽职守，有户不管、有税（费）不收，随意减、免、缓征税（费），收人情税、关系税，徇私舞弊案件时有发生；个别干部以权谋私、以税谋私，对红包、贿赂来者不拒，有时甚至索贿受贿；有的干部在生活作风上不检点，逛歌厅、找小姐，"带彩"打麻将；有的干部利用职权直接或间接参与营利性活动，或者为亲朋好友经商提供方便，谋取私利。

六是在工作纪律方面，有的干部不遵守上下班制度，随意迟到早退；有的在岗不尽责、在岗不敬业、出工不出力，做一天和尚撞一天钟；有的工作讲条件，做出了一点成绩，就向组织伸手要待遇；服务群众的意识不强，门难进、脸难看、事难办的情况依然存在。

七是在履行党风廉政建设责任制方面，少数单位仍然存在敷衍应付现象，满足于上传下达、照抄照转，缺乏检查、督办、考核、奖惩，落实执行不够；有的领导干部不敢担当，对歪风邪气和违法违纪行为不敢抓不敢管。一些干部认为，反腐倡廉是"一把手"和纪检监察部门的事，存在与己无关、麻木不仁的思想。

以上罗列的问题，虽然发生在个别单位和部门，但损害的是湖北税务的整体形象，严重违犯了党的纪律，违背群众根本利益，务必引起各级党组，尤其是党组书记和局长的高度重视。各位一把手应该明白，对这些问题如果继续视而不见、不抓不管，你们是要承担主体责任或直接责任的。

（三）坚持守土有责，做推进反腐倡廉的责任人

税务系统是执法机关，专业性强、管理责任重、执法风险大，只有强化监督、严格管理与廉洁自律形成合力，才能把中央和省委的要求落到实处。因此，各单位一把手都要按照党风廉政建设责任制的要求，以"钉钉子"的精

神,切实把自己担负的主体责任履行好、落实好。

一要落实党组的主体责任。党组要对党风廉政建设负总责,承担第一责任,党组书记是第一责任人。关键是抓好四个环节:一是抓教育,做到警钟长鸣,解决干部理想信念缺失问题。二是抓制度执行,约束权力运行。三是抓一把手,一层一层地抓。只有自己清清白白,才能做到敢抓敢管。只有自己两袖清风,才能做到一身正气。四是抓问责,严格责任追究。如果所在单位问题成串、案件频发,班子和一把手脱不了主责,分管领导也脱不了干系,都要被追责问责。今天,我与各单位负责人都签订了责任书,红纸黑字,掷地有声,回去后就要落实。我们宁可面对一时的不理解甚至怨恨,也不情愿看到干部出问题后悔恨的眼泪;我们宁可因为受到误解而丢选票,也不能为了选票而造成税收事业受损。这才是真爱和大爱。

二要落实纪检监察部门的监督责任。一个好的纪检组长、监察考评科科长,要用"敢碰硬、敢亮剑、敢负责"的高标准来严格要求自己,忠实履行好查案问责的职责、纠偏防范的职责、监督威慑的职责,以及支持保障的职责。各级党组和"一把手"要旗帜鲜明的支持纪检监察工作,更加关心纪检监察干部的成长,充分信任、放手支持纪检监察部门查办案件、忠实履职。

三要落实职能部门的监管责任。各职能部门必须按照"谁主管、谁负责"的原则,切实负起监督管理的职责,看好自己的门、管好自己的人。要坚持抓早抓小、敢抓敢管,经常对下级的执法情况、廉政情况进行检查,发现问题严肃提醒,绝不能姑息迁就。必须重规则、重机制、重源头,加强所管工作领域的内控机制建设,科学合理配置权力,不断加强日常监管,并强化对下级部门的层级监督,努力降低权力失控乃至发生腐败的几率。

四要落实广大干部的自律责任。组织的监督管理和关心帮助,都属于外因范畴,最终要通过干部自身来起作用。各级税务干部都要深入思考三个问题,即如何为官、怎样从税、工作生活的意义何在。对此,我的感悟是两句话。第一句话:当官有风险,从税须谨慎。第二句话:严守从政清廉的为官底线。

党风廉政建设和反腐败斗争只有进行时,没有完成时。我们一定要乘势而上,顺势而为,以踏石留印、抓铁有痕的精神,抓教育、守纪律、改作风、尽责任,推动全系统党风廉政建设和反腐败工作不断取得新成效,为湖北省税收现代化走在全国前列提供有力保障。

后 记

地方税管理，涉及地方税的税收业务管理和税务行政管理两个方面。《地方税管理问题》是以我在原湖北省地方税务局工作期间（2008年3月至2015年6月）撰写的专业论文、工作讲稿、调研报告为主要素材，按照税务管理工作的内在逻辑体系编写成的。照理说，书中的许多内容取材于湖北地方税收管理实践，其中一些资料还属于"陈年旧账"，如今整理出来编辑出版，有什么价值？我的考虑主要有以下四个方面：

一是书中史料见证和记录了21世纪初中国经济发展和税收增长的"黄金时代"。这一时期，全国税收收入年均增长18%左右；湖北地方税收年均增长约为25%，最高年份达到了39%。编辑出版这本专著，便于学者们从税收视角，深入研究我国当时财政经济快速增长的内在动因、历史背景，以及税制改革、税收政策和税务管理的许多实情或详情。

二是我在2000年离开中南财经政法大学后的20年间，一直在母校兼任研究生导师工作。教学过程中，同学们最喜欢听我讲或与我交流的，是与地方税务管理决策相关的实务、案例、感悟和思考。按照制度规定，我也即将卸任研究生导师工作，离开心爱的大学讲台。所以，我感到有责任将自己在原地税系统工作近8年的实践与思考，系统地总结出来，奉献给可爱的同学们。

三是我从事过15年税收专业教学和多年税收实际工作，深感高校税收专业的教学和教材内容滞后于快速变革的税收实践。其中虽有客观原因，但对于那些应用性、实操性较强的专业课程来说，如果这种滞后期过长，教学教材内容过于脱离实际，就不能适应本科应用型人才和专业硕士的培养要求。因此，编写出版这本专著，可以为教学科研任务"压力山大"的青年教师，提供一套来自基层税务实践的一手资料，帮助高校税收专业教学、教材内容的更新与创新。

四是本书真实记录了一个省地方税务管理工作的主要方面和主要问题，其中有超前思考和成功经验，也不乏肤浅认知和探索挫折。作为时代的产物，书中某些章节内容、体例写法还带有浓厚的"官样文章"和讲话手稿的痕迹。尽管如此，其中的一些观点和思路对辛勤工作在税务基层一线的领导干部和业务骨干，或许不失一定的参考价值。

《地方税管理问题》文献资料中的一部分，源于我在税务部门工作期间的讲话手稿，分为三类情况：第一类是由我个人执笔起草或根据会议录音整理的讲话稿；第二类是我口授提纲或思路，由省局相关处室安排专人起草的讲话稿；第三类则是完全由相关处室为我专门准备的讲话稿。但是，不论书中资料来源于何种形式，它们都见证了湖北地方税收快速发展那些年的一桩桩大事，一个个闪光时刻，书中的一字一句无不凝结着原湖北省地税系统同仁的辛勤与汗水。从这个意义上说，《地方税管理问题》是一部集体智慧的结晶。

编写《地方税管理问题》期间，正值新冠肺炎病毒肆虐武汉及湖北全省。武汉市自2020年1月23日实行"封城"抗疫，到4月8日解除"封城"，我在家中封闭居住了整整76天。这是异常艰难的76天，也是我笔耕不倦的76天。渡尽劫波兄弟在，更思当年地税情。我感恩"封城"期间老同事们的一个个关爱电话，更加怀念与"湖北地税人"一起工作的"流金税月"。感谢同志们对我工作的支持与宽容，感谢大家赐予我的健康与快乐！

许建国

2020年4月8日于武汉光谷